出土文獻与傳世古書校勘研究

誤字、衍文與用字習慣

蔡偉 著

圖書在版編目（CIP）數據

出土文獻與傳世古書校勘研究：誤字、衍文與用字習慣／蔡偉著. -- 上海：上海古籍出版社，2025. 7.
ISBN 978-7-5732-1718-9

Ⅰ. G256. 3

中國國家版本館 CIP 數據核字第 20257U0V68 號

出土文獻與傳世古書校勘研究
——誤字、衍文與用字習慣

蔡　偉　著

上海古籍出版社出版發行

（上海市閔行區號景路 159 弄 1－5 號 A 座 5F　郵政編碼 201101）

（1）網址：www.guji.com.cn
（2）E-mail：guji1@guji.com.cn
（3）易文網網址：www.ewen.co

江陰市機關印刷服務有限公司印刷

開本 700×1000　1/16　印張 16.5　插頁 5　字數 222,000
2025 年 7 月第 1 版　2025 年 7 月第 1 次印刷
ISBN 978－7－5732－1718－9
K・3917　定價：98.00 元

如有質量問題，請與承印公司聯繫

目　錄

緒論 ……………………………………………………………… 1
　第一節　古書校勘的歷史回顧 ………………………………… 1
　　一、古書校勘的歷史實踐 …………………………………… 1
　　二、古書校勘的理論形成 …………………………………… 2
　第二節　利用出土文獻校勘古書 ……………………………… 4
　　一、利用出土文獻校勘古書的歷史回顧 …………………… 5
　　二、出土文獻在校勘中的重要價值 ………………………… 7
　第三節　本書所使用的文獻材料 ……………………………… 9
　　一、主要出土文獻簡介 ……………………………………… 9
　　二、相關傳世文獻簡介 ……………………………………… 14
　第四節　研究思路與方法 ……………………………………… 15
　　一、研究思路與方法 ………………………………………… 16
　　二、本書的結構 ……………………………………………… 17
　　三、本書體例與說明 ………………………………………… 17

第一章　誤字研究 ……………………………………………… 18
　第一節　常見的誤字成因 ……………………………………… 18
　　一、基本字形過於相近 ……………………………………… 19
　　二、抄手潛意識和書寫習慣 ………………………………… 20

三、抄手隨意增減筆畫 ·· 21
　第二節　兩字之誤合與一字之誤分 ································· 22
　第三節　古書誤字舉例 ·· 33
　　一、《逸周書》 ·· 33
　　二、《六韜》 ·· 39
　　三、《墨子》 ·· 43
　　四、《史記》 ·· 45
　第四節　出土文獻中的誤字 ·· 47
　　一、《馬王堆漢墓帛書》 ·· 48
　　二、《上海博物館藏戰國楚竹書》 ································ 49
　　三、《銀雀山漢墓竹簡》 ·· 50
　　四、《張家山漢墓竹簡》 ·· 52
　第五節　反對輕易改字的錯誤傾向 ··································· 53

第二章　衍文研究 ·· 60
　第一節　常見的衍文類型 ·· 60
　　一、換行重抄而衍 ·· 60
　　二、涉上文而衍 ·· 62
　　三、涉下文而衍 ·· 63
　　四、與相連之字形近而衍 ··· 64
　　五、與相連之字音近而衍 ··· 65
　第二節　與重文符號有關的衍文（並脫文） ··················· 67
　　一、誤衍重文號 ·· 68
　　二、誤脫重文號 ·· 72
　第三節　古書衍文舉例 ·· 77
　　一、《荀子》 ·· 77
　　二、《逸周書》 ·· 78

三、《大戴禮記》……………………………………… 79
四、《墨子》…………………………………………… 80
五、《莊子》…………………………………………… 81
六、《文子》…………………………………………… 82
七、《韓非子》………………………………………… 86
八、《燕丹子》………………………………………… 87
九、《孫子》…………………………………………… 90
十、《吕氏春秋》……………………………………… 91
十一、《史記》………………………………………… 92
十二、《淮南子》……………………………………… 96
十三、《鹽鐵論》……………………………………… 99
十四、《潛夫論》……………………………………… 103
十五、《醫心方》……………………………………… 106
十六、《大人賦》……………………………………… 106
十七、《一切經音義》引《爾雅》…………………… 109
第四節 出土文獻中的衍文………………………………… 110
一、《馬王堆漢墓帛書》……………………………… 110
二、《銀雀山漢墓竹簡》……………………………… 118
三、《上海博物館藏戰國楚竹書》…………………… 118
四、《郭店楚墓竹書》………………………………… 125
附：敦煌文獻中的衍文…………………………………… 129

第三章 用字習慣………………………………………………… 132
第一節 用字習慣在校讀古書中的重要性………………… 132
第二節 傳世文獻中的用字舉例…………………………… 138
一、從"爽"從"相"得聲之字，聲近相通………… 138
二、從"彥"從"獻"得聲之字，聲近相通………… 141

三、從"朕"從"台"得聲之字，聲近相通 …………… 142

四、從"此"從"差"得聲之字，聲近相通 …………… 143

五、"訾""此"聲近相通 …………………………… 145

六、"夐""睿"聲近相通 …………………………… 147

七、"飽""備"聲近相通 …………………………… 149

八、"覺""繆（謬）"聲近義通 …………………… 153

九、"遽"可以讀爲"竟" …………………………… 154

十、"樹"可以讀爲"屬" …………………………… 155

十一、從"叟"從"酋"得聲之字，聲近相通 ……… 156

第三節　出土文獻中的用字舉例 ……………………… 157

一、"貴"可讀爲"根" …………………………… 157

二、從"勺"得聲之字，與"佻"字相通 ………… 159

三、從"氐"從"周"得聲之字，聲近相通 ……… 160

四、"治""志"音近相通；"胥""舉"音近相通 …… 161

五、"舍""寫（瀉）"音近相通；"出""絀"音近
相通 ……………………………………………… 164

六、"引""佚"音近相通 ………………………… 165

七、"爽""創"音近相通 ………………………… 166

八、"閒""簡"音近相通 ………………………… 168

九、"兢""恒"音近相通 ………………………… 170

十、"鬼""惠"音近相通 ………………………… 171

十一、"遺""攢/韇"音近相通 …………………… 174

十二、"卑""辟"音近相通 ……………………… 175

十三、"但""檀"可以讀爲"殫" ………………… 177

十四、"孼"可以讀爲"艾" ……………………… 179

結語 ………………………………………………………… 181

附錄一　古書校讀札記 ……………………………………… 184

一、據寫本《群書治要》校正刻本之失——以《新論》
　　爲例 ………………………………………………… 184

二、吕浩《〈篆隸萬象名義〉校釋》指誤 ………… 188

三、《上博九·禹王天下》校釋一則 ……………… 197

四、據上博簡《容成氏》"丹宫"校正傳世古書一例 …… 203

五、"邁厲（麗）"是古人的成語 …………………… 206

六、王念孫《讀書雜志》指誤兩則 ………………… 211

附錄二　誤字衍文資料彙編 ……………………………… 213

一、寫本《篆隸萬象名義》"兩字之誤合與一字之
　　誤分"例彙編 ……………………………………… 213

二、寫本《群書治要》衍文三種彙編 ……………… 216

三、傳世文獻"兩字形近誤衍"例 ……………………… 226

四、出土文獻"誤衍'＝'號"例彙編 ………………… 230

五、出土文獻與傳世古書相對應的誤字對照表 ……… 232

六、"旁記異文"與"因誤而衍"——兩類衍文舉例
　　彙編 ………………………………………………… 238

主要參考文獻 …………………………………………………… 246

後記 ……………………………………………………………… 253

再版後記 ………………………………………………………… 255

緒　論

我們在閱讀出土和傳世的古代文獻時，往往會遇到很多疑文滯句，除了一些不認識的古字和一些不經見的古義而外，絕大部分都是因爲有誤字、衍文現象的存在。因爲這些情況的存在，就需要讀者具備文字學、音韻學、訓詁學等多方面的知識，只有綜合運用這些學科的知識，才能更好地校正古書中因抄寫或刊刻等産生的訛誤，從而使讀者獲得一個比較接近於原貌的讀本，在這個基礎上，才有可能正確地了解古書的文義、理解古人的思想。

第一節　古書校勘的歷史回顧

古書中的衍文、誤字等問題，屬於校勘的範疇。廣義的校勘，前人稱之爲校讎，包括版本、校勘、目録、考證、辨僞、輯佚等内容。狹義的校勘，是指在古書整理中采用的文字比勘的方法和理論。本書側重於後者。

一、古書校勘的歷史實踐

校勘始於漢，成於唐宋，大盛於清。我們知道，真正有目的的校書，是始於漢代劉向、劉歆父子在整理國家藏書時使用的方法：

> 一人讀書，校其上下得謬誤，爲校；一人持本，一人讀書，

若怨家相對，爲讎。

他們在這裏使用了通過對讀不同版本的差異，發現古書的訛誤的方法，這是我們在校勘古書時常用到的。

劉向、劉歆父子之外，東漢最著名的經學家鄭玄，他在遍注群經的過程中，進行了廣羅異本、兼錄異文、考訂誤字、指明衍脱、整理錯簡、分析其致誤原因等工作，更廣泛地運用了校勘學的方法。清人段玉裁曾給予極高的評價："千古大業，未有盛於鄭康成者也。"① 這是一點也不夸大的。

魏晋至唐宋時期，校勘的對象逐漸擴大，不再只爲經學服務了，校勘的方法也都有了很大的提高。其中以顏之推、陸德明、顏師古、李善、周必大最爲著名，成果豐富。

隨着時代的進步，學術分工的精細，到了清代，校勘古書已經成爲專門之學，尤其是乾嘉時代，校勘學發展進入昌盛時期，涌現出一大批校書專精的大家。戴震、段玉裁、王念孫、錢大昕、盧文弨、顧廣圻、俞樾、孫詒讓在校勘方面都有重要的闡述和很大的成就。其中，作爲清代乾嘉學派的代表人物，王念孫、王引之父子對古代文獻中存在的誤字、衍文及假借等方面的問題都進行了疏通和證明，作出了卓越的貢獻，爲後來的古文獻整理和研究工作奠定了堅實的基礎，其中大量使人信服而確不可易的論斷，可以作爲範例，是我們校讀古文獻的重要依據。

二、古書校勘的理論形成

前人雖然在校勘實踐上取得了極大的成就，可惜在校勘的方法上並没有進行理論性的總結，大多都只是提出了一些校勘上的意見而已。如王念孫《讀淮南子雜志書後》一文，通過分析校勘《淮南子》

---

① 段玉裁《經義雜記序》，收入段玉裁《經韻樓集》，南京：鳳凰出版社，2010年，181頁。

時所發現的問題，歸納總結出六十多條通例，① 對我們從事校勘工作具有十分重要的指導作用。另外，王引之還提出過"三改三不改"的校勘原則：

> 吾用小學校經，有所改，有所不改。周以降書體六七變，寫官主之，寫官誤，吾則勇改；孟蜀以降，槧工主之，槧工誤，吾則勇改；唐宋明之士，或不知聲音文字而改經，以不誤爲誤，是妄改也，吾則勇改其所改。若夫周之没，漢之初，經師無竹帛，異字博矣，吾不能擇一以定，吾不改；假借之法，由來舊矣，其本字什八可求，什二不可求，必求本字以改假借字，則考文之聖之任也，吾不改；寫官槧工誤矣，吾疑之，且思而得之矣，但羣書無左證，吾懼來者之滋口也，吾又不改。②

然而王氏的"三改三不改"原則，是針對最後校勘成果而製定的標準，並不能算是系統的校勘方法。真正對校勘做出系統總結，從而使校勘學成爲一門具有指導性的學問的人是陳垣。

陳垣在1931年所著的《元典章校補釋例》（此書後來改名爲《校勘學釋例》）中提出"校法四例"：對校、本校、他校、理校。書中總結概括了校勘學中一些帶有普遍性的現象與校勘方法，已經被公認爲校勘的正規方法。

中華人民共和國成立後，又相繼出現了衆多對校勘理論進行總結的學者。

如蔣禮鴻早年的著作《商君書錐指》，不泥前人之成説，多所發明，所著《義府續貂》《懷任齋文集》等書，都是研究漢語詞義學和語源學的重要參考書。除此之外，他在校勘理論方面的著作還有《校

---

① 王念孫《讀淮南子雜志書後》，見《讀書雜志》，南京：江蘇古籍出版社，2000年，962—976頁。
② 龔自珍《工部尚書高郵王文簡公墓表銘》，收入《龔定庵全集類編》，北京：中國書店，1991年，233頁。

勘略説》《誤校七例》，對他自己的校書經驗進行了總結。

周祖謨在古籍整理與校勘方面，也很有成績，著有《廣韻校本》《方言校箋》《洛陽伽藍記校釋》《爾雅校箋》等書。他就校書經驗而寫成的《論校勘古書的方法》《古籍校勘述例》具有很強的指導意義。

徐復追慕高郵二王，著有《後讀書雜志》《徐復語言文字學叢稿》等書，他寫有五篇校勘學方面的論文，其中《校勘學中之二重及多重誤例》一文，是他在前人的基礎上，歸納總結了古書中二重誤及多重誤者凡廿四例，是其豐富校勘實踐的結晶。

臺灣學者王叔岷，也是既有豐富的校勘實踐，同時也著有理論性著作的學者。校勘實踐方面，他著有《諸子斠證》《莊子校詮》《史記斠證》等書，而他的《斠讎學、校讎別錄》，則歸納總結了校勘學中的 124 條通例，是校勘理論的重要總結。

日本學者橋本秀美（喬秀岩），師從禮學名家王文錦，對《周禮正義》進行了深入校勘，在校勘的過程中，寫下了《古籍整理的理論與實踐》一文，① 以《周禮正義》爲例，對古書校勘的方法以及校勘的原則，提出了獨到的見解，是中國傳統校勘理論精華的體現。

第二節　利用出土文獻校勘古書

古書校勘的發展與進步，需要具有豐富校勘實踐的人，比如清代的王念孫、王引之父子和段玉裁；也需要進行方法和理論的總結，比如今人陳垣和喬秀岩。而在利用傳世文獻進行古書校勘方面，前人所用的材料和方法大致已盡善盡美了，如果我們想要在前人基礎上更進一步的話，對出土文獻一定要有足夠的重視。

---

① 橋本秀美《古籍整理的理論與實踐》，"儒家經典之形成"第十一次專題演講，臺灣"中研院"中國文哲研究所，2007 年 2 月 8 日。此文後收入氏著《北京讀經説記》，臺北：萬卷樓圖書股份有限公司，2013 年。

一、利用出土文獻校勘古書的歷史回顧

從西漢景帝末年"孔壁藏書"的發現與研究，到西晉初年"汲冢古書"的整理與編校，直到 19 世紀末 20 世紀初殷墟甲骨文的發掘與考釋，這些出土文獻，有很大一部分可與傳世古書互讀互勘。在此期間，一直都有一批學者厠身其中，利用出土文獻校勘古書，通過他們艱苦卓絶的努力，取得了不俗的成績。

而近代意義上的出土文獻，當從甲骨文算起。清代學者孫詒讓不僅校理傳世文獻，還是古文字研究的大家，他是最早考釋甲骨文的學者之一，著有《名原》《契文舉例》《古籀拾遺》《古籀餘論》等書，在利用古文字資料校正傳世文獻方面作出了可觀的成績。

其後王國維、于省吾、楊樹達、陳直等學者既繼承了乾嘉考據學的優良傳統，同時又有意識地根據出土文獻來校勘傳世古書中的傳寫錯誤。現在我們就以于省吾、陳直爲例，作一簡單的介紹：

于省吾，字思泊，號雙劍誃主人、澤螺居士、夙興叟，遼寧海城人。他往往根據甲骨文、金文等出土文獻的通假規律和用字習慣，來校勘古書，取得了很好的成績，爲古書的校讀開闢了新的途徑。如所著《雙劍誃尚書新證》（1934 年）、《雙劍誃詩經新證》（1935 年）、《雙劍誃易經新證》（1936 年）、《雙劍誃諸子新證》（1938 年，中華書局，1962 年）、《論語新證》（《輔仁大學講演集》第 2 輯，1941 年；又《社會科學戰綫》1980 年第 4 期）、《澤螺居詩義解結》（《文史》1963 年第 2 輯）、《澤螺居楚辭新證》（《社會科學戰綫》1979 年第 3、4 期）、《澤螺居詩經新證》①（中華書局，1982 年）等多部（篇），從而被胡樸安推許爲"新證派"的代表。

陳直，原名陳邦直，字進宧，號摹廬，江蘇鎮江人。其治學不僅

---

① 《澤螺居詩經新證》，其實此書也包括《楚辭新證》，應該稱爲《澤螺居詩經新證 澤螺居楚辭新證》，其書籤有誤。可參考馮勝君《二十世紀古文獻新證研究》，濟南：齊魯書社，2006 年，13 頁的小注④。

重視傳統，尤其重視考古資料，提出了"使文獻和考古合爲一家"的學術主張，在擴大資料來源方面，獨闢蹊徑，把人們不太注意的瓦當、磚文、璽印、封泥、貨幣、錢範、銅鏡、陶器、漆器等尋常古物，引入史學研究當中，取得了很大的成就。其所著《慕廬叢書》包括《讀金日札》《讀子日札》《漢書新證》《史記新證》等書，都是充分利用出土文獻來補充訂正傳世文獻方面的不足和錯誤。

到了20世紀70年代，大量的戰國秦漢簡帛古書相繼出土，馬、班和向、歆父子都無緣一見的珍貴古籍得以重見天日，造就了以唐蘭、張政烺、于豪亮、李學勤、裘錫圭等爲代表的一批整理出土文獻的專家，他們在古文字的隸定、釋文、注釋等方面，取得了很大的成績。

簡帛古書大大地彌補了傳世古書的不足，豐富了我們的視野，使得我們對於古代文獻的理解越來越清晰透徹。在利用出土簡帛校讀古書方面，尤以裘錫圭的成績顯著。

裘錫圭撰寫了一系列的論文強調出土文獻在古書校勘中的重要性，如《考古發現的秦漢文字資料對於校讀古籍的重要性》①《談談地下材料在先秦秦漢古籍整理工作中的作用》②《簡帛古籍的用字方法是校讀傳世先秦秦漢古籍的重要根據》③《中國出土簡帛古籍在文獻學上的重要意義》④《中國古典學重建中應該注意的問題》⑤ 等。裘錫圭在這些文章裏總結出了不少校讀古書的實例，使得利用出土文獻校讀古書這一研究方法日臻成熟和完善。

---

① 裘錫圭《考古發現的秦漢文字資料對於校讀古籍的重要性》，《中國社會科學》1980年5期。
② 裘錫圭《談談地下材料在先秦秦漢古籍整理工作中的作用》，《古籍整理出版情況簡報》1981年6期。
③ 裘錫圭《簡帛古籍的用字方法是校讀傳世先秦秦漢古籍的重要根據》，《兩岸古籍整理學術研討會論文集》，南京：江蘇古籍出版社，1998年。
④ 裘錫圭《中國出土簡帛古籍在文獻學上的重要意義》，《北京大學古文獻研究所集刊》(1)，北京：北京燕山出版社，1999年。
⑤ 裘錫圭《中國古典學重建中應該注意的問題》，《北京大學古文獻研究中心集刊》(2)，北京：北京燕山出版社，2001年。

與之同時，隨着敦煌文獻的發現和整理，俗文字學逐漸興起，學者們開始有意識地輯録和研究敦煌俗字，並用以指導文獻校勘，取得了突出的成果。代表性的學者有蔣禮鴻、郭在貽、潘重規、胡吉宣、張涌泉、黄征、楊寶忠、曾良等。他們總結了大量的楷書部件演變與相混的通例，並利用這些通例糾正了很多對古代文獻的誤録、誤校和誤識，對古書的校勘也有相當的借鑒意義。①

　　由上述可知，在校勘古書時利用出土文獻，前人已經積累了許多成功經驗，取得了相當可觀的成績，爲我們進一步研究打下了良好的基礎。

二、出土文獻在校勘中的重要價值

　　裘錫圭指出：出土文獻——如戰國和西漢墓葬所出抄本，其時代往往要早於相應的傳世刻本千年以上，它們在校正文本、研究典籍的真僞、年代和源流等方面，具有巨大價值。②

　　結合個人的校勘實踐，在校正文本方面，筆者認爲出土文獻在校勘古書方面有以下幾個作用：

1. 提供直接與傳世古書對應的材料

　　出土文獻中有衆多可與傳世古書對應的材料，可以輔助我們的校勘。③ 這頗類似於傳統講校勘之所謂"對校"。例如本書所討論的"建—肆"。今本《逸周書·皇門》有"下邑小國，克有耆老，據屏位，建沈人，非不用明刑"之語，清華簡《皇門》作："朕勞（寡）邑少（小）邦，蔑（蔑）又（有）耆耇慮（慮）事嗎（屏）朕立（位）。縊（肆）朕诌（沖）人，非敢不用明刑"，這裏傳世本的"建"字，應該據清華簡《皇門》改作"肆"。④

---

① 詳細的論述可參梁春勝《楷書部件演變研究》，北京：綫裝書局，2012年，11—12頁。
② 參裘錫圭《出土文獻與古典學重建》，載《出土文獻》第4輯，上海：中西書局，2013年。
③ 詳參本書附録二《出土文獻與傳世古書直接相對應的誤字對照表》。
④ 詳參本書第一章第三節"古書誤字舉例"，《逸周書》"建—肆"條。

2. 提供間接與傳世古書對應的材料

有的出土文獻並不能與傳世古書中的文字一一對應，但是能夠間接提供相關的綫索，並不局限於已對應上之某一種或一篇文獻，而是推廣到同類文獻中去尋找能對應上者。如本書以銀雀山漢簡校《墨子》之例。《墨子·非儒下》有一段話："於是厚其禮留其封，敬見而不問其道，孔某乃志。怒於景公與晏子，乃樹鴟夷子皮於田常之門，告南郭惠子以所欲爲，歸於魯。"正好銀雀山漢墓竹簡《晏子》簡623有類似的語句作："於是厚其禮而留其奉（封），敬見之而不問其道，中（仲）泥（尼）□去。"筆者認爲《墨子》"孔某乃志"之"志"，當從簡本《晏子》作"去"。①

再如，《逸周書·小開》有"維三十有五祀，王念曰多□，正月丙子，拜望，食無時……維周於民人謀競，不可以【臧】，後戒後戒，宿不悉，日不足"句，而清華簡《保訓》説"佳（維）王五十年，不瘳（豫），王念日之多鬲（歷），恐墜保訓。……日不足，佳（維）宿不羕（詳）"，其中"王念日之多鬲（歷）""日不足，佳（維）宿不羕"，用語與《小開》篇極近，所以筆者認爲，《逸周書·小開》的"王念曰多□"，當作"王念日多鬲"。②

3. 提供當時的用字習慣

裘錫圭指出：簡帛古書所反映的古代用字習慣，也能起到解讀以至校正古書的作用。

比如馬王堆帛書用"佴"爲"恥"的例子，武威漢簡《儀禮》、馬王堆帛書、銀雀山漢簡、郭店楚簡等出土簡帛古書中都出現過的以"埶"表"設"的例子。③

---

① 詳參"古書誤字舉例"，《墨子》部分。
② 詳參"古書誤字舉例"，《逸周書》"曰—日"條。
③ 裘錫圭《古文獻中讀爲"設"的"埶"及其與"執"互訛之例》，香港大學亞洲研究中心《東方文化》Volume XXXVI, 1998 Numbers1 and 2, 2002年，39—46頁；又裘錫圭《出土古文獻與其他出土文字資料在古籍校讀方面的重要作用》《簡帛古籍的用字方法是校讀傳世先秦秦漢古籍的重要依據》，收入氏著《中國出土古文獻十（轉下頁）

如陳斯鵬也指出，在包山簡、郭店簡、新蔡簡、秦家咀簡、九店簡裏都有"囟"或"思"讀爲"使"的例子。①

4. 提供手寫文本的更多信息

出土文獻可以提供手寫文本各類細節、具體現象的多種豐富知識，有助於了解各種錯誤產生的途徑、可能性，開闊校勘古書的思路，提供更多推想可能存在的錯誤類型與致誤之由。

如出土文獻在字形上可提供以前想不到或不容易想到的相近易誤之例。一些字，從一般人所熟悉的楷書或今隸看其形並不近，有的甚至相差很遠，但在戰國文字或秦漢早期古隸中其形却甚近，容易互誤。比如劉雲之論"達—失（實爲"達"）"②、顏世鉉之論戔（實爲"𣐰"）聲字與羛聲字，③ 雖然他們的觀點並不一定正確，但其思路引人入勝，發人深省，其研究方法具有一定的借鑒意義。

第三節　本書所使用的文獻材料

一、主要出土文獻簡介

本書所使用的出土文獻主要限定在先秦秦漢簡帛古書，下面就按

（接上頁）講》，上海：復旦大學出版社，2004 年，129—130、170—176 頁；裘錫圭《再談古文獻以"埶"表"設"》，2009 年香港中文大學"古道照顏色——先秦兩漢古籍國際學術研討會"會議論文。

① 陳斯鵬《論周原甲骨和楚系簡帛中的"囟"與"思"——兼論卜辭命辭的性質》，《第四屆國際中國文字學研討會論文集》，香港中文大學中國語言文學系，2003 年；沈培更進一步指出傳世古書中多見"思"讀爲"使"的例子。參沈培《周原甲骨文里的"囟"和楚墓竹簡里的"囟"或"思"》，中國文字學會、河北大學漢字研究中心編《漢字研究》第 1 輯，北京：學苑出版社，2005 年。

② 劉雲《說〈黃帝四經〉中的一類"達"字》，復旦大學出土文獻與古文字研究中心網站，http://www.fdgwz.org.cn/Web/Show/1134，2010 年 4 月 23 日。

③ 顏世鉉《出土文獻與傳世典籍校讀二題》，復旦大學出土文獻與古文字研究中心網站，http://www.fdgwz.org.cn/Web/Show/835，2009 年 6 月 29 日；又顏世鉉《再論是"翦伐"還是"撲伐"》，收入《古文字與古代史》第 4 輯，"中研院"歷史語言研究所出版，2015 年 2 月。

出土的時間先後依次簡略介紹。

1. 武威漢簡

1959 年，甘肅武威磨嘴子漢墓數次出土漢簡，其中的《儀禮》簡 469 枚，日忌雜占簡 11 枚；《儀禮》簡分三種：甲本木簡 398 枚，包括《士相見》《服傳》《特牲》《少牢》《有司》《燕禮》《泰射》7 篇。乙本木簡 37 枚，內容僅《服傳》一篇。丙本竹簡 34 枚，內容僅《喪服》一篇。

研究者指出，簡本縱多衍脱，終屬西漢之本，於原本爲近，其特善之處，往往可證今本千載之誤而息禮家無窮之訟。詳細的論證請參考沈文倬《〈禮〉漢簡異文釋》①一文。

2. 山東臨沂銀雀山漢墓簡牘古書（簡稱"銀雀山漢簡"）

1972 年出土於山東臨沂銀雀山 1 號西漢墓的簡牘古書，現已出版兩冊，第一冊主要有《孫子》《晏子》《六韜》《尉繚子》《王兵》（其内容錯見於《管子》的《參患》《七法》《地圖》《兵法》等篇）。這些簡本都比現存傳世的各種本子古得多，是校勘的絕好材料，在校勘學上有重大的價值。具體的論證可參考裘錫圭《考古發現的秦漢文字資料對於校讀古籍的重要性》②一文。

第二冊有論政論兵及陰陽時令、占候之類的内容，其中的論兵佚文與傳世的一些兵書如《六韜》《尉繚子》《吳子》多有重見内容，可以互校。具體的論證可參考劉嬌《言公與剿説——從出土簡帛古籍看西漢以前古籍中相同或類似内容重複出現現象》③一書。

另外還有一篇題爲《唐革（勒）》的辭賦。此賦文字多與《淮南子·覽冥》篇中論御一段相合，論者謂當是《淮南子》襲用此賦。④

---

① 沈文倬《〈禮〉漢簡異文釋》，收入氏著《菿闇文存》，北京：商務印書館，2006 年。
② 裘錫圭《考古發現的秦漢文字資料對於校讀古籍的重要性》，《中國社會科學》1980 年第 5 期。
③ 劉嬌《言公與剿説——從出土簡帛古籍看西漢以前古籍中相同或類似内容重複出現現象》，北京：綫裝書局，2012 年。
④ 羅福頤《臨沂漢簡所見古籍概略》，《古文字研究》第 11 輯，北京：中華書局，1985 年，39 頁。

3. 湖南長沙馬王堆漢墓帛書和竹書（簡稱"馬王堆帛書"）

1973 年 12 月至 1974 年初出土於湖南長沙馬王堆 3 號西漢墓的竹書和帛書。主要有：竹書《十問》，《合陰陽》，《天下至道談》和木簡《雜禁方》；帛書《老子》甲本、帛書《老子》乙本及帛書《老子》甲本卷後古佚書《九主》，《老子》乙本卷前古佚書四種，帛書《周易》及《周易》卷後佚書《繆和》，《戰國縱橫家書》，《春秋事語》等。

利用帛書可以校正傳世古書的錯失，如帛書《戰國縱橫家書》"觸龍見趙太后章"就可以校正傳世本《戰國策》及《史記》的誤字。"左師觸龍言願見，太后盛氣而胥之"，帛書"觸龍言"，《戰國策》作"觸讋"，《史記》同帛書。"言"是"言説"之"言"，謂"觸龍説要見太后"。《戰國策》合"龍""言"兩字爲"讋"，《趙世家》和《漢書·古今人表》均作"觸龍"。宋姚氏本《戰國策》"讋"字下注："一本無言字。"可見其原本也是"龍""言"兩字。另外帛書的"胥"字，《史記》同，也可正《戰國策》作"揖"之失。上述問題黃丕烈、王念孫和吳師道都已分別指出，帛書的出土，則可以視爲定論了。①

又"有老臣閒者殊不欲食，乃自強步，日三四里，少益嗜食，智於身"，帛書"智"，整理者指出通"知"，《戰國策》和《史記》均作"和"，並字形之誤。《方言三》："知，病癒也。南楚病癒者或謂之知。"這也是藉助出土帛書校正傳世古書的一個佳例。

現在《長沙馬王堆漢墓簡帛集成》也面世了，由於《集成》公布的馬王堆簡帛資料全面完整，既有原始圖版，也有拼合復原圖，還公布了所有有字反印文、滲印文和無字空白頁，以及各種殘碎帛片。所作釋文準確可靠，校注深入嚴謹，印刷清晰美觀，裝訂精良考究，是

---

① 詳參裘錫圭《〈戰國策〉"觸讋説趙太后"章中的錯字》，收入氏著《中國出土古文獻十講》，387—388 頁。

目前馬王堆簡帛文獻最全面、最準確的整理文本。① 爲我們今後的學習和研究提供了極大的方便。

4. 湖北荆門郭店楚墓竹書（簡稱"郭店簡"）

1993 年出土於湖北荆州郭店 1 號楚墓的 805 枚竹簡，整理小組編訂爲十三種古籍，主要有：《老子》（甲、乙、丙）、《太一生水》《緇衣》《窮達以時》《性自命出》《成之聞之》《魯穆公問子思》《唐虞之道》《忠信之道》《尊德義》《五行》《六德》《語叢》（一、二、三、四）。

郭店簡多可校正傳世古書之失，如《老子》"執大象，天下往"，"執"字所有的傳世本及馬王堆帛書本皆如此，唯獨郭店《老子》作"埶大象"（後來北大漢簡本《老子》亦作"埶大象"），裘錫圭指出"埶大象"應讀爲"設大象"。②

又如今本《緇衣》引《君雅》有"夏日暑雨，小民惟曰怨；資冬祁寒，小民亦惟曰怨"句，"小民惟曰怨"，當據郭店簡、上博簡《緇衣》作"小民惟日怨"（上博原整理者亦誤釋爲"曰"，劉釗指出"曰"乃"日"字之誤③）爲是，"小民惟日怨"即小民維日是怨，如此而文義始可通。

5. 上海博物館藏戰國楚竹書（簡稱"上博簡"）

1994 年初，上海博物館從香港文物市場購買了一批不明出土時間和地點的戰國楚簡，共 1200 餘支，内容涉及八十多種（部）戰國古籍。現已出版了九册，主要有：《孔子詩論》《緇衣》《民之父母》《魯邦大旱》《從政》《昔者君老》《昭王毀室》《内禮》《曹沫之陣》

---

① 詳參"《長沙馬王堆漢墓簡帛集成》新書座談會召開"，復旦大學出土文獻與古文字研究中心網站，http://www.fdgwz.org.cn/Web/Show/2367，2014 年，11 月 8 日。
② 詳參裘錫圭《郭店〈老子〉簡初探》，收入氏著《中國出土古文獻十講》，215—216 頁。
③ 劉釗《讀〈上海博物館藏戰國楚竹書（一）〉札記（一）》，簡帛研究網，2002 年 1 月 8 日；此文又見於上海大學古代文明研究中心、清華大學思想文化研究所編《上博館藏戰國楚竹書研究》，上海：上海書店出版社，2002 年，291 頁。

《鮑叔牙與隰朋之諫》《君子爲禮》《弟子問》《三德》《景公瘧》《孔子見季桓子》《莊王既成》《平王與王子木》《用曰》《武王踐阼》《鄭子家喪》《凡物流形》《吳命》《李頌》《蘭賦》等。

上博七《武王踐阼》可以正今本《大戴禮記·武王踐阼》之失。如其簡4："仁以得之，仁以守之，亓（其）𦀡（運）百［世］；不仁以得之，仁以獸（守）之，其𦀡（運）十殜（世）；不仁以得之，不仁以獸（守）之，及於身。"復旦大學出土文獻與古文字研究中心研究生讀書會指出：

> 簡文"▨"，下文更清晰的字形作"▨"，從"軍"聲，整理者已讀爲"運"。按："運"指"世運，國運"。《大戴禮記》作"量"，應爲誤字。①

案：讀書會據戰國竹簡訂正今本之誤，甚是，可惜没有指出今本"量"爲何字之誤，筆者認爲，"量"當爲"暈"之誤字，"暈""運"並從"軍"得聲，古音相近，故《大戴禮記》借"暈"爲"運"，自"暈"誤爲"量"，而其義遂不可通。

6. 清華大學藏戰國竹簡（簡稱"清華簡"）

這批簡2008年入藏清華大學，基本上都是古書類簡，共2388支，現已出版了十四册，主要有：《尹至》《尹誥》《周武王有疾周公所自以代王之志》《皇門》《祭公之顧命》《程寤》《耆夜》《保訓》《楚居》《繫年》《傅説之命》三篇、《周公之琴舞》《芮良夫毖》等。

《尚書》類的文獻向以難讀著稱，其中很大因素就是有誤字的存在，清華簡的出土，使傳世古書的一些文句得以渙然冰釋。如今本《逸周書·祭公》有下引一段文字："祭公拜手稽首曰允乃詔畢桓于黎民般……"其中"于黎民般"爲何意，自古以來無人能解釋清楚。我

---

① 復旦大學出土文獻與古文字研究中心研究生讀書會《〈上博七·武王踐阼〉校讀》，復旦大學出土文獻與古文字研究中心網站，http://www.fdgwz.org.cn/Web/Show/576，2008年12月30日。

們看清華簡《祭公之顧命》中的相應文字是:"公懋拜手頴(稽)首,曰:'允哉!'乃詔(召)畢𩒹(與"桓"可通)、井利、毛班,……"對比可知,"于黎民般"是"井利、毛班"的誤字。"于"與"井"、"民"與"毛",皆因形近而誤;"黎"與"利"、"般"與"班",則音近而誤。畢桓、井利、毛班皆是人名,如此,文義始可通。①

7. 北京大學藏西漢竹書《老子》(簡稱"北大簡")

2009年,北京大學收藏了一批從海外搶救回歸的珍貴西漢竹書,總數達3300多枚,這是目前所見戰國秦漢古書類竹簡中數量最大、保存最好的一批,對於先秦史、秦漢史、古代思想史、自然科學史等諸多領域的研究都有較高的學術價值。其中的《老子》是繼馬王堆帛書甲、乙本、郭店楚簡本後出土的第四個《老子》古本,也是迄今為止保存最完整的漢代古本。對於《老子》一書的整理、校勘和古代思想文化史的研究具有極高的價值。②

二、相關傳世文獻簡介

本書"誤字"和"衍文"的研究對象,主要是一些常見的傳世古書,茲不一一介紹。然而為了更好地說明問題,筆者在研究過程中,也參考了部分不很常見的抄本文獻,現在有必要在這裏簡要地說明一下。

1. 寫本《群書治要》③

《群書治要》對校勘古書的價值,前人據刻本論之已詳,如王念孫校勘古書,就常常利用刻本《群書治要》,取得了很好的成績。而日本汲古書院影印鐮倉時代(1192—1330年)日本僧人手寫本《群

---

① 參復旦大學出土文獻與古文字研究中心讀書會《清華九簡研讀札記》,復旦大學出土文獻與古文字研究中心網站,http://www.fdgwz.org.cn/Web/Show/1166,2010年5月30日;又參裘錫圭《出土文獻與古典學重建》,載《出土文獻》第4輯。
② 韓巍《西漢竹書〈老子〉的文本特徵和學術價值》,北京大學出土文獻研究所編《北京大學藏西漢竹書(貳)》,上海:上海古籍出版社,2012年,207頁。
③《群書治要》(1—7),日本汲古書院,1989—1991年。

書治要》，則爲目前所見《群書治要》之最早版本，爲後來諸刻本之祖本，可據以正刻本之失，十分珍貴。①

2.《玉篇》（殘卷）、《篆隸萬象名義》

校勘工作所討論的中心常常即文字的形、音、義，而《玉篇》（殘卷）、《篆隸萬象名義》，尤其是後者在這方面有重要的價值。

《篆隸萬象名義》爲日本僧人空海所撰，是據南朝梁顧野王《玉篇》編纂而成。現存只有日本山城國高山寺所藏鳥羽永久二年（1114 年）之傳寫本，1927 年日本崇文院據以影印收入《崇文叢書》第一輯，1977 年東京大學出版會再次影印收入《高山寺資料叢書·高山寺古辭書資料（第一）》。1975 年，臺灣臺聯國風出版社有影印本；1995 年，中華書局據《崇文叢書》本縮印出版，這是我國通行的《名義》版本。②

由於《篆隸萬象名義》抄寫訛、衍等現象極爲嚴重，整理匪易，需要專門學者細心校錄，始能還空海之舊。而現今的整理本，如呂浩《〈篆隸萬象名義〉研究》《〈篆隸萬象名義〉校釋》二書，由於作者不諳反切、不明形體、不嫻古訓、不知體例，一定程度上未能體現此書的價值。③ 筆者在論述古書誤字和衍文時，也順帶引以爲證，並加以訂正。

第四節　研究思路與方法

今天我們不僅要消化吸收前人的成果，同時也要進行充實和提高。我們研究先秦秦漢古籍中誤字、衍文、脫文及用字等現象，要以出土文獻爲主，因爲出土文獻具體直接，它最眞切地反映古人實際的書寫情況。然而出土文獻數量有限，況且出土文獻也並非絕對無誤，

---

① 詳參附錄《據寫本〈群書治要〉校正刻本之失——以〈新論〉爲例》。
② 因臺版、中華書局版各有不同，故本書臺版、中華書局本並引，先列臺版頁碼，後標中華書局版頁碼。
③ 詳參附錄《呂浩〈篆隸萬象名義〉校釋指誤》。

我們有必要結合一些早期的寫本文獻和傳世文獻中的典型例子，才能把問題講得透徹。

一、研究思路與方法

西方的校勘學家豪斯曼（A. E. Housman）説："校勘是科學，同時也是藝術，發現文本中的訛誤是科學，校正訛誤則是藝術。"又説："要成爲校勘學家，就要善於思考、樂於思考，要有頭腦——細心、嚴謹。"①

筆者認爲，古書校勘，應該遵循"大膽假設，細心求證"的原則，因爲大膽，才會不爲舊説所域；因爲細心，故不至於鹵莽滅裂，才能更好地研究和解決問題。

本書的研究思路如下：

首先是材料準備，對出土簡帛文獻中的誤字、衍文現象，作窮盡式的搜集。除了前人已有的校勘成果及相關論述，也進行最基礎的材料搜集，如戰國竹書、秦漢簡帛古書中與傳世古書篇章、段落、字句可相對勘者。

其次，選擇有代表性的例子進行分析。先指出古書中誤字、衍文的常見成因，之後以出土文獻與傳世文獻互勘，指出古書（包括出土文獻）中的誤字和衍文現象。

當然，這樣做只是簡單地解決了古書字句上的錯誤，近人陳乃乾指出：

  校讎學家的任務，不單是把兩本書比較一下，知道他的異同，或指出他的錯誤，和排字房裏所雇用的校對員做同樣的工作。校讎學家必須備具尖鋭的眼光、縝密的思想和精確的判斷力。能夠從一般人所不能看到的地方，審定一字或一句的是否錯誤。②

我們在能判斷古書是否錯誤的基礎上，就要有更高的追求。即在

---

① 蘇傑《西方校勘學論著選》，上海：上海人民出版社，2009年，25、39頁。
②《陳乃乾文集》，北京：國家圖書館出版社，2009年，23頁。

前人衆多成功的校讀實例中去尋求並總結規律性的公例和通則，使校勘的方法更加豐富，即重在簡帛古書提供的"新知"、條例的總結，後人再有具體的考證，涉及某一類即可邈援以爲據而不必再詳細舉例，爲後來研究者提供參考和借鑒。

二、本書的結構

本書共分三章：

第一章爲"誤字研究"。舉例介紹了誤字的形成原因，並重點討論一字誤分爲兩字與兩字誤合爲一字的情況。接下來，借用最新材料及研究成果，校正了一些傳世古書如《逸周書》《六韜》《墨子》《史記》等書；也校正了出土文獻如"馬王堆帛書""銀雀山漢墓竹簡"及"張家山漢墓竹簡"中的一些誤字。

第二章爲"衍文研究"。首先對衍文的常見類型作了分類與探討，並重點介紹了古書中因重文符號而導致的誤衍情況，之後通過大量的例證，過一步揭示存在於傳世文獻及出土文獻中的衍文現象。

在校正古書誤字及衍文的過程中，筆者認爲單純地了解誤字和衍文並不能完全讀懂古書，還需要我們對古書中的用字習慣有所了解。所以本書第三章分傳世文獻和出土文獻兩類，列舉實例對古書中的用字習慣加以討論。

三、本書體例與說明

1. 脫、訛、衍、倒均屬於校勘的範疇，本書以出土文獻爲主，着重探討古書中的誤字及衍文現象。

2. 本書所引用的簡帛文獻的釋文，一般采用嚴式隸定古文字，缺文、奪文用【】表示；衍文用 ‖ ‖ 表示；無法識別或缺簡的文字可以確知字數的用□表示。

3. 爲節省篇幅，本書在引用學者成說時，一律不加"先生""女士"等稱呼。

第一章　誤字研究

在文獻閱讀的過程中，通過不同版本的校勘，我們會發現：在文獻的轉抄和傳播過程中，文字字形會產生訛誤，傳世文獻如此，出土文獻也是一樣。如果不參考其他版本，單就一種底本立説，很可能會據訛誤之字作解，則其有關音、義的解釋也會隨之而產生錯誤，如此就很難正確地知曉古人的本意了。

第一節　常見的誤字成因

古書中的誤字現象有很多，版印書籍之前，古書的流通多由書手傳抄。抄錯字的原因比較複雜，主觀客觀不一而足，不過，比較常見的仍是因爲形近而致誤。一些文字經過屢次傳寫，甚至會變得與原文毫不相干。如《銀雀山漢墓竹簡（壹）·尉繚子》：

　　服奉下週，成王至德也。（86頁）

宋本則刊作：

　　明舉上達，在王垂聽。

宋本後出，除去"也"字，只有"王"字與簡本相同無誤。另，週（通）、達二字同義，亦除去的話，宋本八個字中，也有六字皆因形近而誤。

上例即據出土文獻校出了傳世古書的誤字，然而，這不能説明出土文獻就極爲可靠。因爲，傳世文獻存在的誤字現象，在出土文獻裏也存在。

一、基本字形過於相近

本來，古人之造字，一筆一畫皆不苟作，有時往往一畫之争，而音義殊異。有些基本字形過於相近，如古書中从"亙"从"亟"之字，不僅形近而且音也相近，往往在古書中會引發連帶的錯誤。①

此類形近而誤在出土文獻中也常見，如楚文字中有"它"字，與"虫"字形極相近，只差一畫。

如《上博七·凡物流形》甲本篇題書手寫的"流"字从二"虫"作 ，正文"流"則从二"它"作 。鄔可晶指出，後一"流"字所从的"它"當是"虫"之形訛。"虫"與"它"的形訛，《清華一·程寤》中亦有此例：

《清華［壹］·程寤》數見"化爲"合文作 ，一般均從原整理者隸定爲"蠹"。但這樣一來，此字就是不見於字書的未識字，在過去發表的古文字資料裏也從没見過；從此字加重文號讀作"化爲"來看，當从"爲"聲，可是"它"在漢字裏充當意符却很少見。

受到《凡物流形》"流"所从"虫"訛作"它"的啓發，鄔可晶進一步指出：

我懷疑《程寤》此字可能就是曾見於郭簡《唐虞之道》21號簡（ ）、《上博六·孔子見季桓子》11、12、19號簡的"蝸"。②

---

① 有關論述詳參本書第三章"用字習慣"的第一節"用字習慣在校讀古書中的重要性"。
② " "，用爲邪僞之"僞"，據陳劍《〈上博六·孔子見季桓子〉重編新釋》，收入《出土文獻與古文字研究》第 2 輯，上海：復旦大學出版社，2008 年，174—175 頁。

《唐虞之道》中的"蟲"就用爲"化"（"受（授）賢則民遷教而蟲（化）乎道。不禪而能蟲（化）民者……"）。①

於是我們知道：《程寤》中的"![]"（"蟲"），下半部的"虫"字被誤寫成了"它"，而《凡物流形》正文中的"流"字也是個誤寫。可見，"虫"與"它"作爲基本字形，在古書傳抄過程中極易被誤抄。

二、抄手潛意識和書寫習慣

有時字形並沒那麼相近，但抄寫者在轉抄過程中，或許緣於自己的潛意識受其他偏旁類化影響，或許是當時的書寫習慣，也會抄成誤字。

如馬王堆漢墓三號墓遣策簡88、89有"![]""![]"，又三號墓籤牌24有"![]"，分別當釋爲"榣""橘"二字，其中的"囧"旁都誤作"容"。② 這也是由於"囧""容"二字形近，抄手在寫"囧"字時，潛意識裏受到與之相近"容"字的影響，於是就把"囧"字寫成與之相近的"容"字了。

又如，出土文獻中常見"貝"字寫作"員"的情況。如《清華簡叁》收錄的《良臣》，簡6有"雩（越）王句![]（踐）"，"![]"即"踐"字，其不從"貝"而從"員"，也是由於抄手在寫"貝"旁時，潛意識裏受到與之相近"員"字的影響，就把"貝"字寫成與之相近的"員"字了。類似的例子還有《上博七·凡物流形》乙本簡15中的"具"字（从"貝"从"収"），被寫作![]（从"員"从"収"）；又《上博（七）·凡物流形》甲本簡23"百物具失"的"具"亦从"員"，也是因爲潛意識作用或當時的書寫習慣所致。

---

① 以上所引據鄔可晶"古漢語語文綜論"課件整理。
② 劉釗《馬王堆漢墓簡帛文字考釋》，見氏著《出土簡帛文字叢考》，臺北：臺灣古籍出版社，2004年，185頁。

三、抄手隨意增減筆畫

以上的誤字皆因字形相近，顯得有章法可循，而一些因筆畫增減而形成的誤字，就顯得比較隨意而不易被人察覺。

如上博簡常見用爲"恐"字的"忑"，與《説文》所引用的古文相合。但上博四《曹沫之陳》簡 5 却抄成了"![字形]"，上部是"壬"字。可見由於"工""壬"二字形近，抄手在寫"工"字時，在"工"中間增加了一短横，類似飾筆，於是"工"字變成了"壬"字。

在《上海博物館藏戰國楚竹書》中，這類明顯增減筆畫而形成的誤字是較易被發覺的：

1. "谷"寫作"![字形]"，與"合"同形。（上博一《緇衣》簡 5："君孚（好）則民合〈谷（欲）〉之。"）

2. "邵"寫作"![字形]"，與"邨"同形。（上博二《容成氏》簡 30+16："复（作）爲六頪（律）六邨〈邵（吕）〉，夋（辨）爲五音，曰（以）定男女之聖（聲）。"）

3. "女"寫作"![字形]"，與"母"同形。（上博五《季庚子問於孔子》簡 19："民之![字形]敚（美）弃（棄）亞（惡）母〈女（如）〉遅（歸）。"）

4. "母"寫作"![字形]"，與"女"同形。（上博五《三德》簡 1："天亞（惡）女〈母—毋〉忻。"）

這些誤字皆因增減一兩筆而成，但並不影響釋讀。而那些不是很明顯的誤字，是需要我們去認真辨别的。

如上博二《容成氏》53 簡背"氐"寫作"![字形]"，即"氏"字。而正文凡"氏"字皆寫作"是"，獨簡 53 背寫作"氐"。很多學者對此有過討論，如林義光認爲："氐當與'氏'同字。氏、氐音稍變，故加'一'以别之。"何琳儀認爲"氏""氐"係一字分化，① 季旭昇也認爲"氏""氐"爲同源字。② 但"氏"爲禪紐支部字，"氐"爲端紐脂部字，古音顯然有別，《容成氏》以"氐"爲"氏"，恐怕只能認爲是抄手在書寫時增加了筆畫，寫了別字，否則在用字習慣及古音通假方面都不好解釋。

此種現象可與上博八《李頌》簡2"氏（是）古（故）聖人束此和勿（物）"、簡3"氏（是）古（故）聖人束此"合觀，所謂的"氏（是）故"之"氏（是）"，原簡分別作"■""■"，原考釋者釋作"氏（是）故"，高佑仁認爲，嚴格來說應作"氐（是）故"，③是極審慎的意見。"是故"本應寫作"氐（是）故"，寫成"氏故"是因抄手在書寫時加了一筆，寫了誤字。

由上引的這些例證可知，在古文字中，無論是獨體字還是作爲偏旁使用的一些字，隨時都有誤字出現。無論是字形相近的客觀原因，還是抄手隨意增損筆畫的主觀原因，文獻中的誤字都給文字的辨識工作帶來了較大的困難，需要我們細心加以考察、求證，才能不爲誤字所惑。

第二節 兩字之誤合與一字之誤分

字形相近而形成的誤字，多是由於抄手誤抄，比較常見。舍此之外，另有一種誤抄比較特別，需要引起我們的重視。由於古文獻的書寫形式多爲豎向，在後期傳寫、刊刻的過程中，由於抄手、槧工的疏失，常常會把一字誤分爲二字、二字誤合爲一字。

在傳世刻本文獻中，我們經常會遇到這種情況，俞樾《古書疑義

---

① 何琳儀《戰國古文字典——戰國文字聲系》，北京：中華書局，2004年，1210頁。
② 季旭昇《説文新證》下册，臺北：藝文印書館，2004年，194—195頁。
③ 高佑仁的看法，見復旦吉大古文字專業研究生聯合讀書會《上博八〈李頌〉校讀》一文後的學者評論，復旦大學出土文獻與古文字研究中心網站，http://www.fdgwz.org.cn/Web/Show/1596，2011年7月17日。

舉例》、王叔岷《斠讎學》、張涌泉《校勘學概論》中對這類誤字都有介紹，可以參看，茲不多引。

刻本文獻字形相對規範，尚且有此種情況，在早期寫本文獻中，這類現象更是不勝枚舉。如日藏寫本《篆隸萬象名義》中，多有此類誤合誤分之現象。

兩字之誤合，我們發現了以下例子，如：

1. "一介（个）"二字誤合爲"夯"（649"枚"字下；119 上）
2. "卷思"二字誤合爲"惹"（721"蒁"字下；134 下）
3. "山韭"二字誤合爲"韭"（777"韱"字下，146 上）

一字之誤分，如：

1. 璁（瑙），誤爲"玏心"（124 頁"珂"字下，6 上）
2. 垛，誤爲"切木"（128 頁，7 上）
3. 鰲，誤爲"敇魚"（737 頁，136 下）①

再如，寫本《玉篇殘卷》也有一字誤爲兩字的現象：②

1. "眚"誤爲"生目"（307 頁）
2. "鼉"誤爲"畱（留之俗字）龜"（311 頁）
3. "煞"誤爲"敏心"（514 頁）
4. "甚"誤爲"具心"（552 頁）

---

① 詳參附錄二《寫本〈篆隸萬象名義〉"兩字之誤合與一字之誤分"例彙編》。
② 顧野王《玉篇》（殘卷），《續修四庫全書》第 228 册，上海：上海古籍出版社，2002 年。

毋庸置疑，出土文獻多是寫本，兩字誤合、一字誤分現象較爲常見，如《睡虎地秦墓竹簡》收錄的《日書》乙種簡156，有下引一段話：

【雞鳴丑，平旦】寅，日出卯，食時辰，莫（暮）食巳，日中午，暴未，下市申，舂日酉，牛羊入戌，黄昏亥，人定【子】。

所謂的"暴未"，圖版原作：

于豪亮認爲，"暴"是"日失"二字的誤抄，① 他的這個意見應該是正確的，後來《睡虎地秦墓竹簡》的整理者即從于説。

下面我們再來看《銀雀山漢墓竹簡（貳）》收錄的一篇古佚書，整理者定名爲《定心固氣》，其中有下引一段話：

必心全志而不慕名譽，天下智（知）之弗爲勸，弗知弗爲殆（怠），□□必脩（修），獨内惫（奮），終身不拳（倦）。

整理小組指出：

"必脩（修）"以上二字，第一字頗似"一志"二字，但彼此相距過近，似仍以視作一從"心"之字爲宜，次一字右旁爲"成"，左旁已殘。②

除了整理小組的這一説法，連劭名、林志鵬對簡文也有過討論，爲省却讀者翻檢之勞，現分别抄錄於下：

連劭名根據吳九龍的《銀雀山漢簡釋文》一書，斷句爲：

---

① 于豪亮《秦簡日書記時記月諸問題》，《雲夢秦簡研究》，北京：中華書局，1981年，345頁。
② 銀雀山漢墓竹簡整理小組編《銀雀山漢墓竹簡（貳）》，北京：文物出版社，2010年，252頁。

第一章　誤字研究　　25

天下智之弗爲勸，弗知弗爲殆，志城必修獨内奮終身。①

林志鵬讀爲：

□一志（？）誠，必修獨内奮，終身不拳（倦）。

他解釋説：

若據整理者前説，則此句當作"□一志誠"，一訓爲專一，所缺字可能爲"心"、"意"一類詞。惜圖版過於模糊，無法肯定。後一字從"成"，可釋爲"誠"。簡文"奮"原從心，此從整理者説讀，並訓爲勵。②

案：銀雀山漢簡整理者所云"第一字頗似'一志'二字，但彼此相距過近，似仍以視作一從'心'之字爲宜"，只是因爲"彼此相距過近"，並不能成爲"視作一從'心'之字"的理由，而應當以文義爲據。

由於竹簡的圖版極爲模糊，字形已無法引用，只得據整理者當時目驗所作的描述，想象其字形作：

我們認爲簡文當以釋"一志"爲是，只不過"一志"二字可能寫得過於緊湊罷了，應該屬於出土及傳世文獻中較爲常見的二字誤合爲一字的現象。

另外，因爲竹簡"脩（修）"字下有一句讀符號，這也恐怕就是整理小組於"脩（修）"下斷句的原因，但無論是秦漢簡帛還是戰國竹書，都多見本不該施句讀符號的地方而誤加句讀符號之例。

---

① 連劭名《銀雀山漢簡〈定心固氣〉與孟子思想》，《華夏考古》2010 年第 1 期，112 頁。
② 林志鵬《銀雀山漢墓竹簡〈定心固氣〉探論》，載《傳統中國研究集刊》（九、十合輯），上海：上海人民出版社，2012 年，239 頁。

如馬王堆帛書《十六經·果童》有"陰陽備物化變乃生"之語，國家文物局古文獻研究室編《馬王堆漢墓帛書（壹）》的注釋說："帛書'備'字下有句讀號，故釋文於'備'字斷句。"① 根據文意及句式，《經法》整理小組斷讀爲"陰陽備物，化變乃生"，② 顯然正確可從，這就是本不該施句讀符號的地方而誤加句讀符號的例證。

再如馬王堆《十問》9—10 說：

君欲練色鮮白，則察觀尺汙（蠖）。尺汙（蠖）之食方，通於陰陽，食蒼則蒼，食黃則黃。唯君所食，以變五色。

因爲簡文"食"字下有一墨釘句讀符號，遂有學者疑當從此斷開，讀作"則察觀尺汙（蠖）之食，方通於陰陽"。③

已有網友懷舊根據用韻指出：

整理者的斷句是正確的。此文以白、汙（蠖）爲韻；方、陽、蒼、黃爲韻；食、色爲韻，如范說，則失其韻矣。④

可從。案上文簡 6—7 說：

此胃（謂）復奇之方，通於神明。

與"尺汙（蠖）之食方，通於陰陽"句式全同，也可證整理小組的斷句是正確的。這也是本不該施句讀符號的地方而誤加句讀符號之例，這兩例都足以說明不能按照誤加的句讀符號來斷讀，而應據文意斷句。

同理，根據文意及句式，銀雀山漢簡簡文當於"必"下絕，"脩（修）"字下屬爲句，也就是說，"誠必"當連讀。檢《淮南子·兵

---

① 馬王堆漢墓帛書整理小組編《馬王堆漢墓帛書（壹）》，北京：文物出版社，1980 年，66 頁。
② 馬王堆漢墓帛書整理小組編《經法》，北京：文物出版社，1976 年，57 頁。
③ 范常喜《〈馬王堆漢墓帛書·十問〉札記二則》，武漢大學簡帛網，http://www.bsm.org.cn/?boshu/4631.html，2006 年 9 月 9 日。
④ 小疋《小學講座（一）咋樣學習訓詁學》，國學網論壇跟帖 30 樓。

略》有下引一段話：

心不專一，則體不節勁；將不誠必，則卒不勇敢。

王念孫指出：

"誠必"與"專一"相對爲文，"勇敢"與"誠必"相因爲義。《管子·九守篇》曰："用賞者貴誠，用刑者貴必。"《荀子·致士篇》曰："人主之患不在乎不言用賢，而在乎不誠必用賢。"《吕氏春秋·論威篇》曰："又況乎萬乘之國而有所誠必乎？則何敵之有矣？"《賈子·道術篇》曰："伏羲誠必謂之節。"枚乘《七發》曰："誠必不悔，決絶以諾。"是古書多以"誠必"連文。①

檢索古書，也可以爲王説補充例證：

1.《説苑·談叢》曰："百方之事，萬變鋒出，或欲持虛，或欲持實，或好浮遊，或好誠必，或行安舒，或爲飄疾，從此觀之，天下不可一，聖王臨天下，而能一之。"

2.《群書治要》卷31引《六韜·龍韜》有"戰戰慄慄，日慎一日，近賢進謀，使人以節，言語不慢，中心誠必"之語。

可見"誠必"確爲古之習語。《莊子·人間世》曰：

顔回曰："回之家貧，唯不飲酒，不茹葷者數月矣，若此則可以爲齋乎？"曰："是祭祀之齋，非心齋也。"回曰："敢問心齋？"仲尼曰："若一志，無聽之以耳，而聽之以心，無聽之以心，而聽之以氣，聽止於耳，心止於符，氣也者，虛而待物者也。"

其中的"一志"顯然與簡文同義，都是專一心志的意思。簡文之"一志誠必"，就是專心虔敬的意思。

---

① 王念孫《讀書雜志》，901頁。

又案:《定心固氣》"必心"之"必",疑讀爲"閉"。"必""閉"古音同爲幫母質部字,例可假借,文獻中从"必"聲之字多與"閉"字互爲異文:如閟與閉、鞑與閉、柲與閉;《尉繚子·兵令上》"不謀謂之祕",銀雀山漢簡《兵令》作"不謫胃(謂)之閉",皆可以爲證。

"閉心"亦習見於古書:

1.《楚辭·九章·橘頌》:"閉心自慎,不終失過。"王逸注:"言己閉心捐欲,敕慎自守,終不敢有過失也。"

2.《説苑·政理》:"公儀休相魯,魯君死,左右請閉門,公儀休曰:止,池淵吾不税,蒙山吾不賦,苛令吾不布,吾已閉心矣,何閉於門哉?"

3.《論衡·逢遇》:"御百里之手而以調千里之足,必有摧衡折軛之患,有接具臣之才而以御大臣之知,必有閉心塞意之變。"

4.《論衡·別通》:"夫閉心塞意,不高瞻覽者,死人之徒也哉。"

由上引諸例可知,"閉心"就是關閉心扉的意思。日本青蓮院藏《觀世音應驗記》説:

言卒,閉心不食,唯專心致誠。

董志翹注:"閉心,拒絕外來的誘惑,思想上謹慎自守。"並引《楚辭·橘頌》及王逸注爲證,① 可從。《觀世音應驗記》之"閉心不食,唯專心致誠"與漢簡《定心固氣》之"必心全志而不慕名譽……一志誠必",其文例、文義皆極近,可以相互比照。

又郭店楚簡《五行》簡16引《詩·曹風·鳲鳩》"淑人君子,

---

① 董志翹《〈觀世音應驗記三種〉譯注》,南京:江蘇古籍出版社,2002年,8頁,注(八)。

其儀一也",又云"能爲一,然後能爲君子,君子慎其獨也","一"與"獨"亦相互呼應,與漢簡"一志誠必,脩(修)獨内奮"相類,亦可以參照。①

最後,根據以上的論述,我們把簡文的釋文重新寫在下面:

必(閉)心全志而不慕名譽,天下智(知)之弗爲勸,弗知弗爲殆(怠),一志誠必,脩(修)獨内奮,終身不拳(倦)。

如此,則簡文不僅句式整飭,文義亦至爲顯白,較之諸家之説則似更進一層了。再如清華簡一《保訓》簡4有下引一段話:

受之。欽才(哉)!勿淫!昔甤(舜)舊(久)复(作)火₌(小人),辟(親)勘(耕)于鬲茅,忎(恭)救(求)中。自詣(稽)氏(氒—厥)志。

"鬲茅"之"茅"字,簡文作" ",釋爲"茅",從字形上看,没有疑問。整理者又説,或以爲"苴"字之誤,"苴",古音見母之部,在此讀爲溪母之部的"丘",上博簡《容成氏》:"昔舜耕于歷丘。"② 陳偉將"茅"讀爲"惎",認爲惎訓丘,"歷茅(惎)"就是"歷丘"。③ 蘇建洲則認爲"茅"可直接讀爲"丘"。④

陳劍認爲,"鬲茅"一詞,諸家説以"鬲山/丘之(草)茅"説最爲合理,但仍感頗怪。疑本作"辟(親)勘(耕)于鬲山,矛(懋?)忎(恭)救(求)中","茅"本係"山"與下一字之誤合。

---

① 可參劉釗《關於幾組戰國格言璽的解釋》一文(載《中華文史論叢》2012年3期;又收入氏著《書馨集——出土文獻與古文字論叢》,上海:上海古籍出版社,2013年),劉釗在討論秦印"中壹"時説,"中壹"即專心一意,或一心一意之意。與古代"慎獨"觀念有關,所謂專心致志、一心一意其實也就是"慎獨"。
② 清華大學出土文獻研究與保護中心《清華大學藏戰國竹簡〈保訓〉釋文》,《文物》2006年第6期,73頁。
③ 陳偉《〈保訓〉詞句解讀》,武漢大學簡帛網,http://www.bsm.org.cn/?chujian/5314.html,2009年7月13日。
④ 蘇建洲《〈保訓〉字詞考釋二則》,復旦大學出土文獻與古文字研究中心網站,http://www.fdgwz.org.cn/Web/Show/849,2009年7月15日。

可參馮勝君論郭店《六德》"草茅"者,原釋"山岳"。① "山"與下一字合被誤認爲"屮/艸"頭,則"矛(戀?)忎(恭)救(求)中"亦四字句,是另一合理之處。又古文字茆字或从茆得聲之字,往往寫作从"屮",如宋公差戈之 ✦、鄦鼎之 ✦。②

又如,上博二《民之父母》簡9說:

亓(其)才(在)語也,敗矣!厷(宏)矣!大矣!

其中所謂的"敗"字,原簡字形作"✦"。原整理者讀爲"快",又疑是"敓"之誤寫。侯乃峰指出,此句簡文對應的傳世典籍分別作"言則大矣!美矣!盛矣"和"言則美矣!大矣"。其中"亓(其)才(在)語也"可對應"言"字,簡本不見"則"字。在楚簡文字中,"則"字或寫作"✦"(上博一《緇衣》17)、"✦"(上博二《子羔》2)形。因此,侯乃峰懷疑此處簡文所據的底本原本當作"亓(其)才(在)語也,則敓(媺—美)矣!厷(宏)矣!大矣",抄手在抄寫時誤將"則敓"二字的"則"字左部與"敓(媺—美)"字右部混合寫在一起,從而形成了誤字"(敗)"。即此句簡文原本或當是:"亓(其)才(在)語也,則(美)矣!厷(宏)矣!大矣!"③

認爲"✦"是"則""敓"二字偏旁糅合在一起,也不失爲一種合理的假設,可備一說。

另外,馬王堆帛書《十六經‧成法》122下:

一之解,察於天地;一之理,施於四海。何以知✦之至,遠近之稽?

---

① 參馮勝君《〈郭店楚墓竹簡〉札記(四則)》,載《古文字研究》第22輯,北京:中華書局,2000年,211頁。
② 字形可參看嚴志斌《四版〈金文編〉校補》,長春:吉林大學出版社,2001年,7、74頁。
③ 侯乃峰《上博竹書(1—8)儒學文獻整理與研究》,復旦大學2012年博士後出站報告,598—599頁。

原注（1980：73）：

《說文》："紃，圜采也。"段玉裁注："以采綫辮之，其體圜也。"按體圜則循環無端，故不知其至，亦無遠近可稽。《荀子·非十二子》："終日言成典，及紃察之，則倜然無所歸宿。"注："紃與循同。"《淮南子·精神》："以道爲紃，有待而然。"

今按："![字]"字不可識，釋爲"紃"，不可從，頗疑亦當爲二字之誤合，大概也是像"遠近"（正反義連文）一樣的結構，如下列所舉：

1.《管子·輕重丁》：子之新若此，則東西之相被，遠近之準平矣。

2.《戰國策·趙策二》：故去就之變，知者不能一；遠近之服，賢聖不能同。

3.《淮南子·要略》：地形者，所以窮南北之脩，極東西之廣，經山陵之形，區川谷之居，明萬物之主，知生類之衆，列山淵之數，規遠近之路，使人通迥周備，不可動以物，不可驚以怪者也。

4.《潛夫論·實邊》：夫制國者，必照察遠近之情僞，預【見】禍福之所從來，乃能盡群臣之筋力，而保興其邦家。

5. 袁宏《漢紀·後漢孝靈皇帝紀上》：蓋濃薄之誠異，而遠近之義殊也。

姑志於此，以俟再考。

相對於"兩字之誤合爲一字"，出土文獻中"一字之誤分爲兩字"的現象也大量存在，如：

1.《孔家坡漢簡》430 壹"宂"被析作"亡小"。①

---

① 參劉樂賢《孔家坡漢簡〈日書〉"歲"篇初探》，武漢大學簡帛網，http://www.bsm.org.cn/?hanjian/4785.html，2007年5月26日；此文後收入氏著《戰國秦漢簡帛叢考》，北京：文物出版社，2010年，109頁。

2. 天水放馬灘秦簡《日書》乙種簡 136 "少"被析作"小一"。①

3. 馬王堆帛書《天文氣象雜占》第六列 6.40 "春"字誤分爲"出日"。

4. 馬王堆帛書《天文氣象雜占》第六列 6.14 "箭"應視作已被誤分爲"竹削"二字。

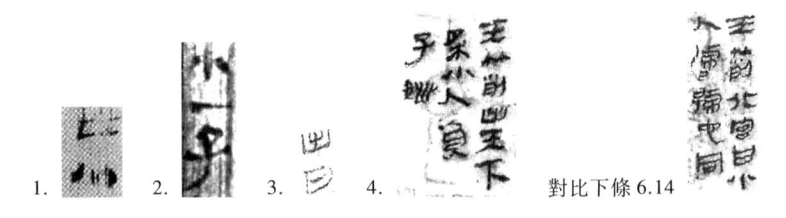

1.　2.　3.　4.　　　對比下條 6.14

又如嶽麓秦簡一《爲吏治官及黔首》簡 72 有下列語句：

按《上博五·三德》簡 5 有"唯福之基","基"字寫作"亞",此嶽麓簡的"亓土"二字應該也是"亞"字,只是寫得比較分開,很可能是被抄手誤抄成了兩個字。"福之基也",見於《國語·晉語六》："夫德,福之基也。"②

了解古書中存在着字的誤合及誤分這一現象,對於我們校讀傳世文獻和出土文獻無疑具有很大啓發的作用。

---

① 此處圖版引自孫占宇《天水放馬灘秦簡集釋》,北京:中華書局,2013 年,33 頁。
② 參《嶽麓簡〈爲吏治官及黔首〉部分簡文釋文》注 20,文載復旦大學出土文獻與古文字研究中心網站,http://www.fdgwz.org.cn/Web/Show/1000,2009 年 11 月 27 日。

第三節　古書誤字舉例

出土簡帛古書爲我們提供了大量可對校對讀的資料，有助於發現誤字，也爲其他出土、傳世古書之同類誤字例提供綫索、證據。現在我們列舉一些例子。

一、《逸周書》

1. 茂—成

《逸周書·祭公》曰：

> 天子，謀父疾維不瘳，敢告天子，皇天改大殷之命，維文王受之，維武王大克之，咸茂厥功。①

清華簡《祭公之顧命》簡10—11作：

> 三公，懋（謀）父朕（朕）疾隹（惟）不瘳，敢羣（告）天子，皇天改大邦壓（殷）之命，隹（惟）周文王受之，隹（惟）武王大敗（敗）之，壓（成）毕（厥）红（功）。②

比較可知，傳世本"咸茂厥功"的"茂"即"成"的誤字。"茂""成"形近，古書中也有相混的例子，如：《文子·符言》"宦敗於官茂"，《鄧析子·轉辭》作"患生於官成"，《說苑·敬慎》作"官怠于宦成"，《韓詩外傳》卷八作"官怠于有成"。彭裕商指出："官茂"當作"官成"，③ 就是例證。

---

① 黄懷信等《逸周書彙校集注》，上海：上海古籍出版社，2007年，932頁。
② 李學勤主編《清華大學藏戰國竹簡（壹）》（下冊），上海：中西書局，2010年，174頁。此處釋文依復旦大學出土文獻與古文字研究中心研究生讀書會（侯乃峰、劉建民執筆）《清華簡〈祭公之顧命〉研讀札記》，復旦大學出土文獻與古文字研究中心網站，http://www.fdgwz.org.cn/Web/Show/1354，2011年1月5日。
③ 參彭裕商《文子校注》，成都：巴蜀書社，2006年，91頁。

"咸成厥功"的"咸成",又見於《尚書·君奭》,其文作:"我咸成文王功於不怠。"① 又新近出版的清華伍《封許之命》有"亦隹(惟)女(汝)呂丁,旗(扞)枎(輔)珷(武王),攻敦殷受,咸成商邑"語句,② 是"咸成"爲周人語例。

案《尚書·顧命》曰:

　　敢敬告天子,皇天改大邦殷之命,惟周文武誕受羑若,克恤西土,惟新陟王,畢協賞罰,勘定厥功,用敷遺後人休。③

遣詞造句與《祭公》極似,"勘定厥功"即"咸成厥功"。"勘定"與"咸成"古音極近,"勘"字古音爲溪紐侵部,"咸"字古音爲匣紐侵部;"定"字古音爲定紐耕部,"成"字古音爲禪紐耕部。馬王堆漢墓帛書《繫辭》"古物定命",傳世本作"開物成務",可以爲證。

是"咸成"與"勘定"爲同一語詞之異寫(或者即可視"勘定"爲"咸成"之訛傳),因爲音近,在流傳的過程中遂產生了異文。

又案:"定""成"音義皆近,可以相通,銀雀山漢簡《孫子·實虛》"兵无成執(勢),无恒刑(形)",十一家本作"故兵無常勢,水無常形",刻本《群書治要》卷33引作"兵無定勢",而寫本《群書治要》(五/200頁)、《劉子·兵術》皆作"兵無成勢"。《史記·太史公自序》:"無成執,無常形,故能究萬物之情。"顯係引用《孫子》語,其字亦作"成"。

"定""成"音義皆近,義各得通,"定"重在已決定、已固定,從情況上看,穩定不變;"成"重在已完成、現成的,從時間上看,已不會變。

---

① 孫星衍《尚書今古文注疏》,北京:中華書局,2004年,457頁。
② 李學勤主編《清華大學藏戰國竹簡(伍)》(下冊),上海:中西書局,2015年,118頁。
③ 孫星衍《尚書今古文注疏》,506頁。

清華壹《耆夜》簡9有"月有城歆，哉又剝行"之語，整理者讀爲：

月又（有）城（盈）歆（缺），哉（歲）又（有）剝（歇）行。（150頁）

郭永秉指出：

這兩句話似可讀成"月有成轍，歲有臬行"，意思是月亮有它既定的軌轍，歲星有它恒常的道路。"歆"是"轍"的聲旁，故可相通，郭店《語叢四》11號"車𧼈"，研究者多已指出當讀"車轍"，是其證。轍字古雖多表示車轍即車輪之痕迹，但引申表示月亮運行的軌迹，似乎也不是不可以的。"徹"字古也有"軌""道"一類意思，其義當亦來自"車轍"之"轍"（看《故訓匯纂》767頁"徹"字下50—60諸項）。"成轍"之"成"，即"成法""成命"之"成"。清人多已指出"臬"字古有極、準則、標準、法度之義，字亦作"藝"（如《左傳》昭公十三年"貢之無藝"、文公六年"陳之藝極"、《禮記·禮運》"故功有藝也"等），"臬行"即標準恒常的道路的意思，"成轍""臬行"正相對爲文。這句詩反映的大概就是古書中多見的"天道有常""天道無親"的觀念。①

可以信從。但我們檢索古書發現，"常"（或"恒"）與"定"多相對爲文：

1.《韓非子·顯學》："言無定術，行無常議。"
2. 揚雄《解嘲》："士無常君，國無定臣。"
3.《淮南子·泰族》："家無常居，身無定君。"

---

① 見復旦大學出土文獻與古文字研究中心研究生讀書會《清華簡〈耆夜〉研讀札記》，復旦大學出土文獻與古文字研究中心網站，http://www.fdgwz.org.cn/Web/Show/1347，2011年1月5日。

4. 敦煌《六韜》有《周志》曰："事無故{弃}業，官無常法，仕無貞位。"①

5.《三國志·郤正傳》："忠無定分，義無常經。"

6.《抱朴子·廣譬》："人才無定珍，器用無常道。"

7.《文心雕龍·物色》："然物有恒姿，而思無定檢。"

根據這一規律，我們也可把銀雀山漢簡《孫子·實虛》"兵无成埶（勢），无恒刑（形）"、《史記·太史公自序》"無成埶，無常形，故能究萬物之情"中的"成埶"都讀爲"定勢"。則清華簡此句似乎也可以讀爲：

月又（有）城（定）敫（轍），戠（歲）又（有）剌（臬）行。

2. 建—肆

《逸周書·皇門》曰：

下邑小國，克有耇老，據屏位，建沈人，非不用明刑。②

清華簡《皇門》簡1作：

朕 勪（寡）邑 少（小）邦，穢（蔑）又（有）耇虡（慮）事 甹（屏）朕立（位）。繇（肆）朕 沨（沖）人非敢不用明刑。③

案"繇（肆）朕 沨（沖）人非敢不用明刑"，《尚書》多見類似句式：

1.《盤庚》：肆予沖人，非廢厥謀。④

---

① "貞位"當讀爲"定位"，《逸周書·史記》有"事無故業，官無定位"之語，可證。
② 黄懷信等《逸周書彙校集注》，544頁。
③ 李學勤主編《清華大學藏戰國竹簡（壹）》，164頁。此處釋文依復旦大學出土文獻與古文字研究中心研究生讀書會（劉嬌、張傳官執筆）《清華簡〈皇門〉研讀札記》，復旦大學出土文獻與古文字研究中心網站，http://www.fdgwz.org.cn/Web/Show/1345，2011年1月5日。
④ 孫星衍《尚書今古文注疏》，240頁。

2.《大誥》：肆予沖人，永思艱。①

傳世本《皇門》"建沈人"的"沈人"，董珊等學者已讀爲"沖人"，②甚是。傳世本的"建"字，應該據清華簡《皇門》改作"肆"。蓋因形近而誤，也可能後人因誤解"沈人"之義，而改"肆"爲形近之"建"。

3. 嗣—副

《逸周書·皇門》曰：

俾嗣在王家，四國用寧。

清華簡《皇門》簡5—6作：

卑（俾）備（服）才（在）氒（厥）豪（家）。王邦用寍（寧）。③

今按："嗣"當是"副"之誤字，俗書"嗣"字中的"口"字上，往往加有一橫，如《玉篇》（殘卷）作"嗣""嗣""嗣"。④或寫作"嗣"，⑤與"副"形極近，遂相訛混。《篆隸萬象名義》中亦

---

① 孫星衍《尚書今古文注疏》，347 頁。
② 董珊《釋西周金文的"沈子"和〈逸周書·皇門〉的"沈人"》，復旦大學出土文獻與古文字研究中心網站，http://www.fdgwz.org.cn/Web/Show/1178，2010 年 6 月 7 日；此文後正式發表於《出土文獻》第 2 輯，上海：中西書局，2011 年，29—34 頁；又載清華大學出土文獻研究與保護中心編《清華簡研究（第一輯）——〈清華大學藏戰國竹簡（壹）〉國際研討會論文集》，上海：中西書局，2012 年，211—216 頁。蔣玉斌、周忠兵《據清華簡釋讀西周金文一例——說"沈子"、"沈孫"》，復旦大學出土文獻與古文字研究中心網站，http://www.fdgwz.org.cn/Web/Show/1179，2010 年 6 月 7 日；此文後正式發表於《出土文獻》第 2 輯，35—34 頁。
③ 李學勤主編《清華大學藏戰國竹簡（壹）》，164 頁。此處釋文依復旦大學出土文獻與古文字研究中心研究生讀書會（劉嬌、張傳官執筆）《清華簡〈皇門〉研讀札記》，復旦大學出土文獻與古文字研究中心網站，http://www.fdgwz.org.cn/Web/Show/1345，2011 年 1 月 5 日。
④ 顧野王《玉篇》（殘卷），收入《續修四庫全書》第 228 册，323 頁。
⑤《醫心方》卷28《求子篇》曰："今具述求子之法，以貽後嗣，同志之士，或可覽焉。""嗣"字原寫作"嗣"，森立之等所作的《札記》指出："嗣訛"。見（日）宿稱康賴《醫心方》（五），臺北：新文豐出版公司，1976 年，28 頁。

見"嗣"字誤寫成"副"之例:

　　1.《篆隸萬象名義》曰:"胤,與振反,副也、繼也。"(406;67上)案經典無訓"胤"爲"副"者,而訓爲"嗣"者則習見,①因"嗣"、"副"形近,《名義》的抄寫者遂將"嗣"字誤寫成"副"。

　　2.《名義》:"孠,續,副字。"吕浩(467B)也指出"副"當作"嗣"字。

這些都是"嗣""副"形近相誤之證。

今本《皇門》"嗣在王家"當作"嗣〈副〉在王家",與清華簡《皇門》作"備(服)才(在)𢓊(厥)豪(家)"文義相同(《清華簡(叁)·周公之琴舞》簡10有"其舍(余)沖(沖)人,備(服)才(在)清窑(廟)"的語句,②是"備(服)才(在)"爲古人語例),"嗣〈副〉""備"古音極近,因此致異。

4. 曰—日

《逸周書·小開》曰:

　　維三十有五祀,王念日多□,正月丙子,拜望,食無時……維周於民人謀競,不可以【藏】,後戒後戒,宿不悉,日不足。

過去研究《逸周書》的學者,對"王念日多□"這句話的解釋是:

　　1.陳逢衡云:"王念日"三字當在下文"嗚呼"之上,今移置彼,而衍下"日"字並此處"多□"二字。

　　2.丁宗洛移"正月丙子拜望"六字於"王念日"上。

　　3.朱右曾云:"王念日多□"句,當在"拜望"句下。

另外,"多"下的缺字,丁宗洛補"士"字,唐大沛疑是"士"字,或是"子"字。③

---

① 宗福邦等編《故訓匯纂》,北京:商務印書館,2003年,1855頁。
② 李學勤主編《清華大學藏戰國竹簡(叁)》,上海:中西書局,2013年,133頁。
③ 黄懷信等《逸周書彙校集注》,217頁。

案清華簡《保訓》説：

> 隹（維）王五十年，不瘳（豫），王念日之多鬲（歷），恐墜保訓。……日不足，隹（維）宿不羕（詳）。①

"王念日之多鬲""日不足，隹（維）宿不羕"，用語與《小開》篇極近，所以我們認爲，《逸周書·小開》的"王念曰多□"，當作：

> 王念日多鬲。

"曰""日"二字形近訛混，古書中習見。郭店簡、上博簡《緇衣》引《君牙》"小民惟日怨"，其中的"日"字，今本《緇衣》、僞古文《尚書》皆誤作"曰"，上博原整理者亦誤釋爲"曰"，劉釗指出"曰"乃"日"字之誤，②就是一個明顯的例子。當然，所缺之字有可能是與"鬲"音同或音近，也可能是義近的字。

二、《六韜》

5. 意—惠

《六韜·武韜·發啓》曰：

> 人道無災，不可先謀，必見天③殃，又見人災，乃可以謀；必見其陽，又見其陰，乃知其心；必見其外，又見其內，乃知其意；必見其疏，又見其親，乃知其情。

銀雀山漢簡《六韜》簡678—680作：

> 人道无戔（災），不可先謀，必見其央（殃），有（又）見其戔（災），乃可以謀；必見其外，有（又）見其內，乃知其遂。

---

① 李學勤主編《清華大學藏戰國竹簡（壹）》，143頁。
② 劉釗《讀〈上海博物館藏戰國楚竹書（一）〉札記（一）》，簡帛研究網，2002年1月8日；此文又見於上海大學古代文明研究中心、清華大學思想文化研究所編《上博館藏戰國楚竹書研究》，上海：上海書店出版社，2002年，291頁。
③ 宋本"天"字有可能是"亓（其）"的誤字，"亓（其）"既誤爲形近的"天"字後，再改下句爲"人"以相對。

必見【□】陽；有（又）見其陰，乃知其心；必見其人，有（又）見其親，乃知其請（情）。（113頁）

漢簡以"災""謀"爲韻，以內、遂爲韻，以"陰""心"爲韻，以"人""親""請（情）"爲真耕合韻，用韻極爲整飭。由此可證宋本之"意"字，必爲誤字無疑。

我們認爲，"意"有可能是"慧"之誤字，寫本《名義》有此訛誤之例：

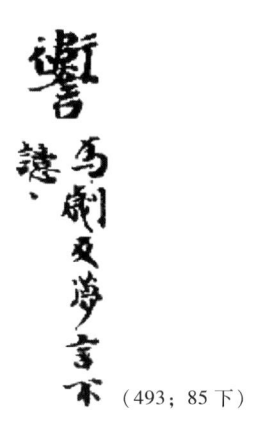

（493；85下）

案："夢言不譓"之"譓"當作"譿"，《玉篇殘卷》作："譿，夢言意不譓也。"（290頁）今本《玉篇》作"譿"，又《説文》："譿，夢言不慧也。"（段注511上），皆可爲證。

而從"慧"從"遂"之字，古音相近，故可以通用。如《鶡冠子·近迭》"法度無以噫意爲揆"，陸佃注："噫，一本作遂。噫讀爲嘒彼小星之嘒。"① 是其例。

又疑"意"當作"惠"。"惠""遂"古音亦極近，《漢書·刑法志》曰：

且除肉刑者，本欲以全民也。今去髡鉗一等，轉而入於大

---

① 黄懷信《鶡冠子彙校集注》，北京：中華書局，2004年，127頁。

辟，以死罔民，失本惠矣。

王念孫指出：

> 本惠，當爲"本意"，字之誤也。除肉刑以全民，文帝之本意也。今以死罔民，則失其本意。"本意"二字，承上"本欲以全民"而言。若作"本惠"，則非其指矣。《漢紀·孝成紀》作"非其本意矣"，是其證。唐魏徵《群書治要》所引已誤。

《管子》"舍公法用私惠"，日本寫本《治要》誤作"意"（五/124頁），皆"意""惠"形近訛誤之例。

6. 成—式

《六韜·武韜·三疑》有下列一段話：

> 除民之害，淫之以色，啗之以利，養之以味，娛之以樂，既離其親，必使遠民，勿使知謀；扶而納之，莫覺其意，然後可成。

銀雀山漢墓竹簡《六韜》簡704—705有相應的文句作：

> 扶而入之，□□……后（後）可試。（118頁）

整理小組注：

> 宋本作"扶而納之，莫覺其意，然後可成"。"入"、"納"二字古通。

今按："然後可成"當作"然後可式"。"成""式"二字因形近而致誤，如《名義》：

（1182；233下）

其中的"成"亦爲"式"字之誤,可以爲證。①

宋本《六韜》的"成〈式〉"與簡本的"試"通,都訓爲"用"。《六韜》上文以親、民爲韻,此以意、式爲韻,尤可爲證。

根據上述,今本《六韜》當校訂爲:

> 除民之害,淫之以色,啗之以利,養之以味,娛之以樂,既離其親,必使遠民,勿使知謀;扶而納之,莫覺其意,然後可成〈式〉。

7. 啓—叚/假

《六韜·武韜·三疑》曰:

> 心以啓智,智以啓財,財以啓衆,衆以啓賢。賢之有啓,以王天下。

《銀雀山漢墓竹簡(貳)·聽有五患》簡1509有下列一段話:

> 故曰:叚(假)而有(又)叚(假),果有天下;耤(借)而有(又)耤(借),果成王伯(霸)。(186頁)

整理小組注:

> 本書第一輯《六韜》第七篇有"叚(假)則有(又)叚(假),以王天下……"殘文,與此相近。

今按:此文以叚(假)、下爲韻;耤(借)、伯(霸)爲韻,竹簡本《六韜》也以叚(假)、下爲韻。可證竹簡本《六韜》作"叚(假)"是正確的。根據簡本,今本《六韜》當校訂爲:

> 心以啓〈叚—假〉智,智以啓〈叚—假〉財,財以啓〈叚—假〉衆,衆以啓〈叚—假〉賢。賢〈叚—假〉之有啓〈叚—假〉,以王天下。

---

① 吕浩録文改作"式延反"(375A),可從。

三、《墨子》

8. 志—去

《墨子·非儒下》：

於是厚其禮留其封，敬見而不問其道，孔某乃志。怒於景公與晏子，乃樹鴟夷子皮於田常之門，告南郭惠子以所欲爲，歸於魯。①

銀雀山漢墓竹簡《晏子》簡623作：

於是厚其禮而留其奉（封），敬見之而不問其道，中（仲）泥（尼）□去。（103頁）

整理小組注：

中泥□去，明本作"仲尼迺行"。

筆者認爲《墨子》"孔某乃志"之"志"，當從簡本《晏子》作"去"。②"去"與"行"義近。馬王堆帛書《十六經·行守》有"近則將之，遠則行之"之語，整理小組注："行，去，離開。"《呂氏春秋·審應》注："行，去之他也。"③ 皆可以爲證。

又《淮南子·說林》曰：

---

① 孫詒讓說，舊本作"孔乃志"，道藏本"孔"下又空一字，季本、吳鈔本並作孔子諱，今據增"某"字。《晏子》作"仲尼迺行"。畢本"志"改"恚"，云："恚"舊作"志"，盧改（見孫詒讓《墨子閒詁》，北京：中華書局，1986年，273頁）。是《墨子》本作"志"。尹桐陽云："志，記也。志怒猶含怒。"（見尹桐陽《墨子新釋》，收入任繼愈主編《墨子大全》第22冊，北京：北京圖書館，2003年，365頁）張純一云："志同誌，記也。志怒於景公與晏子，言怒景公與晏子而不忘也。"（見張純一《墨子集解》，成都：成都古籍書店據世界書局1936年9月初版本影印，1988年，258頁）吳毓江云："志讀如《論語》'默而識之'之'識'。"（見吳毓江《墨子校注》，北京：中華書局，1993年，441頁）皆不從盧（文弨）校。雖然這些說法並不正確，但不輕改字，還是很值得肯定的。
② 參蔡偉《讀〈銀雀山漢墓竹簡〉札記》，復旦大學出土文獻與古文字中心網站，http://www.fdgwz.org.cn/Web/Show/933，2009年10月10日。
③ 宗福邦等編《故訓匯纂》，2043頁。

蹠巨者志遠，體大者節疏。

王念孫説：

蹠者足也，足大與志遠義不相通，志當爲走，言足大者舉步必遠也。《氾論篇》曰："體大者節疏，蹠距者舉遠。"是其證。隸書"走""志"相似，故"走"誤爲"志"。（921頁）

裴學海指出：

舉，去也（見《楚辭·自悲》"願離群而遠舉"王注）。志讀爲之，往也。去遠與往遠意義同。若如王氏改志爲走，走訓奔，則與舉字之意義不類矣。①

今按：裴學海駁王念孫之説，是也，但裴氏讀"志"讀爲"之"，則不可信。我們認爲"蹠巨者志遠"之"志"也是"去"的誤字，"去""舉"音近相通。②《説林》之"蹠巨者志〈去〉遠，體大者節疏"，即《氾論》之"體大者節疏，蹠距（巨）者舉遠"。《管子·形勢》有"譕〈蹠〉臣〈巨〉者可與遠舉，顧憂者可與致道"之語，③文義亦相近，也可爲證。又按《説林》之"蹠巨者志〈去〉遠，體大者節疏"與《氾論》之"體大者節疏，蹠距（巨）者舉遠"及《管子·形勢》之"譕〈蹠〉臣〈巨〉者可與遠舉，顧憂者可與致道"，皆句中自爲一韻，④即巨、志〈去〉爲韻，大、節爲韻；大、節爲韻，距（巨）、舉爲韻；臣〈巨〉、舉爲韻、憂、道爲韻，尤可證明。

---

① 裴學海《評高郵王氏四種》，《河北大學學報（哲學社會科學版）》，1962年第2期，88頁。
② 參蔣禮鴻《義府續貂（增訂本）》"去、弆、舉"條，北京：中華書局，1987年，17—19頁。
③ 參郭沫若《管子集校》（一），收入《郭沫若全集·歷史編》（第五卷），北京：人民出版社，1984年，75、76頁。
④ 參王引之《經義述聞》"古詩隨處有韻"，南京：江蘇古籍出版社，2000年，177—181頁。

四、《史記》

9. 合—舍

《史記·太史公自序》引司馬談《論六家要指》，其中論及道家的文字，有下引一段話：

> 夫道家無爲，又曰無不爲，其實易行，其辭難知。其術以虛無爲本，以因循爲用，無成勢，無常形，故能究萬物之情。不爲物先，不爲物後，故能爲萬物主。有法無法，因時爲業；有度無度，因物與合。故曰：聖人不朽，時變是守，虛者道之常也，因者君之綱也。君臣並至，使自明也。①

其中的"有法無法。因時爲業；有度無度，因物與合"句，《漢書·司馬遷傳》引作：

> 有法無法，因時爲業；有度無度，因物興舍。

顏師古曰：

> 興，起也；舍，廢也。

顧炎武說：

> 《太史公自序》"有法無法，因時爲業；有度無度，因物與舍"，今《漢書·司馬遷傳》亦正作"舍"，而後人改爲"合"，不知古人讀"舍"爲"恕"，正與"度"爲韻也。②

王念孫說：

> 《史記》作"因物與舍"，於義爲長。舍者，居也。言因物與居而無成心也。《鶡冠子·世兵篇》亦云："聖人捐物，從理與

---

① 司馬遷《史記》第 10 冊，點校本二十四史修訂本，北京：中華書局，2013 年，3969 頁。
② 顧炎武《亭林文集》卷四《答李子德書》。

舍。"" 因物與舍"與"因時爲業"相對爲文。①

梁玉繩説：

《漢書》作"興舍"，《後書·馮衍傳》下引作"與物趨舍"，蓋"舍"字是。

瀧川資言説：

"因物與合"，《漢書》作"因物興舍"，《後漢書·馮衍傳》下引作"與物趨舍"，愚按"因物與合"與"因時爲業"相對成文，"業""合"韻，《史》文爲長。②

王叔岷説：

"因物與合"與上文"因時爲業"對言，"爲"、"與"互文，與亦爲也。《莊子·秋水篇》："因其所大而大之，則萬物莫不大；因其所小而小之，則萬物莫不小。"所謂因物爲合也。《漢傳》"與合"作"興舍"，蓋"與合"之形誤；或後人所改。王氏引此文"合"作"舍"，蓋據《後漢書·馮唐傳注》所引改之，今傳各本無作"舍"者，《馮唐傳注》引此文作"與物趨舍"（趨本作趣。③）乃引大意，不當據以校定此文也。④

今按：此段文字上下皆用韻，上文以形、情（耕部）爲韻；後、主（侯部）爲韻；法、業（盍部）爲韻；下文以朽、守（幽部）爲韻；常、綱（陽部）爲韻，而"有度無度，因物與合"一句，正好夾在其間，則當以作"舍"字爲是，以與"度"字爲韻也，如此則上下文用韻極爲整齊劃一，可證顧炎武、王念孫和梁玉繩的意見是正確的；而瀧川資言罔顧韻例，乃誤以"合"字與"業"字押韻，非是。

---

① 王念孫《讀書雜志》，328 頁。
② 瀧川資言《史記會注考證》（第 14 册），北京：新世界出版社，2009 年，5189 頁。
③ 引者案：趣，原誤作"趣"，今正。
④ 王叔岷《史記斠證》，北京：中華書局，2007 年，3471 頁。

馬王堆漢墓帛書《老子》乙本卷前古佚書《道法》8行上有一段話說：

> 使民之恒度，去私而立公。變恒過度，以奇相御。正奇有立（位），而名□弗去。凡事無小大，物自爲舍。逆順死生，物自爲名。名刑（形）已定，物自爲正。

整理小組注：

> 舍，指事物占據的空間。①

帛書《道法》之"物自爲舍"與《史記》之"因物與合〈舍〉"（《漢書》當作"因物興〈與〉舍"），用辭及文義並相近，尤可爲證。

第四節　出土文獻中的誤字

簡帛古書的時代要比傳世古書的各種版本都古得多，多可據之以正傳世本之失，如我們前面所舉的這些例子。但同時我們也要注意，切不可過分迷信出土文獻，盲目推崇簡帛古書，因爲簡帛古書同樣也存在着很多書寫上的錯誤，應該據傳世本或文義來校正。

如《上海博物館藏戰國楚竹書（二）·從政》篇簡甲15與甲5連讀，有下引一段話：

> 毋暴、毋虐、毋惻（賊）、毋念（貪）。不攸（修）不武，胃（謂）之必城（成），則暴；不教而殺，則虐；命亡（無）時，事必又（有）期，則惻（賊）；爲利枉事，則貪。

陳劍、周鳳五、陳偉等學者都先後指出，② 此段簡文可與《論

---

① 馬王堆漢墓帛書整理小組編《馬王堆漢墓帛書（壹）》，44頁。
② 參陳劍《上博簡〈子羔〉、〈從政〉篇的拼合與編連問題小議》，簡帛研究網，http://www.jianbo.org/Wssf/2003/chenjian01.htm，2003年1月8日；又題《上博簡〈子羔〉、〈從政〉篇的竹簡拼合與編連問題小議》，載《文物》2003年第5期；周鳳五《郭店〈性自命出〉"怒欲盈而毋暴"說》，新出土文獻與古代文明研究國際學術（轉下頁）

語・堯曰》篇中的文字對讀。《論語・堯曰》作：

> 子張曰："何謂四惡？"子曰："不教而殺謂之虐；不戒視成謂之暴；慢令致期謂之賊；猶之與人也，出納之吝，謂之有司。"

簡文"不攸（修）不武，胃（謂）之必城（成），則暴"與《論語》"不戒視成謂之暴"是對應關係，簡文"不攸（修）不武"的"武"字，顯然要根據《論語》改爲"戒"。

下面，我們也來列舉一些出土文獻中的誤字。

一、《馬王堆漢墓帛書》

10. 辱—辰

《春秋事語》"魯桓公與文姜會齊侯于樂章"93行：

> 賢者死忠以辱尤而百姓愚（寓）焉。

《管子・大匡》有近似的文句：

> 賢者死忠以振疑，百姓寓焉。

鄭良樹認爲，尤，過也。《説文》："訧，罪也。"謂賢者死於忠義，以辱奸者之過罪也。①

裘錫圭同意訓"尤"爲"過"或"罪"以及"寓"字較"愚"字義長的意見，但認爲釋"辱尤"爲"以辱奸者過罪"於義難通，疑"辱"爲"振"字之誤。"振"可依《管子》尹注釋爲"拯救"，或依俞樾《諸子平議》卷二"賢臣死忠以振疑"條讀爲"抵"，義爲

（接上頁）研討會論文，上海：上海大學，2002年7月28日—7月30日；收入謝維揚、朱淵清主編《新出土文獻與古代文明研究》，185—190頁，上海：上海大學出版社，2004年4月；陳偉《上海博物館藏楚竹書〈從政〉校讀》，簡帛研究網，http://www.bamboosilk.org/Wssf/2003/chenwei01.htm，2003年1月10日。

① 鄭良樹《〈春秋事語〉校釋》，收入氏著《竹簡帛書論文集》，北京：中華書局，1982年，43頁。

"拭刷",兩説均可。①

裘錫圭的説法可信,但疑"辱"爲"振"字之誤,似尚可以討論。筆者認爲,"辱"當爲"辰"之誤("辰"可讀爲"振"),如馬王堆漢墓帛書《繫辭》"區(樞)幾(機)之發,營(榮)辰〈辱〉之斗(主)也",其中"營(榮)辰〈辱〉"之"辱"誤書作"辰",可與此互證,《春秋事語》的"辱〈辰〉"字是抄手在書寫時誤增了"寸"這一偏旁,而《繫辭》的"辰〈辱〉"字則是抄手在書寫時誤減了"寸"這一筆畫。

二、《上海博物館藏戰國楚竹書》

11. 㥯—息

仁愛之仁,楚文字通常寫作从身从心,如"![]",但上博一《性情論》簡 39 有一段話説:

言(慎),![]之方也,肰(然)而丌(其)怎(過)不亞(惡)。

其中的"![]"字,原整理者釋爲"慮",於字形不合,復旦大學"上博簡字詞全編"項目組隸定作"㥯",讀爲"仁",可從。郭店楚簡《性自命出》簡 49 相應的字作"息",尤可以爲證。

陳斯鵬認爲"㥯"字應分析爲从"心"、"窮"聲("窮"即"窮"的異體),"窮(窮)"又从"躬"得聲,而"躬"與"身"同義而常被換讀爲"身",使得本从"躬"聲的"窮"也間接獲得"身"音,故从"躬"聲的也可以讀爲與"身"音近的"仁"。②

筆者認爲,這也是抄手在寫"息"字時,由於其所從的"身"字與"窮"字形近,潛意識裏受到與之相近"窮"字的影響,就把

---

① 裘錫圭《帛書〈春秋事語〉校讀》,收入《裘錫圭學術文集·簡牘帛書卷》,上海:復旦大學出版社,2012 年,435 頁。
② 陳斯鵬《楚系簡帛中字形與音義關係研究》,北京:中國社會科學出版社,2011 年,163 頁。

"身"字寫成與之相近的"窮"字了,"悥"之作"竆",也就是類化所致,似較陳斯鵬的説法更爲直接、合乎情理。

三、《銀雀山漢墓竹簡》

12. 弭—玜

《六韜》簡 685—686 説:

> 執(鷙)鳥將執,庳(卑)蔦(飛)斂翼;虎狼將狭,弭耳固伏。(114 頁)

整理小組注:

> 宋本作"猛獸將搏(《治要》作擊),弭(《治要》作俛)耳俯伏"。簡文"狭"疑當讀爲"駃",即奔逸之"逸"。"弭"疑是"戢"之異體。《詩·小雅·鴛鴦》"戢其左翼",鄭箋"戢,斂也"。宋本"玜"當是"弭"之譌字。(116 頁)

"狭"字,學者或讀爲"抶",①劉洪濤認爲"狭"可能是"夫(从犬)"之訛,讀爲"搏"。②陳劍也認爲,"笞擊"於意甚不合,簡文作"狭",更可能應釋爲"狭"或視作"狭"之略寫訛("先""夫""失""无"數字秦漢簡帛文字常難強分),就讀爲前舉今本"猛獸將搏"之"搏"。又銀雀山漢簡"陰陽時令、占候之類"之《五令》簡 1908:"·罰令者,扶(捕)盜賊,開(研)訽詐僞人而殺之,以助臧(藏)地氣,使民毋疾役(疫)。"③ "扶(捕)"

---

① 徐勇主編《先秦兵書通解》認爲"當讀爲抶",天津:天津人民出版社,2002 年,344 頁。
② 見蔡偉《讀〈銀雀山漢墓竹簡〉札記》文後跟帖,復旦大學出土文獻與古文字研究中心網站,http://www.fdgwz.org.cn/Web/Show/933,2009 年 10 月 10 日。
③ 銀雀山漢墓竹簡整理小組編《銀雀山漢墓竹簡(貳)》,102 頁(圖版)、226~227 頁(釋文注釋)。按"扶(捕)"字原釋爲"抶",形、義皆不合。原注已謂:"《淮南子·時則》'仲冬之月……急捕盜賊,誅淫泆詐僞之人',與簡文相近。"此"扶(捕)"正與《淮南子·時則》的"捕"字相當。蕭旭《〈銀雀山漢墓竹簡〔貳〕》(轉下頁)

字，銀雀山漢墓竹簡整理小組釋爲"抶"，引《淮南子·時則》"仲冬之月……急捕盜賊，誅淫泆詐僞之人"，謂與簡文相近。陳劍改釋爲"抶（捕）"，指出與《淮南子·時則》的"捕"字相當，正確可從。①

而"弭"字，簡文作"弭"，吳九龍《銀雀山漢簡釋文》把"弭"括注爲"弭"，② 認爲簡本的"弭"爲"弭"的誤字，正確可從。"弭"字顯然係抄手在寫"弭"字時，由於右旁"耳"字與"昌"字相近，潛意識裏受到"昌"字影響，就把"弭"字寫成與之相近的"弭"字了。"弭""俛"皆低下之義。字又作"彌"。③

爲了便於對照，我們把宋本《六韜》和唐寫本《應機抄》及《治要》《長短經》所引《六韜》文，列在下面：

1. 《六韜·武韜·發啓》："鷙鳥將擊，卑飛斂翼；猛獸將搏，弭耳俯伏。"④
2. 《敦煌類書》中的《應機抄》：太公曰：鷙鳥將擊，必卑飛

（接上頁）校補》（《學燈》第 26 期，"孔子 2000"網站，http://www.confucius2000.com/admin/list.asp?id=5624，2013 年 4 月 3 日）讀"抶"爲"桎"，亦不確。原釋文"開"字未括注，注釋又謂："簡文'詗'上一字也可能不是'開'字，待考。"關於此字之釋及讀爲"研"，參看方勇《漢簡零拾兩則》，武漢大學簡帛網，http://www.bsm.org.cn/?hanjian/5795.html，2011 年 12 月 23 日。

① 參裘錫圭、陳劍《說"徇"、"讑"》，收入朱慶之等編《漢語歷史語言學的傳承與發展——張永言先生從教六十五周年紀念文集》，上海：復旦大學出版社，2016 年。
② 吳九龍《銀雀山漢簡釋文》，北京：文物出版社，1985 年，99 頁。
③ 《淮南子·人間》："夫狐之捕雉也，必先卑體彌耳，以待其來也。"王念孫説，捕當爲搏，字之誤也。彌耳當爲弭毛。毛字因弭字而誤爲耳，後人又改弭爲彌耳。《楚辭·離騷》注曰："弭，按也。"言卑其體，按其毛，以待雉之來也。《太平御覽》人事部一百三十五、獸部二十一並引此云："夫狐之搏雉也，必卑體弭毛，以待其來也。"高注《吕氏春秋·決勝篇》云："若狐之搏雉，俯體弭毛。"即用《淮南》之文。《吳越春秋·句踐歸國外傳》亦云："猛獸將擊，必弭毛帖伏。"我們認爲，"彌""弭"音近，古書通用，"彌（弭）耳"的説法也是可以的。又《史記·酷吏傳》"而縱以鷹擊毛摯爲治"，《集解》："徐廣曰：鷙鳥將擊，必張羽毛也。"（《史記》，北京：中華書局，1994 年，3147 頁）案"張"，應該作"弭"。
④ 宋本《武經七書》，收入《續古逸叢書·子部》，南京：江蘇古籍出版社，2001 年，483 頁。

斂翼；虎狼將擊，必弭毛誅（？）伏。①

3.《群書治要》卷 31 引《六韜》作："鷙鳥將擊，卑飛翕翼；猛獸將擊，俛耳俯伏。"

4.《長短經》卷七《懼誡》引《六韜》作："鷙鳥將擊，卑身翕翼；猛獸將搏，俛耳俯伏。"②

宋本《六韜》、唐寫本《應機抄》的"弭"字，《治要》《長短經》皆作"俛"，這與《吕氏春秋·知分》"龍俛首低尾而逝"，《淮南子·精神》"俛"作"弭"，③ 其異文相同，都是"俛""弭"古音相近的緣故。

四、《張家山漢墓竹簡》

13. 之—土

《蓋廬》簡 6—7 有下列一段話：

蒼蒼上天，其央安在？羊羊（洋洋④）下 ▆，孰知其始？⑤

其中的"▆"字，整理者釋作"之"，無説。邵鴻説："下之，當指地，與上天相對。《尚書·堯典》：'格於上下。'僞孔傳：'至於天地。'"⑥

---

① 王三慶《敦煌類書》，臺北：麗文文化事業股份有限公司，1993 年，録文篇 300 頁，圖版 1207 頁。所引即《六韜》文，而《敦煌類書·校箋篇》謂："《風后握奇經》《翔鳥》云：'鷙鳥擊搏，必先翱翔。勢援霄漢，飛禽伏藏。審而下之，下必有傷。一夫突擊，三軍莫當。'又《虎翼》云：'天地前衝，變爲虎翼。伏虎將搏，盛其威力。淮陰用之，變化無極。垓下之會，魯公莫測。'本則乃據此文義檃栝成文。"顯然是錯誤的。又所謂的"誅"字，圖版作"誅"，張小豔疑爲"諆"之形訛，而"諆"則爲"俯"或"俛"的音近借字。
② "耳"，四庫全書本誤作"身"，依宋刻本改。
③ 高亨纂著、董治安整理《古字通假會典》，濟南：齊魯書社，1989 年，155 頁。案"俛首"的"首"，《吕覽》本作"耳"，《淮南子》亦作"耳"。
④ "洋洋"，廣大貌，字又作"堂堂"。甘肅玉門花海漢代烽燧遺址出土的木簡詔書曰："蒼蒼之天，不可得久視；堂堂之地，不可得久履。""堂堂"與"蒼蒼"對文，可證。文見甘肅省文物工作隊等編《漢簡研究文集》，蘭州：甘肅人民出版社，1984 年，16 頁。
⑤ 張家山二四七號漢墓竹簡整理小組編《張家山漢墓竹簡〔二四七號墓〕》"釋文注釋"部分，北京：文物出版社，2001 年，275 頁。
⑥ 邵鴻《張家山漢簡〈蓋廬〉研究》，北京：文物出版社，2007 年，43 頁。

笔者認爲，"⿱"應該是"土"字的誤寫。"之""土"形近，如馬王堆漢墓帛書《十六經·行守》曰："高而不已，天［將］闕土〈之〉。""之"即誤作"土"，① 可與此互證。又《蓋廬》簡4有"鳳②鳥下之"之語，故此處的"下土"，也可能受其影響而誤作"下之"。

"下土"爲古書習見的詞語。見於《詩經》，如《日月》"照臨下土""下土是冒"（298頁），《小旻》"敷于下土"（448頁），《下武》"下土之式"（525頁），《閟宮》"奄有下土"（625頁），《長發》"禹敷下土方"（626頁）。③ 馬王堆帛書亦有此語，如《十六經·三禁》亦曰："番（播）于下土，施于九州。"④

再來看簡文，"羊羊（洋洋）下之〈土〉"與"蒼蒼上天"正相對爲文，⑤ 可見我們的説法是可信的。

第五節　反對輕易改字的錯誤傾向

古書中的誤字經過訂正之後，一些難懂的字句可以渙然冰釋。但是，往往看似很有道理、文從字順的句子，却並不一定就是古人的原文及其所要表達的意思。因此，在没有確鑿的證據時，最好不要輕易改字。宋代的校勘學家彭叔夏曾在《文苑英華辨證序》中講過一個他自己的例子：

> 叔夏年十二三時手抄太祖皇帝《實録》，其間云"興衰治□之源"，闕一字，意謂必是"治亂"。後得善本，乃作"治忽"。

---

① 馬王堆漢墓帛書整理小組編《馬王堆漢墓帛書（壹）》，78頁。
② 原整理者釋爲"凰"，此據王貴元《張家山漢簡字詞釋讀考辨》（簡帛研究，http://www.jianbo.org/Wssf/2003/wangguiyuan01.htm，2003年6月3日）改正。
③ 阮元《十三經注疏附校勘記》，上海：上海古籍出版社，1993年。
④ 馬王堆漢墓帛書整理小組編《馬王堆漢墓帛書（壹）》，74頁。
⑤ 後蒙馮先思告知：曹錦炎《論張家山漢簡〈蓋廬〉》，刊於《東南文化》2002年第9期，後收入氏著《吴越歷史與考古論叢》（北京：文物出版社，2007年，48頁），曹文直接隸定爲"下土"。

三折肱爲良醫，信知書不可以意輕改。

"書不可以意輕改"，這是金石良言，可以作爲每一個從事文獻整理工作者的座右銘。下面就列舉一些例證來説明。

比如《管子·樞言》有下引一段話：

故善游者死于梁池，善射者死于中野。

王念孫説，"梁"即橋也，非池之類，且與善游意不相屬。"梁"當爲"渠"，字之誤也。接着王念孫又引用了書傳"梁""渠"形近而致誤之例，他説："渠，溝也。言善游者死于溝池。"① 例證充分，看似有道理。但何如璋、江瀚等學者都不同意王念孫的説法。② 正好出土文獻有類似的文句，《上博五·三德》簡21+18説：

枸株覆車，善游者死於朸（梁）下，豻貋食虎。

據陳劍考證，簡文"枸株"當與"株拘"等同義，指大根槃錯的樹樁。車容易顛覆於樹樁。"善游者死於朸（梁）下"，謂善於游水的人却死在橋梁之下。河流中橋梁所在之處，往往是水比較淺的地方。"豻貋"即"狻猊"，"狻猊"的體型比老虎小，老虎却被它所食。簡文"枸株覆車，善游者死於朸（梁）下，豻（狻）貋食虎"三句，意在説明禍敗常出於細小之事物、易被輕忽之事物。③

現在我們根據上博簡《三德》，就完全可以確信《管子》的"梁"字並非誤字了。

又如上博七《武王踐阼》甲本有下列一段話：

枳（枝）銘唯曰：惡危=（危？危）於忿連。

---

① 王念孫《讀書雜志》，430 頁。

② 郭沫若《管子集校》（一），收入《郭沫若全集·歷史編》，331 頁；黎翔鳳《管子校注》，北京：中華書局，2012 年，252—253 頁。

③ 參陳劍《談談〈上博（五）〉的竹簡分篇、拼合與編聯問題》，武漢大學簡帛網，http://www.bsm.org.cn/show_article.php?id=204，2006 年 2 月 19 日。

簡文"忿連",傳世古書《大戴禮記》作"忿疐"。復旦大學出土文獻與古文字研究中心讀書會指出：郭店簡《尊德義》簡1有"忿䜌"一詞,陳劍《尊德義釋文注釋》（未刊稿）認爲,"忿䜌",當以李零讀爲"忿戾"爲是。"忿戾"是古書常用的字。《楚辭·九章·懷沙》："懲連改忿兮,抑心而自强。"以"連"與"忿"對舉,䜌、連讀音相近,表示的應是同一個詞。據此,簡文"忿連"當讀爲"忿戾"。① 徐廣才以考古發現的材料校讀《楚辭》,却未引用楚簡材料,仍從王念孫"連爲違之誤"的說法,② 不可從。

由以上的兩例可以清楚地看出,校勘古書,如果沒有確鑿的證據而輕改字,即使像王念孫那樣的校勘大家,也是會犯錯誤的。

現在我們就再列舉一些校勘實例,來進一步説明"書不可以意輕改"。

14. 灸—炙

《後漢書·文苑傳》記載趙壹復皇甫規的信,有一段説：

> 壹之區區,曷云量己,其嗟可去,謝也可食,誠則頑薄,實識其趣。但關節疢動,膝灸（塊）〔壞〕潰,請俟它日,乃奉其情。輒誦來貺,永以自慰。③

其中的"膝灸"一詞,很不好懂。看了《後漢書集解》④ 和中華書局點校本《〈後漢書〉校勘記》,⑤ 才知道,"灸"本來是作"炙"的。

此文之"關節""膝灸""疢動""壞潰"皆義近連用關係,因此可以斷定"炙"應與"膝"爲一類,意義最可能與關節有關。

---

① 復旦大學出土文獻與古文字研究中心讀書會《上博七·〈武王踐阼〉校讀》,http://www.fdgwz.org.cn/Web/Show/576,2008年12月30日。
② 徐廣才《考古發現與〈楚辭〉校讀》,北京：綫裝書局,2009年,269頁。
③ 范曄《後漢書》,北京：中華書局,1991年,2634頁。
④ 王先謙撰、黃山等校補《後漢書集解》（第2册）,上海：上海古籍出版社,2006年,343頁。
⑤ 范曄《後漢書》,2659頁。

那麼"厀炙"是什麼意思呢？案《漢書·賈誼傳》有"病非徒瘇，①又苦蹠盭"之語，② 顏師古説：

> 蹠，古蹠字也。音之石反。足下曰蹠。今所呼脚掌是也。盭，古戾字，言足蹠反戾，不可行也。

錢大昕認爲：

> 案《説文》無蹠字，小顏讀爲蹠，恐亦臆説。當是䠛字之譌。《説文》"䠛，脛肉；一曰曲脛。讀若達。"䠛盭謂足脛反戾，不便行動。

王念孫説：

> 《説文》："跖，足下也。"作蹠者借字。《説文》："楚人謂跳躍曰踱。"作蹠者別體耳。或從石聲，或從庶聲，或從炙聲，一也（石與炙聲近，石與庶聲亦相近，故盜跖或作盜蹠。庶與炙聲亦相近，故《小雅·楚茨篇》"或燔或炙"與"爲豆孔庶"爲韻）。《後漢書·郅惲傳》注引《史記》曰："申包胥晝夜馳驅，足腫蹠盭。"是古有蹠盭之語，即此傳之蹠盭。師古讀蹠爲蹠，非臆説也。脚掌反戾故曰蹠盭。《賈子·大都篇》亦作蹠盭。錢以蹠爲䠛字之譌非也。《説文》以䠛爲曲脛，《廣雅》曰："盭，曲也。"是䠛盭皆有曲義，上既言䠛，則下不得復言盭，《史記》《漢書》之字固有不見於《説文》者，必別指一字以當之，則鑿矣。③

案王説甚是，由此我們知道，古書中用來表示脚掌的"跖"字，也作"蹠"，又作"蹠"。《吕氏春秋·本味》曰："肉之美者，猩猩之脣，貛貛之炙。"王念孫説，"炙"讀爲"雞蹠"之"蹠"。④ 則

---

① 王念孫謂當作"非徒病瘇"，説見《讀書雜志》，300頁。
② 班固《漢書》，北京：中華書局，1987年，2239頁。
③ 王念孫《讀書雜志》，300頁。
④ 許維遹《吕氏春秋集釋》，臺北：鼎文書局，542頁。

"蹠"又可作"炙"。

根據上述，我們認爲"膝炙"應該是正確的。"膝炙（跤—蹠）"跟"關節"正相對爲文。① "炙""跤""蹠""跖"並字異而義同。

假如我們看到中華書局的點校本，把本是"炙"字的改作"灸"字，就相信了，又假如《〈後漢書〉校勘記》對改字并沒有作任何交代的話，《後漢書》這個"炙"字的本義，很可能就會被湮沒了。

15. 宣—底

《鹽鐵論·繇役》説：

> 舜執干戚而有苗服，文王底德而懷四夷。

今按：《淮南子·道應》有"文王砥德修政，三年而天下二垂歸之"之語；《易林》大有之渙、鼎之姤並有"砥德礪材，果當成周"之語。"底德""砥德"，顯然是同一語詞之異寫。郭沫若據王先謙説校改爲"宣德"，② 非是。

16. 象—爲

《莊子·大宗師》曰：

> 夫道有情有信，無爲無形。

聞一多、郭沫若都認爲"爲"是"象"的誤字。③ 案《吕氏春秋·君守篇》有下引一段話：

> 【昊】④ 天無形，而萬物以成；至精無象，而萬物以化；大聖

---

① 《戰國策·楚策一》"蹠穿膝暴"，蹠與膝亦連舉（上海：上海古籍出版社，1995 年，517 頁）。《淮南子·脩務》作"蹠達膝"，膝下當脱一字（劉文典《淮南鴻烈集解》，北京：中華書局，1997 年，652 頁）。

② 《郭沫若全集·歷史編》（第八卷），北京：人民出版社，1985 年，603 頁；王利器《鹽鐵論校注》亦引王先謙曰："《北堂書鈔·地部》引'底'作'宣'。"（天津：天津古籍出版社，1983 年，533 頁），而未加論斷。

③ 聞一多《古典新義》，北京：古籍出版社，1956 年，267 頁；郭沫若《莊子的批判》，收入《十批判書》，北京：人民出版社，1976 年，171 頁。

④ 依王念孫説補"昊"字，參王念孫《讀書雜志》，1027 頁。

無事,而千官盡能。

王念孫指出:

"至精無象而萬物以化","象"當作"爲"。《老子》曰:"道常無爲而無不爲,侯王若能守之,萬物將自化。"又曰:"我無爲而民自化。"《莊子·天地篇》曰:"無爲而萬物化。"皆其證也。隸書"象"字或作"爲",形與"爲"相似,故"爲"誤作"象"。"形""成"爲韻,"爲""化"爲韻,"事""能"爲韻("爲"古讀若"譌","能"古讀若"而",並見《唐韻正》),若作"象",則失其韻矣。《管子·兵法篇》:"無設無形焉,無不可以成也;無形無爲焉,無不可以化也。"形、成爲韻,爲、化爲韻,正與此同。

案王説至確,由此也可證明《莊子》之"無爲無形"絶非"無象無形"之誤,聞一多、郭沫若之説實不可信。

17. 㑗—偽

《吕氏春秋·離俗覽·貴信》:

百工不信則器械苦偽,丹漆染色不貞。

王志平引銀雀山漢簡《王兵》簡 867—868 "器戒(械)苦㑗(窳)"爲證,認爲"㑗""偽"形近,"苦偽"顯係"苦㑗"之誤。①

今按:王説看似很有道理,但其實"㑗""偽"字形並不相近。我們認爲,在古漢語中,"偽"有軟弱、不堅牢的意思。如:

1.《鹽鐵論·力耕》:商通物而不豫,工致牢而不偽。

2.《後漢書·王符傳》:破牢爲偽,以易就難。

3. 唐歐陽詢《藝文類聚》卷 22 引魏阮瑀《文質論》:"麗物若偽,醜器多牢,華壁易碎,金鐵難陶。"又引魏應瑒《文質

---

① 王志平《〈吕氏春秋〉中的"苦偽"》,《中国语文》1999 年第 1 期。

論》："豈爭牢僞之勢，金布之剛乎？"皆爲明證。

上引《後漢書·王符傳》"破牢爲僞"，《潛夫論·浮侈》有類似的字句作："毁敗成功，以完爲破，以牢爲行。以大爲小，以易爲難。"案"行"也是脆薄不堅牢之義。如王引之説："古人謂物脆薄曰行，或曰苦，或曰行苦，或曰行敝，或曰行濫。"①

綜上可知，《吕覽》的"苦僞"可通，不當認爲是漢簡《王兵》"苦俠（窳）"之誤。

從以上這些例子可以清楚地看出，"書不可以意輕改"這句話的重要性。蓋改字多出於未能正確地理解原文，我們可以通過找出同類文例印證、歸納闡明罕見字義、説明假借通用字等等，來證明某字不應改、本不誤。

另外，還要重視，只有字形真正"相近"，才有可能發生訛誤。如于省吾、陳奇猷每以甲骨、金文之字形解釋《吕氏春秋》《韓非子》之類，全然不顧《吕氏春秋》等書，並未經過以西周春秋金文傳抄之階段，顯然是極不可取的。古文字專家尚且會有如此失誤，那些遽改原文的古書整理者，就更不足爲訓了。

正確的做法應該是：即使改動了，也應交代説明原來是什麼樣子的，使其他的研究者能够知道未改時的原貌，爲其他及後來的研究者創造有利條件，可以對以前的校勘有所借鑒、有所取舍。否則，改過以後，對的不必説了，如果是錯誤的，又不作任何交代，那麼後來的校者對於錯誤之處，就更加難以發現和改正了。這也就是清代校勘學家顧廣圻、黄丕烈所提出的"雖有誤字，必存原文"的校勘方法。

---

① 見王引之《經義述聞》，205 頁。

第二章　衍文研究

古書在傳寫及刊刻的過程中，衍文的現象會經常發生，其原因是複雜多樣的，王叔岷在《斠讎學》一書中列舉了如下幾種衍文類型，如"涉上下文而衍""涉注文而衍""涉偏旁而衍""聯想而衍""義近而衍"等等。① 王書所討論的對象雖僅涉及傳世文獻，但對於釐清其他文獻中的衍文類型也很有借鑒意義。

第一節　常見的衍文類型

古書在未經刊刻之前，皆靠手抄流傳。就早期寫本和出土文獻來看，主要有以下幾種衍文類型。

一、換行重抄而衍

所謂"換行重抄而衍"，指的是抄寫者在謄寫過程中，在換行時把上一行的最後一個字重寫了一次。在各類文獻中，如果發現兩個相同的字分別位於頭一行的末尾和下一行的起首，後一字很可能會是在換行時重抄而成的衍文。

在早期寫本中常見這類情況，如日本寫本《群書治要》：

---

① 參王叔岷《斠讎學　斠讎別錄》"由誤而衍"條，北京：中華書局，2007年，293—297頁。

1. 卷32引《管子·霸言》：是以聖王務具其備/備而慎守其時。（五/101頁）

2. 卷33引《司馬法》：攻其/其國，愛其民，攻之可也。（五/193頁）

3. 卷34引《老子》：不自見/見故明。（五/213頁）①

而在出土文獻中，此類現象也不少見，如：

1. 馬王堆帛書《十六經·本伐》127下—128上：所胃（謂）爲爲義者，伐亂禁暴，起賢廢不宵（肖），所胃（謂）義也。

整理小組："爲義者"上衍一"爲"字。（75頁）

2. 睡虎地《日書》甲種簡109背—110背：十二月甲子以以行，從遠行歸，是謂出亡歸死之日也。（223頁）

整理小組：下一"以"字衍。

3. 張家山漢墓竹簡《奏讞書》簡122—123：妻子已賣者者，縣官爲贖。（222頁）

整理小組注：簡文衍一者字。

以上所舉，相鄰而重複的兩個字，末一字皆係衍文。檢查原始文獻中兩字的位置，可以發現，他們都是在抄寫時因換行多抄了一次而形成的衍文。

這裏需要注意的是：換行重抄而衍，其所衍之字多與最末一字相同，但偶爾也有不同之字。仍以日本寫本《群書治要》爲例：

1. 卷38引《荀子》：然而必前有銜轡之制，授/後有鞭策之盛〈威〉。（六/63頁）

今按："授"爲"後"之形近誤衍字。

2. 卷39引《呂氏春秋》：主君之臣胥渠/有渠有疾。（六/97頁）

今按：有渠爲有疾之形近誤衍字。蒙陳劍告知，"有渠"與

---

① 參本書附錄《寫本〈群書治要〉衍文三種彙編》。

上下文皆有關，與前45"於上，而上而道"情況甚近。

3. 卷40引《韓非子·大體》：守成理，因自然，勞/榮辱之貴在乎己，而不在乎人。（六/165頁）

今按：勞、榮形近，往往訛誤，① 此文衍"勞"字。

4. 卷45引仲長子《昌言·法誡》：我之欲効恩情於愛妻妾，亦無所擇力矣，而所求於我者，非使我有四體之勞苦，肌膚/用之疾病也。（七/47—48頁）

今按：刻本同。書眉有注："用恐衍。"嚴可均輯《全後漢文》刪"用"字，皆是也。"用"即"膚"字之誤而衍者也。

這類既是誤抄又是衍文的情況，也是需要我們留心的。

二、涉上文而衍

所謂"涉上文而衍"，即抄寫者在書寫過程中，由於受到已抄寫文字的影響，在接下來的抄寫中重複寫下了已寫過的文字。此類情況較多，我們單舉出土文獻的例子：

1. 馬王堆《老子·道經》乙本234下：人之所畏，亦不可以不畏人。

整理小組：（"亦不可以不畏人"）人，各本皆無，疑是衍文。（99頁）

2.《五十二病方》106：禹步三，道南方始，取卤（塊）言曰卤（塊）言曰……

整理小組：下"卤言曰"係衍文。（40頁）

3. 睡虎地《秦律十八種》簡16：縣丞診而入之，其入之其弗丞而令敗者。

整理小組："入之其"三字應係衍文。（24頁）

---

① 參蔣禮鴻《〈墨子閒詁〉述略》，收入氏著《懷任齋文集》，上海：上海古籍出版社，1986年，148頁。

以上所舉各例，所衍之字並不與鄰近字相關，而是受到已抄寫文字的影響而形成的。嚴格説來，"換行重抄而衍"也是"涉上文而衍"的一種，但"涉上文而衍"所涉及的範圍不限於上下行，誤字涉及的可能是同一行，可能是上一行，也可能是上上一行，所以在閱讀文獻過程中，是更需要我們小心謹慎的。

三、涉下文而衍

與"涉上文而衍"相對應，"涉下文而衍"即受到即將要書寫的文字的影響，抄寫者在書寫過程中抄寫出了一個不相干的字。我們先來看出土文獻中的一個例子：

> 馬王堆《老子·德經》乙本 192 下：故不可得而親也，亦【不可】得而【疏；不可】得而害利，亦不可得而害。

整理小組注：

> 利上原有害字，衍，帛書有鉤去的痕迹。（94 頁）

此處下文有"亦不可得而害"，抄寫者在寫下"亦不可得而"後，顯然受到下文影響，而多寫了個"害"字，後來發現才用筆鉤去。類似這樣的情況我們還能找到一些，如：

> 馬王堆《經法·論》56 下—57 上：名實不相應則定，名實不相應則争。物自正也，名自命也，事自定也。

此處整理者認爲"名實不相應則定"，疑"不"字衍，是極有道理的。此文中的"相應"與"不相應"本應相對成文，抄寫者顯係提前多寫了個"不"字。

我們再舉類似一例：

> 《繆和》67 下：見｛鬼｝豕負塗，載鬼一車，先張之柧（弧），後説（脱）之壺（弧）。

張政烺注：

"後説之壺",《睽》之上九爻辭"睽孤,見豕負塗,載鬼一車,先張之弧,後説之弧","見"下衍一"鬼"字。

"見"下所衍"鬼"字,張政烺未指明原因。此處可以認爲,亦涉下文"載鬼一車"之"鬼"字而誤衍。

四、與相連之字形近而衍

我們看一些寫本文獻,經常會發現這樣的一種情況:抄寫者所看到的本來是 A 字,却寫成了另外的一個與之形近的 B 字,當他發現了這一錯誤後,接着又寫下了 A 字,而 B 字又未涂去,就造成了 A 字 B 字並存的情況。

因形近而誤衍,在傳世文獻中比較常見。俞樾《古書疑義舉例》舉有多例,王念孫《讀書雜志》也列舉有多類衍文情況,① 在日本寫本《群書治要》中亦屬常見。②

寫本《玉篇殘卷》亦有此例,如"磯"字下引《淮南子》(523 頁):

磯
摩
匆
勿
釋

所引此段文字,見於今本《淮南子・説山篇》,作"劇靡勿釋",此處的"匆"字衍,即"勿"之形近誤寫而未加任何删除標識。

---

① 詳參本書附録《古書"兩字形近誤衍"例彙編》。
② 詳參本書附録《寫本〈群書治要〉相鄰兩字形近誤衍之例》。

我們再以出土文獻爲例來説明這類現象，如：

1. 睡虎地《日書》乙種簡171：未以東得，北兇（凶），西南吉，朝啓多夕閉，朝兆不得，晝夕得。

整理小組：多字衍。（246頁）

2. 馬王堆帛書《十六經·五正》93上：怒者血氣也，争者外脂（肌）膚也。

陳鼓應指出：" 血氣 " 謂積因於内，" 脂膚 " 謂形見於外。" 脂膚 " 正與 " 血氣 " 相對，一内一外意思甚明，故疑此處的 " 外 " 字爲衍文。①

3. 馬王堆《五十二病方》411行有 " 般服苓 "，

整理小組：" 服苓 " 即茯苓，" 服苓 " 前 " 般 " 字係 " 服 " 字誤寫，没有塗去。②

4. 帛書《周易》29上《井》卦卦辭：" 纍（羸）其荆（刑）玶（瓶），凶。"

張政烺注：" 王弼本作 ' 羸其瓶 '，無刑字。《釋文》云：' 羸，蜀才作累。鄭讀曰纍。' 刑蓋瓶字之誤書。"

上引諸例，注中所指出的衍文，皆因字形相近，如多與夕、外與脂、般與服、刑與瓶，抄手先書誤字，後書正字，而誤字却未加任何删改符號。因形近而誤出的衍文，無疑會給讀者帶來很多閲讀上的障礙。

五、與相連之字音近而衍

與 " 字形相近而衍 " 的情况相似，我們也可以發現這樣一種情况：抄寫者所看到的本來是A字，却寫成了另外的一個與之讀音極近甚至相同的B字，當他發現了這一錯誤後，接着又寫下了A字，而B

---

① 陳鼓應《黄帝四經今注今譯》，北京：中華書局，2007年，236頁。
② 馬王堆漢墓帛書整理小組編《馬王堆漢墓帛書（肆）》，北京：文物出版社，1985年，71頁。

字又未涂去，就造成了 A 字 B 字並存的情況。

　　此類可稱作"兩字音近而衍例"。這類衍文現象，也是比較常見的，來看一個比較形象的例子，毛澤東《沁園春·長沙》手迹①：

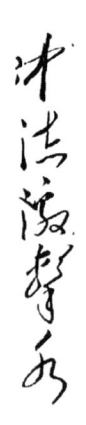

　　因爲"激""擊"音近，所以作者先誤寫下"激"字，等到發現後，就在"激"字的"水旁"上加了一墨點，以示塗去，接着又寫下了正確的"擊"字。我們現在當然明白"激"字是衍文，但如果塗改標識不清，過錄的人不夠謹慎，就會錄出衍文來。

　　同樣道理，現代人的誤寫，古人也會有，極容易讓過錄者誤錄爲衍文。如《周易》有《小畜》《大畜》篇，而《歸藏》題作《小毒畜》《大毒畜》，李學勤認爲：

　　　　"畜""毒"古音均在覺部，一係透母，一係定母，又極相近，故後人於"毒"下注一"畜"字，以示本係假借，結果也混入正文，古書類似例子是很多的。②

　　可知《歸藏》題作《小毒畜》《大毒畜》各多一字，實爲抄寫時音近而寫的誤字，而過錄者不明就裏，於是形成了衍文。

　　又如《尚書·盤庚》有"有條而不紊"之語，敦煌唐寫本《類

―――――――――――――
① 《毛主席詩詞手稿十首》，上海：上海東方紅書畫社，1969 年。
② 李學勤《周易溯源》，成都：巴蜀書社，2006 年，292 頁。

辭甲》所引文字相同，① 而整理者却錄作"有條而不穩紊"。② 此處即可推斷，這也是由於"穩""紊"同音，錄文過錄或排印時誤衍了一"穩"字。

在出土文獻中，"音近而衍"的現象也容易出現，如馬王堆《十六經·黄帝》81下：

整理小組所作的釋文爲："先後無○名。"原注："名上原有命字，寫後又用硃筆塗去。"③

整理小組在注中點明上個字有塗抹痕迹，如果不了解這個情況，就會把"命"字誤入正文了。

第二節　與重文符號有關的衍文（並脱文）

以上所列舉的衍文類型，無論是在傳世文獻還是出土文獻中，都比較常見。這一節我們重點來了解一下在古書中與重文符號相關而形

---

① 王三慶《敦煌類書》，1343 頁。
② 同上書，447 頁。
③ 馬王堆漢墓帛書整理小組編《馬王堆漢墓帛書（壹）》，63 頁。

成的衍、脱現象。

就目前出土的各類文獻來看，從甲骨、金文、戰國竹簡、漢代帛書，一直到敦煌寫本文獻（當然也包括後來更晚的寫本和某些刻本），可以發現古人的一個書寫習慣：當兩字連用時，後一字多不重寫，而用某種符號代替，如"＝""－""〻""、"等等。① 在敦煌文獻中，這種符號還有變體，寫作"厶""〈"等等。②

這些重文符號在傳寫的過程中，如果被抄寫者誤認或者忽略，就極容易產生衍、脱等現象。

一、誤衍重文號

在寫本《群書治要》中，我們經常可以發現誤衍重文符號的現象：③

1. 卷 3 引《詩經·大雅·文王》：天命靡＝常。（一/196 頁）

按刻本及傳世本作"天命靡常"。

2. 卷 12 引《吴越春秋》：王喟然而歎，默無所＝言。（二/209 頁）

按刻本及傳世本作"默無所言"。

3. 卷 31 引《六韜》：滋味重累不＝食。（五/8 頁）

按刻本作"滋味重累不食"，《後漢書》卷六十三《李杜列傳》李賢注引《太公兵法》作"滋味重累弗食也"，《古今圖書集成·明倫彙編·皇極典·君德部》及明陳耀文《天中記》卷十一引《六韜》亦並作"滋味重累弗食也"。

這類現象是值得我們做深入研究的。在出土文獻中，也不乏誤衍重文號的現象，如：

---

① 程鵬萬《簡牘帛書格式研究》，吉林大學 2006 年博士學位論文，指導教師：吴振武教授，111—113 頁。
② 張涌泉《敦煌寫本重文號研究》，收入《張涌泉敦煌文獻論叢》，上海：上海古籍出版社，433—434 頁。
③ 詳參本書附錄《寫本〈群書治要〉誤衍重文符號之例》。

1. 郭店《老子甲》簡 12 "復衆之所過"（图），誤衍重文/合文號。

2. 郭店《老子甲》簡 27 "同其慎（塵）"（图），下亦誤衍重文號。

3. 郭店《緇衣》簡 42 "少（小）人"（图），亦誤衍重文號。

4. 清華簡叁《良臣》簡 7 "秦穆公又（有）臂（殺）大夫=" （图），"夫"字下重文號衍。①

5.《士山盤》"图"，"子"下衍重文號。

以上所列的重文符號，皆是明顯的誤衍。其中，4、5 兩例誤衍重文號，可能與"夫"字常作部分重文的用法有關；"子"字，則因爲金文中"子子孫孫"常見，因此致誤。

更詳細的例證可參本書附錄二《出土文獻中誤衍重文符號舉例》。由此可見，重文符號誤衍的現象是客觀存在着的。這對我們整理出土文獻無疑具有指導作用。如《嶽麓書院藏秦簡（壹）·爲吏及黔首》簡 74 肆：

敀=之=（敀之敀之），某（謀）不可行。

陳劍指出，"敀=之=（敀之敀之），某（謀）不可行"句，"之"字下之重文號蓋係誤衍。簡 78 肆 "術（怵）狄（惕）之心不【可長】"，原整理者已引劉向《説苑·談叢》"忽忽之謀，不可爲也，

---

① 當然，此例也可以看成是誤衍"大"字。此蒙郭永秉提示。

惕惕之心，不可長也"與簡文相參，此"敁敁之謀不可行"正應與《說苑》之"忽忽之謀，不可爲也"相當。"敁"與"忽"二者之音近可通，殆不煩舉證。《上博（三）・彭祖》簡6"㕻之思（謀）不可行，怵（怵）悬（惕）之心不可長"，陳斯鵬《上海博物館藏楚簡〈彭祖〉新釋》（《華學》第7輯）、陳偉武《讀上博藏簡第三冊零札》（《華學》第7輯）、湯志彪《上博簡三〈彭祖〉篇校讀瑣記》（《江漢考古》2005年第3期）等皆引《說苑・談叢》文以說之，釋讀"之"上之字（隸定作"㕻"係陳斯鵬說）爲"忽"，甚是。湯志彪並將"忽忽"讀爲"浯浯"或"惛惛"等，"敁敁"與之音更近。《彭祖》句正與此簡文末字同作"行"，與"長"爲韻。《爲吏之道》有關文句作（較原釋文有改動）：

戒₌之₌（戒之戒之），材（財）不可歸；[33貳]謹之₌（謹之謹之），謀不可遺；[34貳]慎₌之₌（慎之慎之），言不可追。[35貳]綦₌（綦綦）之食不可賞，[36貳]术（怵）愁（惕）之心不可長。[37貳]

可與此重加整理的簡文對比：

敁₌（惛惛）之{₌}某（謀）不可行，[74肆]术（怵）狄（惕）之心不【可長】，[78肆]綦₌（綦綦）之{₌}食不可賞。[77肆]慎₌之₌（慎之慎之），言不可追；[75肆]謹₌之₌（謹之謹之），某（謀）不可遺；[76肆]【□₌】之【₌】（□之□之），材（財）不可歸。[73肆]

73肆"之材"二字，"之"字尚存左下角殘畫，"材"字尚存左半"木"旁，原皆未釋。當然，簡73上三欄已全殘，它也完全可能本應排在簡75之前。對比《爲吏之道》36貳可知簡77肆"之"下亦誤衍重文號，與"敁₌之₌"句同。"綦綦之食不可賞"的確切含義尚待研究。此段"行""長""賞"三字與"追""遺""歸"三字分別爲韻，兩個韻段句式與意義重點各有不同。前引《爲吏之道》雖少一句，但情況亦同。

白於藍《睡虎地秦簡〈爲吏之道〉校讀札記》（《江漢考古》2010年第3期）對此處所論有關文字重新校訂。前引文句整理者原釋文作"綦（忌）之綦（忌）【之】，食不可賞（償）"，注謂"之字下原脫重文號"；又將末句釋爲"術（怵）愁（惕）之心不可【不】長"，注謂"可字下面的不字原脫，據文意試補"。白於藍皆已指出其誤（後之誤前引陳斯鵬、陳偉武文亦已指出）。又《爲吏之道》簡48—50作：

戒₌之，言不可追；[48肆]思₌之，某（謀）不可遺；[49肆]慎之，貨不可歸。[50肆]

白於藍據之以校改前引簡33—37之文，認爲諸句皆本係僅首字下有重文號，簡33—35"之"字下的重文號係誤衍，遂將諸句皆改釋讀爲"某某之某不可某"句式。此却不可取。這三句整理者補出重文號釋作"戒之戒之，言不可追；[48肆]思之思【之】，某（謀）不可遺；[49肆]慎之【慎之】，貨不可歸。[50肆]"（整理者以首句"之"下有重文號、白於藍以末句"慎"下有重文號，皆與事實不符。綫裝本照片較清楚，作：

應該還是正確的。"戒之戒之，言不可追；思之思之，謀不可遺"意思顯豁明白，改爲"戒戒之言不可追，思思之謀不可遺"反難解。但由此也正可見，重文號（尤其是連續出現的重文號）在抄寫中確實容易出現誤脫誤衍等問題。①

---

① 陳劍的意見見復旦大學出土文獻與古文字研究中心研究生讀書會《讀〈嶽麓書院藏秦簡（壹）〉》一文後的跟帖，復旦大學出土文獻與古文字研究中心網站，http://www.fdgwz.org.cn/Web/Show/1416，2011年2月28日。

二、誤脱重文號

于省吾在《重文例》中曾指出，古書中的誤文往往與重文的脱漏和誤讀等事有關。① 後來，裘錫圭在《考古發現的秦漢文字資料對於校讀古籍的重要性》一文中，也談到這方面的問題：

> 秦漢時代的書寫習慣，還有一點應該注意，那就是表示重文的方法。在周代金文裏，重文通常用重文號"="代替，而且不但單字的重複用重文號，就是兩個以上的詞語以至句子的重複也用重文號。秦漢時代仍然如此（就抄書而言，其實直到唐代都還常常如此）。……知道了古人表示重文的習慣，就可以糾正古書裏與重文有關的一些錯誤。②

其後裘錫圭又寫了《再談古書中與重文有關的誤文》一文，並指出《越絕書》《新書》等傳世古書中也有誤脱重文號的現象。③

李家浩也曾指出，古人書寫習慣，單字和兩個字以上的詞語及句子的重複，通常用重文號"="代替。在傳抄時，這種重文號很容易被忽略掉。現在見到的文字没有重複，當是傳抄時將重文號抄漏所致。④

我們來看下面所引的出土文獻：

  1. 馬王堆《論》55下—56上：逆之所在，胃（謂）之死國，伐之。

  整理小組：據下文文例，"死國"二字當有重文。（54頁）

  2. 馬王堆《論》56上：反此之胃（謂）順之所在。

  整理小組：順字當有重文。（54頁）

---

① 《燕京學報》37期。
② 裘錫圭《考古發現的秦漢文字資料對於校讀古籍的重要性》，收入氏著《古代文史研究新探》，南京：江蘇古籍出版社，1992年，38—39頁。
③ 裘錫圭《再談古書中與重文有關的誤文》，復旦大學出土文獻與古文字研究中心網站，http://www.fdgwz.org.cn/Web/Show/819，2009年6月16日。
④ 李家浩《王家臺秦簡"易占"爲〈歸藏〉考》，《傳統文化與現代化》1997年第1期。

3. 睡虎地《秦律十八種》簡16：將牧公馬牛，馬【牛】死者，亟謁死所縣。(24頁)

整理小組："牛"字重文號原脫。

4. 銀雀山漢墓竹簡《孫子兵法·作戰》簡13—14：國之貧於師者，遠者遠輸則百姓貧。

整理小組：疑簡文"遠者遠輸"四字原有重文號，如此則此句當讀爲："國之貧於師者，遠者遠輸，遠者遠輸則百姓貧。"(5頁)

可見，漏抄重文號在出土文獻中是較爲常見的。這對我們校讀古代的文獻無疑具有借鑒意義。

如張家山漢簡《二年律令·田律》(簡251—252) 原釋文云：

諸馬牛到所，皆毋敢穿穽，穿穽及及置它機能害人、馬牛者，雖未有殺傷也，耐爲隸臣妾。殺傷馬牛，與盜同法。殺人，棄市。傷人，完爲城旦舂。

"穿穽及及置它機能害人"條下原注："'及'字下原有重文號，衍。"據原圖版，簡251"穿穽及"三字下均有重文符號，所以此處原簡文實際上寫作"諸馬牛到所皆毋敢穿＝穽＝及＝置它機能害人……"。由於無法讀通簡文，整理者以爲"及"字下衍重文號。周波指出：

整理者的觀點可商。在龍崗秦簡中有與上所引簡文相似的律文。龍崗秦簡103—106云："諸馬牛到所，毋敢穿穽及置它機，敢穿穽及置它機能害人、馬牛者，雖未有殺傷殹(也)，貲二甲。殺傷馬……"。秦律律文可與《二年律令·田律》對勘。秦律禁止"穿穽"與"置它機"，如果違反這一規定，將根據其後果定罪。《二年律令·田律》也有對"穿穽及置它機"後果的描述，則上文應當明令禁止"穿穽及置它機"這兩種行爲，如果僅禁"穿穽"，那就無從論及"置它機"的後果了。所以從律文本身的邏輯關係並結合秦律律文綜合考察，我們認爲《二年律令·田律》簡文的問題出在抄寫者於"置它機"三字下漏寫了重文符號。故此部分釋文當改作:"皆毋敢穿窬及[置它機],穿窬及置它機能害人、馬牛者,雖未有殺傷也,耐爲隸臣妾。"①

正確可從。

又如李學勤《清華簡九篇綜述》②引《程寤》説:

> 人愳(謀)强(競)不可以藏後,後戒人用女(汝),毋愛日不跂(足)。

筆者認爲,案《逸周書·大開》説:"王拜儆我後人謀競,不可以藏,戒後人其用汝謀,維宿不悉日不足。"③《逸周書·小開》説:"維周于民人謀競,不可以【藏】④,後戒後戒,宿不悉日不足。"⑤所以,《清華簡》疑當作:

> 人愳(謀)强(競),不可以_猜(藏),後₌戒₌(後戒後戒),人用女(汝)毋(謀),⑥愛日不跂(足)。⑦(此文亦可以强、猜(藏)爲韻;戒、毋(謀)爲韻。)⑧

後來《清華簡一》正式發表後,注釋謂"戒"字下脱一重文符號,⑨

---

① 周波《讀張家山漢簡〈二年律令〉札記》,此文原刊載於《古籍整理研究學刊》2007年第2期,主要内容又收入彭浩、陳偉、工藤元男主編:《二年律令與奏讞書——張家山二四七號漢墓出土法律文獻釋讀》,上海:上海古籍出版社,2007年。
② 李學勤《清華簡九篇綜述》,《文物》2010年第5期,53頁。
③ 黄懷信等《逸周書彙校集注》,229頁。
④ 孫詒讓已指出今本脱,據清華簡,知孫説甚是。
⑤ 黄懷信等《逸周書彙校集注》,243頁。
⑥ 此處句讀從郭永秉的意見。
⑦ 復旦大學出土文獻與古文字研究中心研究生讀書會《清華九簡研讀札記》,復旦大學出土文獻與古文字研究中心網站,http://www.fdgwz.org.cn/Web/Show/1166,2010年5月30日。
⑧ 此蒙程少軒告知。
⑨ 李學勤主編《清華大學藏戰國竹簡(壹)》,139頁;又參李學勤《〈程寤〉、〈保訓〉"日不足"等語的讀釋》,《清華大學學報(哲學社會科學版)》2011年第2期,51—52頁。

與筆者的看法一致。

下面是我們根據出土文獻資料校正古書誤脫重文符號的一個例子。

雲夢睡虎地77號西漢墓出土簡牘，簡J100號有下列一段話：

□以登泰行之山，而顧胃（謂）其舍人曰：去此＝國＝者①

今按，《越絕書·越絕荊平王內傳第二》有類似文字作：

子胥聞之，即從橫領上大山，北望齊晉，謂其舍人曰：去此邦堂堂，被山帶河，其民重移。②

由漢簡可知，《越絕書》"此邦"二字下，各誤脫重文號，《越絕書》本作：

去此【=】邦【=】（此邦，此邦）堂堂，被山帶河，其民重移。

此外，楚竹書中有一類重文符號與衆不同，有不少不作兩橫而只作一短橫，與常見之句讀號、專名標識相混，則既易導致"脱"，將本應是合文重文號者認作句讀號等不管，亦易導致"衍"，將本爲句讀號者誤認作合文或重文號，需要我們加以注意。

如《上博五·弟子問》11號簡釋文：

宰我問君子，曰："予，汝能慎始與終，斯善矣，……。"

原簡"子"下有一短橫"-"，從釋文看，整理者認爲是表示句讀的符號。也有學者指出：

懷疑此簡"子"後的"-"是表示重文的符號。同篇19號簡以雙短橫"="表示重文，但不能證明這裏的"-"一定不是重文

---

① 釋文參熊北生《雲夢睡虎地77號西漢墓出土簡牘的清理與編聯》，《出土文獻研究》第9輯，北京：中華書局，2010年，40頁。圖版見此書彩圖第3頁。

② 李步嘉《越絕書校釋》，武漢：武漢大學出版社，1992年，15頁。

符,郭店《老子乙》就是以"="、"-"兩種符號表示重文。那麽,此簡的釋文或許當改爲"宰我問君子,子曰……"。①

這種意見無疑是正確的,爲我們今後處理出土文獻中的重文符號,也提供了更好的思路。

睡虎地秦簡《法律答問》簡141中偶見脱一重文號而以補字方式加以補救之例:

或捕告人奴妾盗百一十錢,問主購之且公購?公購之之(126頁)

整理小組注:

第二個"之"字係衍文,筆迹不同。

陳劍認爲整理者之説未必可信,檢圖版作:

簡末的"之"字明顯筆迹不同,應出於另一人之手。再者"公購"缺賓語,亦不通(略檢出土簡帛,"公購"辭例僅見此)。事實更可能本應爲,原文應作:"問主購之且公=購=之。(公購之?公購之)。""之"字下原漏抄重文符號,後讀者或校者遂逕補一"之"字,之所以不逕添補重文號,大概是可以體現出校補痕迹、另加一較大、筆畫較粗之"之"字較明顯。

---

① 李天虹《〈上博(五)〉零識三則》,武漢大學簡帛網,http://www.bsm.org.cn/?chujian/4455.html,2006年2月26日。

第三節　古書衍文舉例

　　綜合上節內容，我們知道，文獻中衍文的類型主要有：換行重抄而衍、涉及上下文而衍、與相連之字形近音近而衍，還有與重文符號相關的誤衍。當然，衍文形成的原因遠不止這些，如王念孫曾揭示"書傳多有旁記之字誤入正文者"，陳垣《校勘學釋例》中有"因誤字而衍字例"，此類衍文類型也較常見。①

　　了解各种衍文類型，對於校正出土文獻及傳世文獻中的衍誤，無疑具有借鑒和啓發作用。在這一節裏我們將參考以上所列各種衍文類型，结合出土文獻和傳世文獻的閱讀，進一步指出其中的衍誤。

　　首先，我們大致以時代先後爲序，来討論傳世古書中的一些衍文。

一、《荀子》

18.

《荀子·勸學》：

　　安特將學雜識志順詩書而已耳。

王引之曰：

　　此文本作"安特將學雜志、順詩書而已耳"，"志"即古"識"字也。今本並出"識志"二字者，校書者旁記"識"字而寫者因誤入正文耳。"學雜志""順詩書"，皆三字爲句，多一"識"字，則重複而累於詞矣。楊注本作："雜志，謂雜記之書，百家之説。"今本作："雜識志，謂雜志記之書，百家之説。"皆後人據已誤之正文加之，下注云："直學雜説、順詩書而已。"文

---

① 詳參本書附錄二《"旁記異文"與"因誤而衍"——兩類衍文舉例彙編》。

義甚明，足正後人竄改之謬。①

二、《逸周書》

19.

《逸周書·祭公》：

> 昔在先王，我亦丕維我辟險于難，不失于正，我亦以免没我世。

王念孫曰：

> 免没我世，義不可通。免當爲克，字之誤也。没，終也。言能終我世也。孔注云：能以善没世，能字正釋克字。②

案清華簡《祭公之顧命》作：

> 昔才（在）先王，我亦不以我辟竅（陷）于懃（難）弗逨（失）于政，我亦隹（惟）以没我殁（世）③

可證今本《逸周書》"免没"之"免"當爲衍文。考其致誤之由，亦當是"免""没"音近，以致誤衍。"免""没"古音極近，"免"字古音爲明母文部字，④"没"古音爲明母物部字，文、物爲嚴格的陽入對轉關係。"免"字古音學家或歸元部，那麼"免""没"之間的關係，則爲物部和元部之間音近相通之例（參看本書下文第38條）。《禮記·檀弓下》"不没其身"，《國語·晋語八》作"不免其

---

① 王念孫《讀書雜志》，633—634頁。
② 黄懷信等《逸周書彙校集注》，940頁。
③ 李學勤主編《清華大學藏戰國竹簡（壹）》，175頁。此處釋文依復旦大學出土文獻與古文字研究中心研究生讀書會（侯乃峰、劉建民執筆）《清華簡〈祭公之顧命〉研讀札記》，復旦大學出土文獻與古文字研究中心網站，http://www.fdgwz.org.cn/Web/Show/1354，2011年1月5日。
④ 參何九盈《古韻三十部歸字總論》，收入氏著《音韻叢稿》，北京：商務印書館，2004年，114頁。

身"。《辭通》"不没、不免"條,朱起鳳按語云:"免、没雙聲,古通用。此猶黽勉亦作蠠没矣。"① 皆可以爲證。

當然,此音近異文而義各有當,各可得通。"不没(殁)其身",是不得善終;"不免其身",是身不得免於凶死(或被殺死、以罪死之類)。

三、《大戴禮記》

20.

《大戴禮記·五帝德》:

> 上世之傳,隱微之説,卒業之辨,闇昏忽之意。

王念孫曰:

> "闇昏忽之意"不辭,"昏"字蓋盧注之誤入正文者。此篇盧注全脱,唯"昏"字誤入正文,故至今尚存。"闇忽",不明之意,即上所云"隱微之説"也。上世之事,遠而難明,故言闇忽。楊雄《劇秦美新》曰"道極數殫,闇忽不還","闇忽"二字本此(《吳越春秋·夫差內傳》:"闇忽埳中陷於深井。")。《家語》正作"闇忽之意"。②

今按:王氏謂"昏"爲衍字,是也。但云"'昏'字蓋盧注之誤入正文者",則不一定符合實際情况。

我們認爲,"昏"之爲衍字,是因爲"昏""忽"音近,以致誤衍。"昏"字古音爲曉母文部字,"忽"字古音爲曉母物部字,文、物爲嚴格的陽入對轉關係。可證"昏""忽"古音相近。

---

① 朱起鳳《辭通》,長春:長春古籍書店,1982年,2379頁。引者案《爾雅·釋詁》:"蠠没,勉也。"郭璞注:"蠠没,猶黽勉。"邢昺疏:"蠠没猶黽勉者,以其聲相近,方俗語有輕重耳。"

② 王引之《經義述聞》,290頁。

四、《墨子》

21.

《墨子·非攻下》曰：

> 夫無兼國覆軍，賊虐萬民，以亂聖人之緒，意將以爲利天乎？

孫詒讓、王焕鑣皆以"無"爲發語詞，① 非是。劉如瑛疑"無"即"兼"之誤而衍者，因爲"夫無"連詞，他處未見。②

今按：劉如瑛之説可從，下文有相同的句式如"夫取天之人""夫殺之人"，皆無"無"字，可以爲證。

案寫本《群書治要》引《傅子·正心》曰：

> 達則無兼善天下，物無不得其所。（七/347 頁）

刻本作：

> 達則兼善天下，物無不得其所。

寫本也是由於"無""兼"形近而誤衍了"無"字。

22.

《墨子·耕柱》曰：

> 子墨子游荆耕柱子於楚。

王念孫説：

> 耕柱子上不當有"荆"字，《魯問篇》曰："子墨子游公尚過於越。""耕""荆"聲相近，則"荆"蓋"耕"字之誤而衍者。（604 頁）

---

① 王焕鑣《墨子集詁》，上海：上海古籍出版社，2005 年，446 頁。
② 劉如瑛《諸子箋校商補》，濟南：山東教育出版社，1995 年，155 頁。

五、《莊子》

23.

《莊子·刻意》曰：

純素之道，惟神是守，守而勿失，與神爲一。一之精通合於天倫。

《淮南子·主術》有一段與《莊子》相近的話作：

天氣爲魂，地氣爲魄。反之玄房，各處其宅。守而勿失，上通太一。太一之精，通於天道，天道玄默，無容無則。

《文子·自然》作：

天氣爲魂，地氣爲魄。反之玄妙，各處其宅。守之勿失，上通太一。太一之精，通合於天。天道嘿嘿，無容無則。

王念孫説：

"通於天道"本作"通合於天"，今本脱"合"字，衍"道"字（道字涉下句"天道玄默"而衍），《文子·自然篇》正作"通合於天"。天與精爲韻。天字合韻讀若汀。《小雅·節南山篇》"不弔昊天"與定、生、寧、醒、成、政、姓爲韻。《大雅·雲漢篇》"瞻卬昊天"與星、贏、成、正、寧爲韻。《瞻卬篇》"瞻卬昊天"與寧、定爲韻。《乾·象傳》"乃統天""時乘六龍以御天"，與形、成、命、貞、寧爲韻。《坤·象傳》"乃順承天"與生爲韻。《乾·文言》"時乘六龍以御天也"與精、情、平爲韻。《楚辭·九章》"瞭杳杳而薄天"，《九辯》"瞭冥冥而薄天"，並與名爲韻。凡周秦用韻之文，天字多有入耕部者。《詩》《易》《楚辭》而外，不可枚舉。①若作通於天道，則失其韻矣。

---

① 引者案，《莊子·達生》："夫形全精復，與天爲一。天地者，萬物之父母也。合則成體，散則成始。形精不虧，是謂能移。精而又精，反以相天。"亦以天、精協韻。

此文上下十八句皆用韻。①

今按：王説甚是，可據以訂正《莊子》。《莊子》"天"字下當脱重文符號，而"倫"下當有數字脱文，原文當作：

一之精，通合於天【＝】（天。天）倫【玄默②，無容無則。】

《吕氏春秋·具備》有"故誠有（又）誠，乃合於情；精有（又）精，乃通於天"之語，又《淮南子·天文》有"人主之情，上通於天"之語，其用韻及文義並與《莊子》相近，也可以爲證。

六、《文子》

24.

《文子·上德》曰：

懸古法以類，有時而遂（墜）；杖〈枝〉格之屬，有時而施（弛）③。

《淮南子·説林》作：

懸垂之類，有時而隧（墜）；枝格之屬，有時而弛。

今按："懸古法以類"文義不順，此文皆以四字爲句，所以"古法"二字，當衍一字。"古"字疑本作"垂"。銀雀山漢墓竹簡《六韜》簡738"三年而天下二垂（垂）歸之"，整理小組注：

垂即䍒字之省，漢人多借此字爲垂。④

---

① 王念孫《讀書雜志》，833頁。
② 也可能是"默默"。
③ 彭裕商已指出，《文子》"有時而施"之"施"字，當從《淮南子》讀爲"弛"。參彭裕商《文子校注》，成都：巴蜀書社，2006年，120頁。銀雀山漢簡《孫臏兵法·見威王》"伐共工而后兵寢而不起，施而不用"，其中"施"字也借爲"弛"。銀雀山漢墓竹簡整理小組編《銀雀山漢墓竹簡（壹）》，北京：文物出版社，1985年，"釋文注釋"部分，48頁。《文子》的用字習慣與漢簡合。
④ 銀雀山漢墓竹簡整理小組編《銀雀山漢墓竹簡（壹）》，"釋文注釋"部分，122頁。

案"垂"字原字形作♦,①"垂"字又作♦,②又从"垂"聲的"棰"字作♦,③與"古"字字形相近,以致訛誤。後來,又因"古""法"形近,而衍一"法"字。現在,我們把《文子》校讀爲:

懸古〈㪜—垂〉{法}以類,有時而遂(墜);杖〈枝〉格之屬,有時而施(弛)。

當然,也有另外一種可能,就是"懸古法以類"之"法"本作"湴"。傳世文獻中或以"湴"借爲"垂"。如:

1.《呂氏春秋·古樂》:"諸侯去殷三淫而翼文王。"高亨謂當作"三垂",④義雖是,而字則恐未得,我們認爲"淫"當作"湴",借爲"垂"。

2.《管子·宙合》"天淯陽無計量,地化生無法崖",《文子·自然》有類似的文句作"天化遂無形狀,地生長無計量",《淮南子·兵略》作"天化育而無形象,地生長而無計量"。王引之改"法"爲"泮",郭沫若改"法崖"爲"法巖"。⑤今按:此"法"疑亦當作"湴",讀爲"垂","法〈湴—垂〉崖",就是"邊際"的意思。與《文子》之"形狀"、《淮南子》之"形象"義近。

後來,又因"古""法"形近,而衍一"古"字。根據上述,《文子》也可校訂爲:

懸{古}法〈湴—垂〉以類,有時而遂;杖〈枝〉格之屬,

---

① 駢宇騫《銀雀山漢簡文字編》,北京:文物出版社,2001年,187頁。
② 銀雀山漢墓竹簡整理小組編《銀雀山漢墓竹簡(貳)》,圖版104頁。
③ 駢宇騫《銀雀山漢簡文字編》,205頁。
④ 高亨《諸子新箋》,濟南:齊魯書社,1980年,249頁。
⑤ 郭沫若《管子集校》,收入《郭沫若全集·歷史編》(第五卷),282頁。

有時而施（弛）。

在傳世文獻中，也有"去"字誤作"垂"字之例。王充《論衡·知實》説：

君口垂不唫，所言苢也。

劉盼遂説：

疑唫當爲唅之聲借。《管子·小問篇》載此事作"開而不闔"，《吕氏春秋·重言篇》作"呿而不唫"，《説苑·權謀篇》作"吁而不吟"，《顔氏家訓·音辭篇》作"開而不閉"。諸書皆言管仲張口言苢。此獨稱口垂不唫，故決斯爲誤也。又案此四字或原作口唫不垂，……①

我們認爲"口垂不唫"的"垂"當是"去"的誤字。②《上博五·君子爲禮》簡6：

毋欽（唫）毋去（呿），聖（聲）之僧（疾）俆（徐），叜（再—稱）丌（其）衆募（寡）。

季旭昇以爲"毋欽毋去"似可讀爲"毋欠毋呿"，不要打呵欠，也不要没事把嘴吧張得大大的；或"毋吟毋嚎"，不要歎氣，也不要大笑；③ 陳劍認爲"欽"當讀爲"唫"或"噤"，指閉口。《墨子·親士》："臣下重其爵位而不言，近臣則喑，遠臣則唫。"畢沅校注："與'噤'音義同。"《吕氏春秋·重言》："君呿而不唫，所言者苢也。"高誘注："唫，閉。"④

---

① 劉盼遂《論衡集解》，北京：古籍出版社，1957年，533頁。
② 如果不認爲"垂"爲誤字，當然也是可以的。《論衡》的"垂"借爲"哆"（"垂""哆"漢代音極近），也是極有可能的。
③ 季旭昇《上博五芻議（下）》，武漢大學簡帛網，http://www.bsm.org.cn/?chujian/4417.html，2006年2月18日。
④ 參復旦大學出土文獻與古文字研究中心《君子爲禮》釋文本注釋。

又銀雀山漢簡《曹氏陰陽》有一段話説：

>……□兵相當，問其將之名，名去（呿）者勝而唅者敗何也？夫去（呿）生而唅死，此其大柈也。若事之陰陽不然，夫春夏者方啓，去（呿）者順陽勝，秋冬者閉臧（藏），唅者順陰勝，故以其時決成敗。①

整理小組把"去"括注爲"呿"，注云：

>《吕氏春秋·重言》"君呿而不唅"，高注："呿，開也。唅，閉也。"

是戰國楚簡、漢簡、《論衡》皆以"去"爲"呿"。② 裘錫圭認爲，從字音和字形來看，"去"應該就是當開口講的"呿"的初文，③ 則楚簡、漢簡及《論衡》以"去"爲"呿"，顯然是淵源有自的。

又按"口垂〈去〉不噞"的"噞"當讀爲"斂"（"噞"亦可就視作"口噞／噞口"之專字），"噞""斂"並从"僉"得聲，音近故可以假借。《史記·仲尼弟子傳》有魯漆雕哆，字子斂。王引之説：

>《説文》："哆，張口也。"《小雅·巷伯篇》"哆兮侈兮"，毛傳曰："哆，大皃。"哆之言侈也。斂之言儉也。《賈子·道術篇》："廣（疑當作廉）較自斂謂之儉，反儉爲侈。"④

今按：漆雕哆，字子斂，當是取義於名、字相反。哆，張口也。斂，收也，閉口也。那麽，《論衡》中的"口垂〈去〉不噞（斂）"也就是"口開而不合"的意思。與《吕氏春秋·重言篇》作"呿而不唅"，《説苑·權謀篇》作"吁而不吟"，皆由於音近以致異文。

---

① 銀雀山漢墓竹簡整理小組編《銀雀山漢墓竹簡（貳）》，"釋文注釋"部分，204頁。
② 案：字又作"祛""肤"。參王念孫《廣雅疏證》，北京：中華書局，1983年，107頁。
③ 裘錫圭《説字小記》，收入氏著《古文字論集》，北京：中華書局，1992年，646—647頁。
④ 王引之《經義述聞》，南京：江蘇古籍出版社，2000年，540頁。

七、《韓非子》

25.

《韓非子·有度》曰：

> 故明主使其群臣，不遊意於法之外，不爲惠於法之内，動無非法。法，所以凌過遊外私也；嚴刑，所以遂令懲下也。

《管子·明法》作：

> 是故先王之治國也，不淫意於法之外，不爲惠於法之内也，動無非法，【法】者，所以禁過而外私也。

今按："凌過遊外私"文義不順，當作"凌過{遊}外私"，"過""遊"因形近而誤衍，顧廣圻、孫蜀丞等學者都已指出。① 但諸家對於"凌"字的解釋，則或云"未詳"，或云爲"峻"之誤字，或云爲"禁"之聲誤，或謂"過"當作"遏"。② 而今人蔣禮鴻引王先慎《韓非子集解》說，"凌係峻誤，當在法上，文義頗合"，又謂"以《管子》校之，此當作'禁過外私'爾"，又謂"凌字不改爲峻亦通，凌法即嚴急之法耳"。③

可見學者們對於此文的意見相當紛雜，實在有必要做進一步的研究。我們認爲，"凌"當讀爲"掕"。《說文》："掕，止馬也。"《廣雅·釋詁》："掕，止也。"字通作"勝"。凡從"夌"從"朕"之字，古音相近，故多通用。如《說文》"縢"，重文作"絞"，就是例證。

又王引之說：

> "陵"與"勝"古聲相近，故"勝烏"一名"陵烏"。"勝""栚"皆以"夾"爲聲，"勝"之爲"陵"，猶"栚"之爲"陵"

---

① 轉引自陳奇猷《韓非子集釋》，上海：上海人民出版社，1974年，106—107頁。
② 同上注。
③ 蔣禮鴻《讀〈韓非子集解〉》，收入氏著《懷任齋文集》，167頁。

也。高誘注《淮南·時則訓》云："'梜'，讀南陽人言'山陵'同。"是其例矣。①

亦可以爲證。

《淮南子·詮言》"聖人勝心，衆人勝欲"，高誘注："勝，止也。"《韓非子》之"凌（掕）過｛遊｝外私"，與《管子》之"禁過而外私"同義。

當然，陳奇猷謂"凌"爲"禁"之聲誤，也是有可能的。"禁""凌"二字，古音的確比較相近，也許是同源的關係。"禁"從"林"得聲，《禮記·月令》"山林不收"，《吕氏春秋》《淮南子》並作"山陵不收"。② 從異文上看，《詩經·大雅·大明》"維予侯興"，"興"字，漢石經作"歆"；又《老子》"繩繩不可名"，馬王堆帛書《老子》甲本乙本並作"尋尋不可名"。③ 以上都是蒸、侵二部音近而互爲異文的例子。

26.

《韓非子·主道》曰：

> 官有一人，勿令通言，則萬物皆盡。函掩其迹，匿其端，下不能原；去其智，絶其能，下不能意。

今按："函"古音爲匣母侵部，"掩"古音爲影母談部，都是收音於-m的，古音相近，故"函"當爲"掩"字之音近衍文。④

八、《燕丹子》

27.

《燕丹子》卷下曰：

---

① 參王念孫《廣雅疏證》"當道，馬烏也"下，345頁。
② 高亨纂著、董治安整理《古字通假會典》，38頁。
③ 同上注，32頁。
④ 參陳奇猷《韓非子新校注》引盧文弨、陶鴻慶之説。上海：上海古籍出版社，2009年，77頁。

荆軻之燕，太子自御，虛左，軻援綏不讓，至，坐定，賓客滿坐，軻言曰："田光襃揚太子仁愛之風，説太子不世之器，高行厲天，美聲盈耳。軻出衛都，望燕路，歷險不以爲勤，望遠不以爲遐。今太子禮之以舊故之恩，接之以新人之敬，所以不復讓者，士信於知己也。"太子曰："田先生今無恙乎？"軻曰："光臨送軻之時，言太子戒以國事，恥以丈夫而不見信，向軻吞舌而死矣！"太子驚愕失色，歔欷飲淚，曰："丹所以戒先生，豈疑先生哉！今先生自殺，亦令丹自棄於世矣！"茫然良久不怡民氏曰太子置酒請軻，酒酣，太子起爲壽。

有問題的是末句。孫星衍説：

"民氏"疑"昏昏"之譌。"太子"二字從《太平御覽·禮儀部》引補。①

孫詒讓説：

"民氏曰"固不可通，孫疑作"昏昏曰"亦未安。疑"民"乃"后"之譌，"氏"則衍文也。"后"與"後"同。後文云"後日與軻之東宫臨池而觀"，又云"後日軻從容曰"，可證。②

今按：孫詒讓謂"疑民乃后之譌"，無據，"民""后"形音皆不相近，並不具備訛誤的條件，而今人多從其説；③ 又徐震堮疑"民氏曰"是"累日"之誤；④ 而王利器疑"民氏曰"是"盡日"之誤，因"盡"俗作"尽"，以形近"民"而誤，又衍"氏"字，⑤ 上引孫詒讓、徐震堮、王利器諸家之説似皆難信從。

---

① 《燕丹子》，收入孫星衍輯《平津館叢書》（壹），南京：鳳凰出版社，2010年，346頁。
② 孫詒讓《札迻》，北京：中華書局，2009年，246頁。
③ 如王天海《燕丹子全譯》：貴陽：貴州人民出版社，1997年，31頁；吳婷婷《〈燕丹子〉注釋考辨》，曲阜師範大學2011年碩士論文，指導教師：張詒三教授，17頁。
④ 徐震堮《漢魏六朝小説選》，上海：中華書局，1962年，9頁。
⑤ 《王利器推薦古代小説》，揚州：廣陵書社，2004年，16頁。

我們認爲，"民"當即"氏"之誤而衍者也。"民""氏"互訛之例，如《史記·趙世家》"趙氏壯者皆死長平"，王念孫指出："氏當爲民，字之誤也。《燕世家》及《燕策》皆作民。"① 又出土的秦漢文字資料中，"氏""民"二字亦往往相混，學者多有討論。②

"氏""是"古音極近，可以通假，這在傳世及出土文獻中習見，不煩舉例。"氏日"就是"是日"。

孫詒讓以後文出現的兩"後日……"辭例爲説，看似有據，施於此文，其實並不合。因爲此文緊承"荊軻之燕，太子自御……至，坐定，賓客滿坐"云云而言，若兩人對答之後，太子"不怡"，及至"後日"乃置酒，恐非待死士之禮，釋讀爲"是日"，即無此問題了。

又《史記·刺客列傳》有"秦王不怡者良久"語，故《燕丹子》此句當校讀爲：

> 茫然良久不怡。{民}氏（是）日，太子置酒請軻，酒酣，太子起爲壽。

徐震堮標點爲：

> 茫然良久，不怡民氏日。③

以"太子置酒請軻，酒酣，太子起爲壽"另起一段。

程毅中標點爲：

> 茫然良久，不怡民氏日太子置酒請軻，酒酣，太子起爲壽。④

王天海標點爲：

---

① 王念孫《讀書雜志》，107頁。
② 參郭永秉《馬王堆漢墓帛書〈春秋事語〉補釋三則》，復旦大學出土文獻與古文字研究中心網站，http://www.fdgwz.org.cn/Web/Show/278，2007年12月24日；此文後收入氏著《古文字與古文獻論叢》，上海：上海古籍出版社，2011年，251—252頁。
③ 徐震堮《漢魏六朝小説選》，5頁。
④ 《燕丹子》，北京：中華書局，1985年，10頁。

茫然良久，不怡民氏是日。太子置酒請軻，酒酣，太子起爲壽。①顯然皆不可從。

九、《孫子》

28.

《孫子·計》曰：

  道者，令民與上同意也，故可與之死，可與之生，而不畏危。

《長短經·道德》《太平御覽》卷 270 皆作：

  而人不畏危。

《通典》卷 148 引作：

  而人不佹。

銀雀山漢簡作：

  道者，令民與上同意者也，故可與之死，可與之生，民弗詭也。②

俞樾《諸子平議》曰：

  "畏"乃衍字。曹公注曰："危者，危疑也。"不釋"畏"字，其所據本無"畏"字也。"民不危"即"民不疑"，曹注得之。孟氏曰："一作'人不疑'，文異而義同也。"《呂氏春秋·明理篇》"日以相危"，高誘訓"危"爲"疑"，蓋古有此訓，後人但知有危亡之義，妄加"畏"字於"危"字之上，失之矣。

顔世鉉解釋説：

---

① 王天海《燕丹子全譯》，219 頁。
② 參銀雀山漢墓竹簡整理小組編《銀雀山漢墓竹簡（壹）》，"釋文注釋"部分，4 頁注（七）。

銀雀山漢墓竹簡作"民弗詭也","詭"當訓爲違、反之意，別本作"危"、"佹"都是"詭"的通假字。全句的大意是說人民不違背君上的意志，此正與上文"令民與上同意者也"相呼應。竹簡本應比較符合古本面貌。其後，學者不識"危"當讀爲"詭"，而將之誤訓爲危懼之義，以致衍生出作"人不疑"或"人不畏危"者。今通行十一家注本衍一"畏"字，就是不識"危"爲"詭"之通假字而誤衍。①

汝鳴指出傳本"危"上"畏"字當爲後人所加，其原因是涉上下字衍出一音近字。② 案此說可從，"畏"，古音爲影母微部字；"危"，古音爲疑母歌部字，③ 二者音相近（此乃涉俗音相近而誤）。

十、《吕氏春秋》

29.

《吕氏春秋・音初》曰：

女乃作歌，歌曰：候人兮猗。

俞樾曰：

《文選・吴都賦》注引此文無"兮"字，是也。猗即兮字，不當並用。

---

① 顔世鉉《出土文獻與傳世典籍校讀二題》，提交"出土文獻與傳世典籍的詮釋——紀念譚樸森先生逝世兩周年國際學術研討會"（2009年6月13日—14日）的論文，復旦大學出土文獻與古文字研究中心網站，http://www.fdgwz.org.cn/Web/Show/835，2009年6月29日。
② 汝鳴《銀雀山漢墓竹簡異文研究》，華東師範大學2006年碩士研究論文，指導教師：詹鄞鑫教授，37頁。
③ "危"古音爲歌部字（參王念孫《讀書雜志》，81頁）；有的古音學家或將"危"字歸入微部（參何九盈《古韻三十部歸字總論》，收入氏著《音韻叢稿》，北京：商務印書館，2004年，76頁），各有道理（古音歌部與脂微二部音亦近，參陸志韋《古音説略》90頁）。銀雀山漢簡（貳）《守法守令等十三篇》中有"危"與"悲"爲韻之例（132頁）。

王引之《經傳釋詞》曰：

> 猗，兮也。《書·秦誓》曰"斷斷猗"，《禮記·大學》猗作兮。《詩·伐檀》曰"坎坎伐檀兮，寘之河之干兮，河水清且漣猗"，猗猶兮也。故漢《魯詩殘碑》"猗"作"兮"。《莊子·大宗師篇》曰"而已反其真，而我猶爲人猗"，猗亦兮也。

王利器説：

> 王説甚是，顏延之《皇太子釋奠會作詩》"倫周伍漢，超哉邈猗"，"邈猗"即"邈兮"，是六朝人猶知"猗"之爲"兮"，乃虛字也。①

今按：此例當是兮、猗音近以致誤衍。今本《老子》"兮"字，馬王堆漢墓帛書《老子》甲乙本皆作"呵"，北大漢簡本《老子》多作"旖（猗）"；"兮"字，戰國楚簡則多作"可"。② 阜陽漢簡《詩經》則多作"旖"。③ 皆可證"兮""猗"同音，就是一字之異寫。《吕覽》之"候人兮猗"本作"候人猗"，由於音近，傳寫刊刻，遂衍一"兮"字。

十一、《史記》

30.

《史記·屈原列傳》曰：

> 其志潔，故其稱物芳。其行廉，故死而不容。自疏濯淖污泥之中，蟬蜕於濁穢，以浮游塵埃之外，不獲世之滋垢，皭然泥而不滓者也。④

---

① 王利器《吕氏春秋注疏》，成都：巴蜀書社，2002年，619頁。
② 參馬承源主編《上海博物館藏戰國楚竹書（八）》，上海：上海古籍出版社，2011年。
③ 參胡平生《阜陽漢簡詩經研究》，上海：上海古籍出版社，1988年。
④ 司馬遷《史記》，北京：中華書局，1982年，2482頁。

王念孫指出：

　　上言洗濯下言淖，則文不相屬。字當讀直教反（濯淖疊韻字）。濯淖汙泥四字同義。《説文》曰："潘，淅米汁也。"又曰："周謂潘曰泔。"又曰："潸，久泔也。"《廣雅》曰："濯，潸也。曹憲音直兔反。"《士喪禮》："澳濯棄於坎。"鄭注曰："沐浴餘潘水。"《釋文》："濯，直孝反。"《喪大記》："濡濯棄於坎。"皇侃《疏》曰："濯謂不淨之汁也。"《廣雅》曰："淖，濁也。"是"濯淖"皆汙濁之名。①

楊樹達説：

　　通讀以"不容自疏"爲句。黄侃以"自疏"二字屬下讀，是也。《漢書·揚雄傳》云："又怪屈原文過相如至不容。"王逸《章句序注》引班固《離騷序》云："忿懟不容，沉江而死"皆本此文，是其證矣。"不容"謂不見容，"自疏"猶言"自遠"，下省"於"字耳。"自疏濯淖污泥之中"，與"蟬蜕於濁穢"意同。以"自疏"屬上讀，則"濯淖污泥之中"六字不成句，以無動字故也。②

陸宗達説：

　　"疏"訓"遠離"，是主要動詞。"自疏濯淖汙泥之中"，是主動離開骯髒污穢的環境的意思，這正是"其志絜"、"其行廉"的表現。③

今按：此文以芳、容爲韻（此爲東、陽合韻。上文云"屈平疾王聽之不聰也，讒諂之蔽明也，邪曲之害公也，方正之不容也"，亦東、

---

① 王念孫《讀書雜志》，135 頁。
② 楊樹達《古書句讀釋例》，北京：中華書局，1983 年，75 頁；又參見徐復《後讀書雜志》所引黄侃説。上海：上海古籍出版社，1996 年，31 頁。
③ 陸宗達《訓詁簡論》，北京：北京出版社，2002 年，39 頁。

陽合韻，可爲其證）;① 穢、外爲韻。如以"自疏"上屬爲句，不僅句法參差不齊，亦失其韻矣。由此可證黃侃、楊樹達對此文之斷句，是確不可易的。

但學者們對於"自疏"的解釋，的確不能不讓人無疑。已有學者指出：

"自疏濯淖污泥之中"，（中學語文）課本釋爲："自動地遠離污泥濁水。自疏，自己疏遠。"其實，這句話是說不通的："自己疏遠污泥濁水之中"？這是什麼話！"自疏"同"濯淖污泥"搭配尚可說得過去，而同"濯淖污泥之中"搭配，既不合乎漢語的語言習慣，又不合乎現代漢語的語法規則。課本注釋的譯文有意回避了"之中"二字，明顯地曲解了原文。②

這是很有道理的。

我們認爲，"自疏濯淖污泥之中"的"濯淖"二字，"濯"字應爲衍文。"濯""淖"音近，凡字之從"翟"從"卓"者，音近而多通用。如：

1.《史記·司馬相如傳》"捷鰭掉尾"，《漢書》《文選》並作"掉尾"。

2. 棹與櫂互爲異文。③

3.《廣雅·釋詁》："逴、趠，驚也。"王念孫說："趠亦逴也，方俗語有侈弇耳。"④

4.《廣雅·釋訓》："淖淖，衆也。"王念孫說："《大雅·靈臺篇》'麀鹿濯濯'，傳云：'濯濯娛遊也。'濯濯與淖淖聲相近。"⑤

---

① 東、陽合韻，兩漢文獻中習見，參羅常培、周祖謨《漢魏晉南北朝韻部演變研究》（第一分冊），北京：中華書局，2007年，33頁。
② 轉引自吳吉煌《"不容自疏"疑讀綜論》，載《勵耘學刊（語言卷）》2008年第1輯。
③ 參高亨纂著、董治安整理《古字通假會典》，805頁。
④ 王念孫《廣雅疏證》，28頁。
⑤ 同上注，187頁。

皆可以爲證。

"疏"字當與"淖"連讀，爲一固定詞語，就像下文的"蟬蛻""浮游"一樣。去掉"濯"字後，我們再來看原文：

其志潔

故其稱物芳

其行廉

故死而不容

自疏淖污泥之中

蟬蛻於濁穢

以浮游塵埃之外

句法、用韻皆極爲整齊。《史記·老莊申韓列傳》有"我寧遊戲污瀆之中自快"語，同爲史遷之文，而句式頗相類，亦可爲證。

對於"疏淖"的意思，筆者試著提出一種不成熟的意見，僅供參考。"疏""流"形近易訛，"疏"疑爲"流"之誤字。① 而"流""沈"形音皆近，可以通用（參見下文第38條）。那麼，"疏〈流〉淖"即《楚辭·七諫》"世沈淖而難論兮"之"沈淖"（王逸注："淖，溺也。"），亦即《漢書·司馬遷傳》"何至自湛溺累紲之辱哉"之"湛溺"（《文選》作："何至自沈溺縲紲之辱哉？"）《廣雅·釋詁》："沈、溺，沒也。"②

則"自疏〈流—沈〉{濯}淖（溺）污泥之中，蟬蛻於濁穢，以浮游塵埃之外"這句話，可以解釋爲：

雖身陷污泥之中，却能脫離濁穢，而在塵埃之外也。③

―――――――
① "疏""流"形近訛誤之例可參王引之《經義述聞》，778頁；又參劉文典《三餘札記》，合肥：黃山書社，1990年，57頁。
② 王念孫《廣雅疏證》，32頁。
③ 古書中"自"字有作"雖"字用者（參楊樹達《〈古書疑義舉例〉續補》，收入《古書字義用法叢刊》，北京：中國書店，1984年，27—28頁），故此處語譯爲"雖身陷污泥之中"。

這是史公以文學的語言來贊美屈原之高潔，言其不同流合污，高出於塵世。

案《三國志·王粲傳》，裴松之注引魚豢《典略》曰："此四寶者，伏朽石之下，潛汙泥之中，而揚光千載之上，發彩疇昔之外，亦皆未能初自接於至尊也。"句式與《屈原傳》極爲相似。《史記》之"自疏〈流一沈〉｛濯｝淖（溺）污泥之中"就是《典略》之"潛汙泥之中"。

另外，還有一種思路，即此文"疏"字並非誤字，"疏"可讀爲"沮淖""沮溺"之"沮"，"疏"從"疋"聲，"沮"從"且"聲，音近而通用，猶《戰國策·燕策一》"楚不出疏章"，馬王堆漢墓帛書作"雎"，可爲其證。

現在我們校讀爲"自疏（沮）｛濯｝淖（溺）污泥之中"，可聯繫《論語·微子》"長沮，桀溺耦而耕"之"長沮，桀溺"這兩個人的命名。"長沮，桀溺"是指兩個在水洼裏勞動的高大魁梧的人。長、桀（傑），是形容人的高大，而沮爲低濕的洼地；溺，則指浸在水洼中。

如此則不必以誤字爲説，"自疏（沮）｛濯｝淖（溺）污泥之中"也更可見其被動不得已之情境了。

十二、《淮南子》

31.

《淮南子·要略》曰：

> 夫作爲書論者，所以紀綱道德，經緯人事，上考之天，下揆之地，中通諸理。雖未能抽引玄妙之中才繁然足以觀終始矣。

"雖未能抽引玄妙之中才繁然足以觀終始矣"這句話，學者們多認爲當在"才"下斷句，讀"才"爲"哉"。[1]

---

[1] 參王引之《經義述聞》"亢才"下，84頁；何寧《淮南子集釋》，北京：中華書局，2010年，1437—1438頁；張雙棣《淮南子校釋（增訂本）》，北京：北京大學出版社，2013年，2171頁。

我們認爲，"才"字似應即"中"的形誤字而未加删去者。"才""中"形近易誤，如：

馬王堆《十六經·果童》曰：

> 有□□□重，任百則輕。人有亓（其）中，物又（有）亓（其）刑（形），因之若成。

原注：

> 《淮南子·主術》："是故有大略者，不可責以捷巧；有小智者，不可任以大功。人有其才，物有其形。有任一而太重，或任百而尚輕。"語與此近。帛書重字上疑缺"任一而"三字。"人有其中"之"中"字，疑是"才"之誤字。①

又如《篆隸萬象名義》：

> 窡，竹刮〈刮〉反，空才見也。（626頁）

《説文》《玉篇》並作："穴中見也。"《名義》之"空才見也"當據《説文》《玉篇》改爲"穴中見也"。

以上都是"才""中"形近而致異之例。

"中"字，古代的寫本（如《玉篇殘卷》）往往作"才"，與"才"字極近，如：

1.《玉篇殘卷》"驡"字下引《淮南子》："驡然莫不才音，合於桑林之舞。"（529頁）

2.《玉篇殘卷》"限"字下引王弼曰："隁〈限〉，身之才也。"（538頁）

3.《玉篇殘卷》："阩"字下引《説文》："水才高也。"（551頁）

故在傳寫之過程中，極有可能會出現誤認及誤寫的情況。寫本

---

① 國家文物局古文獻研究室編《馬王堆漢墓帛書（壹）》，北京：文物出版社，1980年，66頁。

《群書治要》中多見其例，參本書附錄"寫本《群書治要》衍文三種彙編"之"相鄰兩字形近誤衍"下。

所以，《淮南子·要略》可校讀爲：

夫作爲書論者，所以紀綱道德，經緯人事，上考之天，下揆之地，中通諸理。雖未能抽引玄妙之中，{才}繁然足以觀終始矣。

《淮南子·要略》下文云"説符玄妙之中，通迴〈迥〉造化之母也"，又云"玄眇之中，精摇靡覽"。又《藝文類聚》卷55引馮衍《説鄧禹書》有"游神乎經書之林，馳情乎玄妙之中"語，這些例句都足以證明我們在"雖未能抽引玄妙之中"下斷句是正確的。

32.

《淮南子·俶真》：

今夫積惠重厚，累愛襲恩，以聲華嘔苻嫗掩萬民百姓，使知之訢訢然人樂其性者仁也。

王念孫説：

"使"下不當有"知"字，此因上文"所謂知之"而誤衍也，劉本無"知"字，是。（776頁）

今按：王説"知"爲衍字，是，但謂因上文"所謂知之"而誤衍，不確。此處"知"爲衍字，是由於"知"與下"之"字音相近而誤衍，同樣的例子，如寫本《群書治要》引《抱朴子·刺驕》曰：

樂天之知命。（七/448頁）

刻本作：

樂天知命。

也是因爲"知""之"音近而誤衍，可以爲證。

33.

《淮南子·本經》：

> 愚夫憃婦皆有流連之心,悽愴之志,乃使始爲之撞大鐘,擊鳴鼓,吹竽笙,彈琴瑟,失樂之本矣。

王念孫指出:

> "乃始"二字之間不當有"使"字,此因"始""使"聲相亂而誤衍也。《主術篇》曰:"故民至於焦脣沸肝,有今無儲,而乃始撞大鐘擊鳴鼓,吹竽笙,彈琴瑟,失樂之所由生矣。"是其證。(826頁)

今按:"始""使"古音皆爲之部上聲字,聲母分別爲書(審三)母和生(審二)母,古音極近,以致誤衍。

34.

《淮南子·氾論》:

> 是故聖人論事之局曲直,與之屈伸偃仰,無常儀表。

王念孫說:

> 此言屈伸偃仰,皆因乎事之曲直,曲直上不當有"局"字,蓋衍文也。《文子·道德篇》無"局"字。(884頁)

今按:王說可從,"局"字是由於與"曲"音近而誤衍。

十三、《鹽鐵論》

35.

《鹽鐵論·憂邊》曰:

> 故民流沈溺而弗救,非惠君也;國家有難而不憂,非忠臣也。

王先謙說:

> "沈"字當刪,"流""沈"二字,古書通用。疑本作"流溺",後人改注"沈"字於下,遂兩存之。

今按："流""沈"相通，是由於二字形音俱近。因爲字的形、音皆近，以致訛混，古書多見其例，如：參—枲、① 坙—岳、苟—苟、② 悉—述、③ 卒—卂、訊—諄、④ 奊—系、⑤ 挚—挈、⑥ 許—訐⑦、互—亙、恒—極、⑧ 跼—蹐、橋—桐、⑨ 等等。

"流"古音爲來母幽部字，"沈"古音爲定母侵部字，從聲母方面説，形聲字裏，有來母、定母相諧的例子。如"隸"從"隶"得聲，"隸"爲來母，"隶"爲定母；從韻部方面説，是幽、侵陰陽對轉。⑩

---

① 參、枲相混，一般都認爲是形誤，也有學者認爲是音變。筆者認爲是參、枲形音俱近，以致訛混。參馮蒸《馮蒸音韻論集》，北京：學苑出版社，2006年，187—188頁。

② 李家浩《傳遽鷹節銘文考釋》，收入《著名中年语言学家自選集・李家浩卷》，合肥：安徽教育出版社，2002年，98頁。

③ 梁春勝《楷書部件演變研究》，293頁。

④ 同上注，121—122頁。

⑤ 同上注，192—193頁。

⑥ 裘錫圭《再談古文獻以"埶"表"設"》，何志華、沈培等編《先秦兩漢古籍國際學術研討會論文集》，北京：社會科學文獻出版社，2011年。《鶡冠子・世兵》"細故袃蒯，奚足以疑"，陸佃曰："一本'袃'作'槷'。"黃懷信説："'袃'作'槷'者字之誤，道藏本作'槷'、聚珍本作'槸'，亦皆非。"（黃懷信《鶡冠子彙校集注》，300頁）。今按：當以道藏本最爲近真，道藏本的"槷"當是"槸"的誤字。"袃"則是"槸"的誤字（亦即"槸"的俗訛字）。賈誼《服賦》作"細故蒂芥"，"槸""蒂"音近而致異。這也是由於"槸""袃"形音皆近而致誤的例子。又從"埶"從"刧"相混之例，可參梁春勝《楷書部件演變研究》，288頁。

⑦ 《原本玉篇殘卷》"敜"字下引《詩》云"敜敜且"，野王案："《毛詩傳》：敜，信也，許也，大也。"今按，此文當校訂爲："《詩》云：敜敜且【樂】，野王案：《毛詩傳》：洵，信也，訏，大也。"敜敜且【樂】，即今本《毛詩・鄭風・溱洧》之"洵訏且樂"。今本《毛傳》："訏，大也。"《鄭箋》："洵，信也。"《殘卷》由於傳寫，"訏"誤作"許"，又衍"也"字。而《篆隸萬象名義》遂沿其誤，於"敜"字下列"許、大"之義訓（518；91上），非是。

⑧ 參廖名春《郭店楚簡老子校釋》，北京：清華大學出版社，2003年，244—246頁；又張新俊《新蔡葛陵楚墓竹簡文字補正》，"簡帛研究"，http://www.jianbo.org/admin3/html/zhangxinjun01.htm。

⑨ 參王念孫《讀書雜志》"跼足"下，47頁。王念孫謂蹐、跼；橋、桐是聲音相近而致。張涌泉不同意王念孫的説法，認爲是俗書形近致誤，見氏著《漢語俗字研究（增訂本）》，北京：商務印書館，2010年，164頁。筆者認爲，當是因形音俱近，以致異文。

⑩ "幽、侵對轉"之例，可參王引之《經義述聞》，414頁；又參章太炎《文始》，收入《章太炎全集（七）》，上海：上海人民出版社，1999年，340頁。

"流""沈"音近可以通用，猶"猶豫"之與"尢豫"也。

《後漢書·來歙傳》：

多設疑故，久尢豫不決。

李賢注：

尢豫，不定之意也。《説文》曰：尢尢，行皃也，音淫。《東觀記》曰：狐疑不決也。

《後漢書·馬援傳》：

諸將多以王師之重，不宜遠入險阻，計尢豫未決。

李賢注：

尢，行貌也。義見《説文》。豫亦未定也，尢，音以林反。

《後漢書·伏湛傳》：

步貪受王爵，尢豫未決。

李賢注：

尢，音以今反。

《後漢書·盧植傳》：

夫蠢蠹起懷，雷霆駭耳，雖賁育荆諸之倫，未有不尢豫奪常者也。

李賢注：

尢，人行貌也，音淫。言尢豫不能自定也。

《後漢書·竇武傳》：

太后尢豫未忍，故事久不發。

李賢注：

尢音淫，尢豫，不定也。

又《荀子·勸學》：

> 昔者瓠巴鼓瑟而流魚出聽。

楊倞注：

> 流魚，中流之魚也。《列子》云："瓠巴鼓琴，鳥舞魚躍。"

盧文弨曰：

> "流魚"，《大戴禮》作"沈魚"。《論衡》作"鱏魚"，"鱏"亦與"沈"音近，恐"流"字誤。《韓詩外傳》作"潛魚"，或說"流魚"即"游魚"，古"流""游"通用。

王先謙說：

> "流魚"，《大戴禮》作"沈魚"，是也。魚沈伏因鼓瑟而出，故云"沈魚出聽"。《外傳》作"潛魚"，潛亦沈也，作流者借字耳。《書》"沈湎"，《非十二子》《大略篇》作"流湎"，《君子篇》"士大夫無流淫之行"，《群書治要》引作"沈淫"，此沈、流通借之證。《淮南子·說山訓》作"淫魚"，高注以爲長頭口在領下之魚，與《後漢·馬融傳》注鱏魚口在領下合。故《論衡》作"鱏魚"，此二書別爲一義，盧引或說"流魚"即"游魚"，既是"游魚"，何云"出聽"？望文生義，斯爲謬矣。

是"流""沈"二字形音俱近，以至衍文。但王先謙以"沈"爲衍字，郭沫若、王利器皆從王先謙說，改爲"故民流溺而弗救"，①則非是。

我們認爲，"流"當爲衍字，此文當作"故民沈溺而弗救"，《文子·上仁》云"民沈溺而不憂，非賢君也"，②與此文義相近，又

---

① 郭沫若《鹽鐵論讀本》，收入《郭沫若全集·歷史編》（第八卷），511頁；王利器《鹽鐵論校注》，160頁。
② 王利器《文子疏義》，北京：中華書局，2009年，458頁。

《史記·司馬相如傳》有"夫拯民於沈溺，奉至尊之休德，反衰世之陵遲，繼周氏之絕業，斯乃天子之急務也"之語，① 亦可以爲證。

十四、《潛夫論》

36.

《潛夫論·述赦》曰：

　　王者至貴，與天通精。心有所想，意有所慮，未發聲色，天爲變移。

汪繼培説：

　　《易是類謀》云："主有所貴王侯元德天下歸郵心有所維意有所慮未發顏色莫之漸射出天地災挭挺患無形之外準萌纖微之初先見吉凶爲帝演謀忽之可也勿之無也。"此文本於彼，彼文有脱誤。《後漢書·楊震》後《賜傳》云："王者心有所惟，意有所想，雖未形顏色，而五星以之推移，陰陽爲其變度。"亦本《易緯》。

汪繼培引《易是類謀》的這段話，彭鐸標點爲：

　　主有所貴，王侯元德，天下歸郵。心有所維，意有所慮，未發顏色，莫之漸射出天地災挭，挺患無形之外，準萌纖微之初，先見吉凶，爲帝演謀，忽之可也，勿之無也。②

《緯書集成》標點作：

　　主有所貴，王侯元德，天下歸郵。心有所維，意有所慮，未發顏色，莫之漸射，出天地災，挭挺患，無形之外，準萌纖微之初，先見吉凶，爲帝演謀，忽之可也，勿之無也。

鍾肇鵬標點作：

---

① 司馬遷《史記》，北京：中華書局，1982年，3051頁。
② 彭鐸《潛夫論箋校正》，北京：中華書局，1997年，185頁。

主有所貴，王侯元德，天下歸郵。心有所維，意有所慮，未發顏色，莫之漸射出，天地災，捉挺患，無形之外，准萌纖微之初，先見吉凶，爲帝演謀，忽之可也，勿之無也。

舊題鄭玄注云：

主天道之精微，人事之善惡，乃在其心，常未見於顏色，而莫朦昧之漸以射出見也。天地爲吐，裁有變怪之挺出患禍，無之外，纖微之初，皆謂事未形之象兆。而先吉凶之象，天道爲帝王豫謀也。勿謂不急用也，可也，未便有凶禍，天之謂發之無忘之矣也。①

鄭注，鍾肇鵬標點爲：

主天道之精微，人事之善惡，乃在其心。常未見於顏色，而莫朦昧之漸，以射出見也。天地爲吐裁，有變怪之挺出患禍，無【形】之外，纖微之初，皆謂事未形之象兆，而先吉凶之象。天道爲帝王豫謀也，勿謂不急用也可也，未便有凶禍，天之謂發之無忘之矣也。②

鍾肇鵬疑"捉"乃"促"之誤。③

今按："捉"疑即"挺"字之誤而衍者也。緯書中多見相鄰二字形近而衍一字之例：

  1.《易坤鑿度》有"女媧斷定足"，鍾肇鵬指出當作"女媧斷足"，"定"字涉"足"字誤衍。④

  2.《易辨終備》有"沉藏相桐，水害淊滂滂"，鍾肇鵬指出"害淊"衍一字。⑤

---

① 安居香山、中村璋八《緯書集成》，石家莊：河北人民出版社，1994年，280頁。
② 趙在翰輯《七緯》，北京：中華書局，2012年，170頁。
③ 同上書，179頁。
④ 同上書，29頁。
⑤ 同上書，117頁。案"淊"當爲衍字，即"害"之誤字，因涉下"滂滂"字之水旁而誤。

即可以爲證。

《三國志·魏書·楊阜傳》有"惟陛下慮患無形之外,慎萌纖微之初"之語,顯然亦本之《易緯》。

又案注以"豫謀"釋"演謀",而"豫""演"文義不近,如鄭注,則"演"當爲"宿"之誤字。"宿"與"豫""先"義近:

《論語·顔淵》"子路無宿諾",何晏《集解》:"宿猶豫也。"

《公羊傳·桓公元年》"魯朝宿之邑也",何休注:"宿者,先誡之辭。"①

可以爲證。

陳壽《三國志·魏書·陳徐衛盧傳》:

維始謂官救兵,當須衆集乃發,而卒聞已至,謂有奇變宿謀,上下震懼。

即"宿謀"連文之證。

現在綜合各家觀點,再根據我們的意見,把《易緯》原文及鄭注重新標點爲:

主有所貴,王侯元德,天下歸郵。心有所維,意有所慮,未發顔色,莫之漸射,出天地災,{捉}挺患無形之外,準萌纖微之初,先見吉凶,爲帝演〈宿〉謀,忽之可也,勿之無也。

鄭玄注:

主天道之精微,人事之善惡,乃在其心。常未見於顔色,而莫朦昧之漸以射。出,見也。天地爲吐栽,有變怪之挺出患禍。無【形】之外,纖微之初,皆謂事未形之象兆,而先吉凶之象。天道爲帝王豫謀也,勿謂不急用也可也,未便有凶禍,天之謂發之無忘之矣也。

---

① 參宗福邦等《故訓匯纂》,582頁。

十五、《醫心方》

37.

《醫心方》卷 28《還精篇》引《仙經》曰：

　　還精補腦之道，交接精大動欲出者，急以左手中央兩指却抑陰囊後大孔前，壯事抑之，長吐氣，並啄齒數十過，勿閉氣也。……①

其中"却抑"二字作：

却
抑

我們認爲，"却""抑"形近，"却"即"抑"之誤字而未删去者，故上引文字可校讀爲：

　　還精補腦之道，交接精大動欲出者，急以左手中央兩指{却}抑陰囊後大孔前，壯事抑之，長吐氣，並啄齒數十過，勿閉氣也。……

十六、《大人賦》

38.

《史記》所録司馬相如《大人賦》有下引一段話：

　　低卬夭蟜據以驕驁兮，詘折隆窮躩以連卷。沛艾赳螑仡以佁儗兮，放散畔岸驤以孱顔。跮踱輵轄容以委麗兮，蜩蟉②偃蹇怵奐以梁倚。糾蓼叫奡蹋以艐路兮，蔑蒙踊躍騰而狂趭。③

《集解》：

---

① （日）宿稱康賴《醫心方》（五），臺北：新文豐出版公司，1976 年，卷 28，22 頁。
② 原作"綢繆"，依王念孫説改。
③ 司馬遷《史記》，北京：中華書局，1996 年，3057 頁；文又見班固《漢書》，2593 頁。

徐廣曰：奊，音他畧反。駰案：《漢書音義》曰：怵奊，走也。

《索隱》：

張揖曰：怵奊，奔走。韋昭曰：奊，音答略反，《相如傳》云"儵奊遠去"，奊，視也。①

此賦"低卬夭蟜據以驕驁兮"至"葰蒙踴躍騰而狂趡"及下文"滂濞泱軋麗以林離，攢羅列聚叢以龍茸兮，衍曼流爛疼以陸離"皆同一句法，獨"蜩蟉偃寋怵奊以梁倚"多出一字，與上下文皆不協。所以筆者認爲，"蜩蟉偃寋怵奊以梁倚"當作：

蜩蟉偃寋｛怵｝奊〈夐〉以梁倚。②

韋昭注引《相如傳》之"儵奊遠去"，即《上林賦》之"儵夐遠去"。《史記》《漢書》《文選》所引並作"夐"。③《集解》曰：

郭璞曰：夐，音詡盛反。

《廣雅·釋訓》：

夐夐，視也。

王念孫説：

卷一云："矎，視也。"重言之則曰矎矎，王延壽《魯靈光賦》"目矎矎而喪精"，張載注云："矎矎，目不正也。"矎與夐同。④

案希麟《續一切經音義》卷10"夐遠"引《説文》："夐，視

---

① 司馬遷《史記》，3058 頁。
② 陳漢平謂"奊"字當作"巤"，非是。見陳漢平《〈金文編〉訂補》，北京：中國社會科學出版社，1993 年，509 頁。
③ 司馬遷《史記》，3034 頁；班固《漢書》，2566 頁；蕭統《文選》，杭州：浙江古籍出版社，1999 年，144 頁。
④ 王念孫《廣雅疏證》，177 頁。

也。"慧琳《一切經音義》卷 94 "負遠"注引《廣雅》:"負,猶遠視也。"可證韋昭所見本本是"負"字,故訓爲"視也"。若"臭"字訓爲"視也",則於古訓無徵。故韋昭注"臭,音答略反",必後人所改無疑。蓋"負"字既誤爲"臭",後人以爲字從"皀"聲,遂音"他畧反",此即張涌泉所揭示的"音隨形變"現象。①

"怵""負"古音相近,遂致誤衍。"負"古音爲曉母元部字,② "怵"古音爲透母物部字,看似很隔,但从"朮"得聲之字,如烋,呼骨反;颫,許劣反,皆爲曉母字。而韻部方面,物部和元部之間的關係也極爲密切。如《尚書·梓材》"厥亂爲民",《論衡·效力篇》引作"厥率化民",王引之指出:

> 亂者,率之借字也。亂字古音在元部,率字古音在術部。而率字得通作亂者。古元、術二部音讀相通。若今文《尚書·吕刑》"其罰百率",古文尚書"率"作"錴"。見《秋官·職金疏》,是其例也。《考工記·函人》"欲其惌也",鄭司農云"惌"讀爲"菀彼北林"之"菀",《釋文》惌於阮反,或云司農音"鬱"。《説文》元,从兀聲;兀讀若敻;瓊从敻聲,或作璚,从矞聲,又作琁,从旋省聲;鱊从敻聲,或作鱊,从矞聲;趨从敻聲,讀若繘。皆元、術二部之相通也。③

由上可知,趨从敻聲,讀若繘;鱊从敻聲,重文作鱊,而从朮从矞之字又多相通,④ 則"怵""負"古音相近無疑。

"偃蹇{怵}臭〈負〉以梁倚"與《上林賦》"儵負遠去",其中的"負"字,皆當讀爲"趨",《説文》:"趨,走意也。""儵負遠

---

① 張涌泉《漢語俗字研究(增訂本)》,373—382 頁。
② "敻"字古音學家或歸入耕部。參何九盈《古韻三十部歸字總論》,收入氏著《音韻叢稿》,103 頁。
③ 王引之《經義述聞》,95 頁。
④ 王念孫《讀書雜志》,879 頁;又蔣禮鴻《義府續貂(增訂本)》,158 頁。

去"之"儵夐",《文選》五臣本作"倐夐",李周翰注云:"倐夐,謂倐忽也。"① 則"忽""夐"也是物部和元部之間音近相通之例。

敦煌寫本《大唐刊謬補缺切韻》"廿九先"下收有"瞑"字,音呼玄反,訓爲"走皃",關長龍説,"瞑"訓"走皃"未聞,《王二》《廣韻》皆作"直視",《玉篇·目部》同,《集韻》引《廣雅》訓作"視也"。② 我們認爲,"瞑"訓爲"走皃",當是"趯"字的義訓。

王念孫説:

> 鄭注《公食大夫禮》云:"不拾級而下曰辵。"《説文》引宣六年《公羊傳》"辵階而走",今本作"躇",何休注云:"躇,猶超也。"《釋文》:"躇與蹠同,一本作辵。"辵、躇、蹠並同義。《漢書·司馬相如傳》"跮蹠輵轄容以骫麗分,蜩蟉偃寋怵敻以梁倚",張注云:"跮蹠,疾行互前却也。怵敻,奔走也。"辵、蹠、敻、並音丑略反,義亦同也。③

據誤字爲説,非是。

十七、《一切經音義》引《爾雅》

39.

慧琳《一切經音義》卷47《中論序》音義引《爾雅》云:

> 衣背前謂之襟。

今本《爾雅·釋器》作"衣眥謂之襟",無"前"字。清洪頤煊《讀書叢録》:

> "眥"當是"前"字之訛。"前"《説文》作"歬",與"眥"字形相近。

---

① 蕭統《文選》,144 頁。
② 張涌泉主編《敦煌經部文獻合集》(第 7 册),北京:中華書局,2008 年,3430 頁。
③ 王念孫《廣雅疏證》,215 頁。

張涌泉説：

> 慧琳《一切經音義》作"衣眥前"者，蓋其所據《爾雅》本作"衣前謂之襟"，後人據誤本《爾雅》旁注一"眥"字，傳抄或翻刻時遂誤入正文耳。①

今按："眥""前"音亦近，《莊子·外物》"眥搣"一作"揃搣"，又從"此"聲之字多與從"戔"聲之字通，② 就是例證，"眥""前"也是音近而致衍（當然，"眥""前"二字的字形也很相近）。

第四節　出土文獻中的衍文

接下來，我們來看出土文獻中的衍文：

一、《馬王堆漢墓帛書》

40.

《十問》簡82—83：

> 威王曰："善。欻（然）有不如子言者，夫春賦（沃）寫（瀉）人人以韭者，何其不與酒而恒與卵邪？"

原注：此句疑應讀爲"夫春沃瀉人入以韭者。"

周一謀、蕭佐桃：

> 賦，當作飫，《玉篇》："食也"，這裏指飲食。寫，同瀉。此句意即春天因飲食不適而引起腹瀉者，當加食辛溫之韭以安臟腑。③

---

① 張涌泉、傅傑《校勘學概論》，南京：江蘇教育出版社，2007年，51頁。
② 高亨纂著、董治安整理《古字通假會典》，585頁；曹錦炎《工尹坡鉴銘文小考》，收入黃德寬主編《古文字學論稿》，合肥：安徽大學出版社，2008年，19頁。
③ 周一謀、蕭佐桃《馬王堆醫術考注》，天津：天津科學技術出版社，1988年，第392頁。

魏啓鵬、胡翔驊：

沃讀爲飫，本作餕，春飫指春季中的祭祀和宴饗，韭爲常用之物。《毛詩·豳風·七月》："四之日其蚤，獻羔祭韭。"寫，放置、傳食。《禮記·曲禮上》："器之溉者不寫，其餘皆寫"。《注》："寫者，傳己器中乃食之也。"此句意爲，在春季宴饗中將韭菜放置食器中，傳送予人享用。①

馬繼興：

此句係指凡是在春天患有沃瀉（水瀉的一種）的人讓他服用韭菜治療。②

周波指出，此處當作"夫春沃瀉人以韭者"。兩"人〈入〉"字分別爲簡 82 末字和簡 83 首字，後一"人〈入〉"字衍文，當係換行時重抄。③ "飫寫"，當從原注讀爲"沃瀉"。沃，澆灌；瀉，傾倒；入，投入。

41.

《十六經·前道》曰：

責（積）④ 道以並世，柔身以寺（待）之時。

整理小組注：

之，其。

陳劍指出，"柔身以寺（待）之時"與"責道以並世"結構不完全對應，"再考慮到'寺'、'時'二字中都包含'之'字，此二字又

---

① 魏啓鵬、胡翔驊《馬王堆漢墓醫書校釋（貳）》，成都：成都出版社，1992 年，124 頁。
② 馬繼興《馬王堆古醫書考釋》，湖南科學技術出版社，1992 年，第 959 頁。
③ 周波《馬王堆巫醫類簡帛校讀札記》，第七屆文字學會論文集，2013 年，389—390 頁。
④ 參鄔可晶《馬王堆漢墓帛書〈十大經〉補釋二則》，復旦大學出土文獻與古文字研究中心網站，http://www.fdgwz.org.cn/Web/Show/816，2009 年 6 月 12 日。

常作部分合文與重文用（尤其是'時'之古字'旹'）"，故懷疑
"'寺（待）之時'的'之'字是否因此而誤衍"。①

今按：此說可信。《上博（六）·相邦之道》：

> 静以待時。

馬王堆帛書《明君》：

> 【積】兵則必勝，寺（待）時則功大。

《文子·微明》：

> 聖人深居以避患，静默以待時。

《淮南子·人間》：

> 是故聖人深居以避辱，静安以待時。

都是"待时"連文之證，所以"寺（待）之時"的"之"字爲衍文無疑。

42.

《周易·漸》六四：

> 鴻漸于木。或得其桷，无咎。

馬王堆帛書作：

> 或直其寇𣪘。

秦樺指出，考慮到"寇""𣪘"二字讀音甚近，很有可能是各本在傳抄時形成了不同的通假字，帛書大概是誤合二本而成的。《蒙》卦辭"童蒙求我"有異文作"童蒙來求我"，情況與之相類。"來""求"漢隸形近，易互訛，清人多已言之。王念孫在講到《漢書·賈捐之傳》之"朕不受獻也，其令四方毋求來獻"時謂："'求'即

---

① 轉引自鄔可晶《馬王堆漢墓帛書〈十大經〉補釋二則》，復旦大學出土文獻與古文字研究中心網站，2009年6月12日。

'來'之誤字。今作'求來獻'者，一本作'來'，一本作'求'，而後人誤合之耳。"移之以説《蒙》卦辭"來求"亦可適用。帛書《漸》六四中"寇""穀"連作，跟"求來獻"和"童蒙來求我"之"求""來"並見的情况相類，均係誤合二本而成。當然，也不能排除帛書因讀音相近而誤衍一字的可能。①

筆者贊同秦凉的後一種看法。

43.

《稱》（152 行）：

> 天地之道，有左有右，有牝有牡。誩＝（誩誩）作事，毋從我冬（終）始。䨻（雷）【以】爲車，隆＝以爲馬。行而行，處而處。因地以爲齎（資），因民以爲師。弗因无牽也。②

原整理者釋文作"雷□爲車隆隆以爲馬"。③ 注云：

> 《淮南子・原道》："雷以爲車輪。"此處兩隆字，上隆是輪字之誤，下隆假爲龍。④

關於"隆＝"之釋讀，目前學界主要有以下觀點：

余明光將此處釋文斷讀作"雷【以】爲車，隆隆以爲馬"，云：

> 隆隆：雷聲。《離騷》："吾令豐隆乘雲兮，求宓妃之所在。"豐隆，即隆隆霹靂之聲。⑤

陳鼓應斷讀意見同余明光，他説：

> 疑此處衍一"隆"字（或"隆隆"爲"豐隆"之音訛）。

---

① 秦凉《利用出土文獻校讀〈周易〉經文》，復旦大學出土文獻與古文字研究中心 2008 年碩士學位論文，指導教師：陳劍教授。
② "牽"字，原誤釋，此從劉釗説。參劉釗《馬王堆漢墓簡帛文字考釋》，收入氏著《古文字考釋叢稿》，長沙：嶽麓書社，2005 年，333—334 頁。
③ 國家文物局古文獻研究室編《馬王堆漢墓帛書（壹）》，82 頁。
④ 同上注，84 頁。
⑤ 余明光《〈黃帝四經〉今注今譯》，長沙：嶽麓書社，1993 年，188 頁。

"雷以爲車,隆以爲馬",文正相儷。"隆",當是"豐隆"的急讀或省略,指雲、雲師。①

劉釗同意整理者"隆₌"讀爲"輪龍"的觀點,又認爲上"隆"字讀爲"輪"是雙聲通用。他説:

> 按注【二十九】引《淮南子·原道》"雷以爲車輪"句與帛書比照非常恰當。帛書"雷"字後的缺文正應該補上"以"字,"雷以爲車輪"與"龍以爲馬"句式一致,整齊呼應,文意十分順暢。
>
> 但是注釋説"上隆是輪字之誤"則不妥。錯字大都因形近而誤,"隆"、"輪"形體相差懸殊,無由致誤。帛書"隆"字本爲重文,下一"隆"字借爲"龍"確切無疑(古音隆和龍一在來紐冬部,一在來紐東部,聲紐相同,韻上古或認爲不分),但上一字却並非"輪"之誤字,而是書寫者故意設計的一字兩用,即"隆"字既借爲"龍",同時也借爲"輪"。"隆"與"輪"一在來紐冬部,一在來紐文部,聲紐相同,韻部雖然主要元音相同,從音理上講也有通轉的可能,但終覺稍隔。不過書寫者故意設計的這種一字兩用,因其不易做到兩字的通用條件皆能密合,一定會放寬條件。所以書寫者顯然是以"隆"與"輪"爲雙聲通用的。②

連劭名讀"隆₌"爲"隆隆",謂即雷聲。他説:

> "雷以爲車,隆隆以爲馬",指天運。《淮南子·原道》云:"雷以爲車輪。"高注:"雷,轉氣也。"《漢書·揚雄傳》下云:"隆隆而絶。"顔注:"隆隆,雷聲也。"古人認爲雷有回轉之意,《説文》云:"雷雨,生物者也,从雨畾,象回轉形。"《釋名·

---

① 陳鼓應《〈黄帝四經〉今注今譯》,北京:商務印書館,2007年,370頁。
② 劉釗《馬王堆漢墓簡帛文字考釋》,收入氏著《古文字考釋叢稿》,332—333頁。

釋天》云："雷，碾也，如轉物有所碾雷之聲也。"轉、運同義，《後漢書·公孫瓚注》李注："天運，猶天命也。"①

周波認爲"隆="可以看成是"夅（夆）""隆"二字之合文，讀爲"豐隆"。②

我們認爲陳鼓應疑此處衍一"隆"字的意見，是比較正確的，值得重視。但他認爲"隆"當是"豐隆"的急讀或省略，則是我們不同意的。帛書當讀作：

雷【以】爲車，隆｛=｝（龍）以爲馬。行而行，處而處。

不僅句式整飭，文義亦至爲顯白。"雷【以】爲車，隆（龍）以爲馬"就是"雷車、龍馬"，都是速度最快的。

《淮南子·原道》曰：

昔者馮夷大丙之御也，乘雲車，入雲蜺。

高誘注：

以雲蜺爲其馬也。

王念孫說：

"雲車"與"雲蜺"相複，"雲"當爲"雷"。《太平御覽·天部十四》引此正作"乘雷車"。下文曰："電以爲鞭策，雷以爲車輪。"《覽冥篇》曰："乘雷車，服應龍。"今本"服"下誤衍"駕"字，辯見《覽冥》。皆其證也。"雷"與"雲"字相似，又涉下句"雲"字而誤。

根據王說，《淮南子·原道》本作：

昔者馮夷大丙之御也，乘雲〈雷〉車，入〈六〉雲蜺。

---

① 連劭名《馬王堆帛書〈稱〉新證》，《湖南省博物館館刊》第 3 輯，長沙：嶽麓書社，2006 年，9 頁。
② 周波《漢初簡帛文字資料研究二題》，《文史》2012 年第 4 輯。

《淮南子》之"乘雲〈雷〉車,入〈六〉雲蜺""乘雷車,服應龍"與帛書"雷【以】爲車,隆(龍)以爲馬"可以相互比照。

後來,劉釗在筆者的基礎上,又提出了"隆"讀爲"虹"的看法,① 讀者可以參考。

44.

《稱》曰:

> 隱忌妒妹賊妾,如此者,下其等而遠其身。不下其德等,不遠其身,禍乃將起。

整理小組注:

> 德字疑衍。②

今按:整理小組之説可從,"等"古音爲端母之部字,"德"古音爲端母職部字,古音極近,以致誤衍。郭店簡《緇衣》"爲下可頪(類)而箈也",張富海説:

> "等"原形增从口,此句今本作"爲下可述而志也",《新書·等齊》引作"爲下可類而志也",簡文之"等"當讀爲"識"。"類而識"與上"望而知"相對爲文。③

案張富海原注説:

> "等"字从寺得聲,"寺"字又與"志"字同从之聲;"等"之上古音實在之部。《廣韻》"等"字一音多改切,江永《古韻標準》列"等"字於其上聲第二部(相當於現在一般説的之部、

---

① 劉釗《讀馬王堆漢墓帛書札記一則》,杨榮祥、胡敕瑞主編《源遠流長:漢字國際學術研討會暨 AEARU 第三届漢字文化研討會論文集》,北京大學出版社,2017 年,185—194 頁。

② 國家文物局古文獻研究室編《馬王堆漢墓帛書(壹)》,《老子》乙本及卷前古佚書圖版 131 上。76 頁。

③ 張富海《郭店楚簡〈緇衣〉篇研究》,北京大學 2002 年碩士學位論文,指導教師:沈培教授,6 頁。

支部、脂部、微部和歌部），所舉先秦韻文之證有《管子》："視其不可使，因以爲民等。"《韓非子》："愛臣太親，必危其身；人臣太貴，必易主位；主妾無等，必危嫡子；兄弟不服，必危社稷。"《孟子》："愛無差等，施由親始。"

"等"的上古音屬之部，還可以補充韻文方面的例證：

    1.《逸周書·周祝》：紀之行也，利而無方，行而無止，以觀人情，利有等，維彼大道，成而弗改。（此文以止、等、改爲韻。①）

    2.《大戴禮記·保傅》：兩者不等，名以其母。（此文以等、母爲韻。②）

    3.敦煌漢簡《田章簡》：天之高萬萬九千里，地之廣亦與之等。風發絠〈谿〉谷，雨起江海。"③（此文以里、等、海爲韻。）

又戰國楚簡以"等"爲"志"，如：

    1.《上博（四）曹沫之陳》：昔周［室☒□□］竞（境）必勑（勝），可吕（以）又（有）臺（怠/怡—治）邦，周等（志）是膚（薦—存）。

    2.《上博（五）·季庚子問於孔子》：且夫畋今之先人，甚（世）三代之傳史，豈敢不以其先人之傳等（志）告。

    3.《上博（五）季庚子問於孔子》：夫詩也者，吕（以）䇃（等—志）孼=（君子）志=（之志）。④

皆可證明"等"之古音屬之部。

---

① 參王念孫《讀書雜志》，33 頁。
② 參王念孫《古韻譜》，收入《高郵王氏遺書》，南京：江蘇古籍出版社，2000 年，97 頁。引者案："等"字原誤刻作"第"。
③ 引文轉引自裘錫圭《中國出土文獻十講》，394 頁。
④ 上博簡的釋文據陳劍《上海博物館藏戰國楚書一～六釋文》電子版引用。

二、《銀雀山漢墓竹簡》

45.

銀雀山漢簡《尉繚子》簡 525：

　　　俎（俎）豆同利制天下……王者之德也。（85 頁）

宋本作：

　　　俎豆同制，天子之會也。

　　汝鳴指出，簡本涉下一字"制"字而衍出一形似字"利"字，① 可信。這裏爲之補充一些證據。《莊子·徐無鬼》："是以一人之斷制利天下，譬之猶一覕也。"楊明照、王叔岷皆據敦煌唐寫本作"斷制天下"，謂《莊子》"斷制利天下"，當衍"利"字，② 可從。案寫本《群書治要》卷 38 引《荀子·王霸》："國者天下之制利用也。"（六/29 頁）刻本作："國者天下之利用也。"可知寫本《治要》"制"即"利"之形近而衍者也。此皆可與漢簡比照。

三、《上海博物館藏戰國楚竹書》

46.

上博二《容成氏》簡 6 說：

　　　昔堯處於丹府與藋陵之間，堯爲施而皆=賽，不勸而民力，不刑殺而無盜賊，甚緩而民服。

　　"皆="，李零疑讀爲"時時"，指順應天時。並認爲可與第 48 簡"文王時故時而（教）民時"參看。張通海理解爲"之時"合文。牛

---

① 汝鳴《銀雀山漢墓竹簡異文研究》，華東師範大學 2006 年碩士學位論文，指導教師：詹鄞鑫教授，37 頁。
② "利""制"形近，古書多見訛混之例，參楊明照《莊子校證》，收入氏著《學不已齋雜著》，上海：上海古籍出版社，1985 年，200 頁；王叔岷《斠讎學》，北京：中華書局，277 頁、297—298 頁。

新房讀爲"待時",認爲"待時"乃典籍習語。黃人二認爲,若視爲重文,整理者讀"時時"甚是;若爲合文,疑當讀爲"之日"。然"時時"頗不詞,若真讀爲"時時",第一個"時"疑以音近通假爲"之"。林素清讀爲"時是"。①

今按:疑"旹"衍重文號,如果此說能够成立,則上引《容成氏》可校讀爲:

> 昔堯處於丹府與藋陵之間,堯夋施而旹{=}賽,不勸而民力,不刑殺而無盜賊,甚緩而民服。

"夋施而旹{=}賽",與下文"不勸而民力""甚緩而民服",句式相同,又皆以五字爲句,而且賽、力、賊、服又押職部韻。②

47.

《上博二·容成氏》簡7:

> 於是虖(乎)方圓(圓)千里,於是於(乎)坒(持)板正立,四向陎,禾(和)裏(懷)吕(以)埭(逨—來)天下之民。③

今按:"陎""禾"二字當有一字係衍文。"陎"字依一般的漢字規律可分析爲从阜禾聲的形聲字。"陎""禾"音近,以致誤衍。故此句當校讀爲:

> 四向{陎}禾(和)裏(懷),吕(以)埭(逨—來)天下之民。

"和懷"爲同義複詞。《詩·小雅·皇皇者華》"每懷靡及"、《大雅·板》"懷德維寧",毛亨傳並曰:"懷,和也。"可以爲證。

---

① 各家觀點看參孫飛燕《〈容成氏〉簡六"夋施"試解》,復旦大學出土文獻與古文字研究中心網站,http://www.fdgwz.org.cn/Web/Show/801,2009年5月30日。
② 侯乃峰指出此文賽、力、賊、服押職部韻,見上引孫飛燕《〈容成氏〉簡六"夋施"試解》一文後的跟帖,復旦大學出土文獻與古文字研究中心網站,2009年5月30日。
③ 馬承源主編《上海博物館藏戰國楚竹書(二)》,上海:上海古籍出版社,2002年,255頁。

颜世铉釋讀"阩禾"爲"綏和",謂簡文是"使四方和合安定,進而懷柔天下之民,使之來歸"。①

陳劍認爲,"禾"就應讀爲"委禾"(原釋文"禾"字屬下讀爲"和")。"四向委禾"指在(堯所居之邑、亦可説即國都之外的)多個方向、各個方向的道路上委積禾粟。簡文所謂"四向阩(委)禾",則係爲遠方之民之來至預先提供沿途的便利條件,此與"峚(俌)板正立(位)"一起,皆所以"懷柔天下之民,使之來歸"的手段。②

與我們的理解不同,附記於此,以待再考。

48.

《上博(五)・鮑叔牙與隰朋之諫》簡4—5:

百眚(姓)皆令(夗—怨)悘(悁),澦(鹽—奄)肰(然)牁(將)荒(亡),公弗詰。

陳劍指出,古書中同樣是"百姓皆怨"四字成句的説法多見,簡文"百姓皆怨悁"五字很彆扭。張富海説:

"悘",李天虹先生讀爲厭惡之"厭",按此字也可能讀爲"悁"。楚簡中有从糸从占的字,即"絹"字之省。此字聲符亦省作"占"形。"悁"義爲忿恨,與"怨"義同而音近(聲調有平去之別),是一對同源詞。"怨悁"連言,猶古書中"麤粗"或"麤觕"連言。③

按其説"悘"讀爲"悁"是可信的(也可以説就是"悁"字異體),但從楚簡看,楚文字中的"悁"所表示的詞就跟古書中的

---

① 颜世铉《上博楚竹書文字釋讀劄記五則》,收入《簡帛》第1輯,上海:上海古籍出版社,2006年,187—188頁。
② 陳劍《〈容成氏〉補釋三則》,收入《出土文獻與古文字研究》第6輯,上海:上海古籍出版社,2015年,367—368頁。
③ 張富海《上博簡五〈鮑叔牙與隰朋之諫〉補釋》,《北方論叢》2006年第4期,第9頁。

"怨"相對應（而不應跟古書中的"悁"字一樣解釋爲"忿恨"），跟前面的"夗"字所表示的實爲同一個詞。"夗"字表"怨"前已見於《上博（一）·緇衣》，馮勝君《釋戰國文字中的"怨"》曾説：

> 戰國楚系文字中"怨"字大多寫作悁（或從宀），與上面我們討論的上博《緇衣》的情況不同，這可能反映了不同國家和地區在文字形體或用字習慣上的差别。對於上博《緇衣》簡，李家浩先生認爲從文字風格上看可能並非楚國抄本，而是魯國地區的抄本，我們基本上同意這一意見。上博《緇衣》篇中的一些字的確體現出濃厚的齊魯文字風格，如大、於、不、也、糸等字或偏旁的寫法。①

亦即用"肙"聲字表"怨"是楚文字的用字習慣，用夗聲字表"怨"則是齊魯（還有秦）的用字習慣。周波的博士學位論文《戰國時代各系文字間的用字差異現象研究》也説：

> 秦文字用"怨"表示｜怨｜，見睡虎地秦簡《爲吏之道》簡13："和平毋怨"，簡24—25："不察所親則怨數至"。楚文字多用"悁"表示怨恨之｜怨｜，見包山簡138反："有悁（怨）不可證"，郭店《緇衣》簡10："小民亦唯曰悁（怨）"，《尊德義》簡34："恭則民不悁（怨）"，上博《從政甲》簡5："除十悁（怨）"，《曹沫之陳》簡17："不可以先作悁（怨）"。也用"肯（肙）"爲｜怨｜，見上博《容成氏》簡36："民乃宜肯（怨）"。齊文字用"怨"來表示｜怨｜。《説文》和石經"怨"字古文分别作🗎、🗎，從"心""夗"聲，"夗"字寫法具有齊文字特點。三晉文字有"怨"字，用爲｜冤｜，見侯馬盟書。②

---

① 馮勝君《釋戰國文字中的"怨"》，《古文字研究》第25輯，北京：中華書局，2004年，284頁。
② 周波《戰國時代各系文字間的用字差異現象研究》，北京：綫裝書局，2012年，166—167頁。

《鮑叔牙與隰朋之諫》記叙齊國史事，應是成書於齊國、本用齊文字書寫的文獻。將以上情況結合起來看，則不難推測，"百眚（姓）皆令（夗一怨）愄（悁）"的"令""愄"二字亦必有一字係衍文，而且最可能的應爲"愄"字係衍文。可能底本原是作"令"的（齊文字），抄者或讀者或以楚文字"愄"加注於其旁、其下側或簡背，以明"令"在楚文字中與"愄"相當，而後"愄"字又闌入正文，遂成現所見之貌。另馮勝君在簡帛論壇 2008 提交的論文《從出土文獻看抄手在先秦文獻傳布過程中所產生的影響》中説到：

> 陳劍先生認爲簡文"貪胎（咎）約豹（疠）疾"一句中"約"、"豹（疠）"必有一字係衍文，非常正確。對於導致這種情況的原因，其實也還有其他的可能。如抄手在抄寫這句話的時候，可能先按自身用字習慣寫了一個"約"字，緊接着發現底本用的是"豹"，所以就在"約"字下又寫了一個"豹"字，無論如何，這都反映了抄手對於衍文不加處理的抄寫習慣，過去學術界對此現象注意不夠，所以導致了對簡文的種種誤解。

當然也不能説完全没有這種可能。①

49.

《上博（六）·孔子見季桓子》簡 3 曰：

> 上不親仁，而縈專聞其詞於逸人乎？

陳劍説，"縈""專"又皆以"父"爲基本聲符，其讀音極爲接近甚至相同。據此完全可以斷定，"縈""專"兩字中必有一字係衍文。

同時他又指出，《上博（六）·景公瘧》簡 10："之臣，出矯於里。

---

① 以上内容是陳劍回覆我的電子郵件（2008 年 11 月 6 日）；又參看"復旦大學出土文獻與古文字研究中心"學術討論區帖子：一上示三王《關於〈鮑叔牙〉中的"怨悁"》，復旦大學出土文獻與古文字研究中心網站，http://www.gwz.fudan.edu.cn/ShowPost.asp?ThreadID=850。

自姑尤以西，聊攝以東，其人數多已。是皆貧肰（苦）約豹（疠）疾①，夫婦皆詛，一丈夫執尋之幣、三布之玉，唯是夫【□□】。"《晏子春秋·内篇諫上》有一段話說："故内寵之妾，迫奪於國，外寵之臣，矯奪於鄙，執法之吏，並荷百姓。民愁苦約病，而奸驅尤佚，隱情奄惡，蔽諂其上。"簡文的"貧肰（苦）約豹（疠）疾"句，無疑是跟"愁苦約病"相對應的，"約""豹"二字同樣皆從"勺"聲，讀音極近甚至相同。據以上所論，也可知其必有一字係衍文。本篇"粲專"的情況跟上引"約豹（疠）"極爲相似。"粲"字較爲生僻，疑係原以小字將更通行的"專"字注在"粲"字之下，傳抄中"專"字又闌入正文。也可能"專"字本係注在簡背，就如郭店《五行》簡36"敬而不卻（懈）"，用爲"懈"的"卻"字較爲古怪生僻，抄手遂又在簡背此字的相應位置寫了一個"解"字，來表示正面位置的"卻"即"解"字。②楚竹書中脱漏之文往往也補寫在簡背相應位置，見於郭店《緇衣》簡40、《語叢四》簡27、《上博（五）·鬼神之明、融師有成氏》簡2等。假如抄手將背面注解文字"專"誤解爲補上的脱文，改爲抄入正面相應的"粲"字之下，也會形成現在的面貌。如以上推測成立，則"專"字應視爲衍文。我們的釋文就是這樣處理的。當然，本是一本作"粲"、另一本作"專"，此亦係誤合二本而成的可能，也不能完全排除。③

50.

《上博七·凡物流形》甲本：

---

① 引者案：此字當從郭永秉釋爲"病"。參郭永秉《〈競公瘧〉篇"病"字小考》，復旦大學出土文獻與古文字研究中心網站，http://www.fdgwz.org.cn/Web/Show/677，2009年1月23日；此文後收入氏著《古文字與古文獻論叢》，74—79頁。
② 參看谷中信一《關於〈郭店楚簡·五行篇〉第36號簡背面所寫的"𠂤"字》，國際簡帛研究中心主辦《國際簡帛研究通訊》第3期，2000年，6—7頁。
③ 陳劍《〈上博（六）·孔子見季桓子〉重編新釋》，復旦大學出土文獻與古文字研究中心網站，http://www.fdgwz.org.cn/Web/Show/383，2008年3月22日；此文又載於《出土文獻與古文字研究》第2輯，172—173頁。

  睧（聞）之曰：鼠（一）言而禾〈夂（終）〉不齡（窮），鼠（一）言而又（有）衆，【20】衆鼠（一）言而萬民之利，鼠（一）言而爲天陛（地）旨。

  讀書會指出：鼠（一）言而萬民之利，鼠（一）言而爲天陛（地）旨，造語頗類，且都是圍繞"鼠（一）言"立說，應可連讀。不過，簡29"鼠（一）言"之前還有一"衆"字，無法與前後文通讀；恰好簡20的最後一字也是"衆"，推測簡29第一字"衆"係抄手因換簡而誤抄的衍文。①

51.
《上博八·成王既邦》

  侯乃峰認爲上博八《成王既邦》簡9當接在上博九《文王》簡6之後，相關簡文可連讀爲：

  隹（唯）七年，文[5]王訪於上（尚）父，曰："我左串（患）右難，虗（吾）欲達中枏（持）道。昔我得中，殜=（世世）毋（無）又（有）後愳（悔）。隹（唯）[6]枏（持）｛市｝明之悳（德），亓（其）殜（世）也……"《上博（八）·成王既邦》簡9②

  鄔可晶認爲"市"字可能是因與"枏"音近而產生的衍文，所依據的就是陳劍指出的《上博（六）·景公瘧》簡10"是皆貧肬（苦）約疠疾"、《上博（六）·孔子見季桓子》簡3"而粲（敷、布）專聞亓（其）旬（詞/辭）於僻（遴—逸）人虞（乎）"中的"疠""專"，因分別與其前的"約""粲"音近而誤衍。馬王堆帛書《十六

---

① 復旦大學出土文獻與古文字研究中心研究生讀書會《〈上博（七）·凡物流形〉重編釋文》，復旦大學出土文獻與古文字研究中心網站，http://www.fdgwz.org.cn/Web/Show/581，2008年12月31日。
② 簡帛網"簡帛論壇"《〈舉治王天下〉初讀》帖子下"汗天山"2013年1月6日發言：http://www.bsm.org.cn/forum/forum.php?mod=viewthread&tid=3026&extra=&highlight=%E3%80%88E8%88%89%E6%B2%BB%E7%8E%8B%E5%A4%A9%E4%B8%8B%E3%80%89%E5%88%9D%E8%AE%80&page=3。

經‧前道》"柔身以寺（待）之時"，陳劍也指出"寺"從"之"聲，與"之"又常作部分合文或重文用，因而"寺"後誤衍"之"字。

鄔可晶認爲"㭒（持）明之德"即"持明德"，大概就是上文的"持道"，其義已足，"㭒"下"市"字實嫌多餘。"㭒"從"寺"聲，"寺"從"之"聲；"市"亦從"之"聲，二者古音極近。"㭒"與"市"的情況，跟上舉諸例，尤其是《十六經》"寺"與"之"的情況十分相似，由此推測"市"字可能也是因與"㭒"音近而產生的衍文。①

四、《郭店楚墓竹書》

52.

郭店簡《成之聞之》：

福（富）而貧賤，則民谷（欲）丌（其）[14/17]福（富）之大也。

《郭簡》169 頁注［一九］引裘按：

此句疑當讀爲：富而分賤，則民欲其富之大也。

劉樂賢指出：

《説苑‧雜言》中有一段文字與此相關："孔子曰：'夫富而能富人者，欲貧而不可得也；貴而能貴人者，欲賤而不可得也；達而能達人者，欲窮而不可得也。'"（原注：類似的話亦見於《孔子家語‧六本》）又《韓詩外傳》卷八載有："魏文侯問李克曰：'人有惡乎？'李克曰：'有。夫貴者即賤者惡之，富者即貧者惡之，智者即愚者惡之。'文侯曰：'善。行此三者，使人勿

---

① 參鄔可晶《〈上博（九）‧舉治王天下〉"文王訪之於尚父舉治"篇編連小議》，武漢大學簡帛網，http://www.bsm.org.cn/?chujian/5987.html，2013 年 1 月 11 日；後此文正式發表《中國文字》新 39 期，臺北：藝文印書館，2013 年，94 頁。

惡，亦可乎？'李克對曰：'可。臣聞貴而下賤，則衆弗惡也；富而分貧，則窮士弗惡也；智而教愚，則童蒙者弗惡也。'"魏文侯與李克所討論的問題，同《成之聞之》所論述的問題基本相同。兩相對照可知，"智而比即"大致相當於"智而教愚"，"福而貧賤"大致相當於"富能（能即而）分貧"，"貴而能讓"大致相當於"貴而下賤"。從字義看，"富"與"貧"相對，"貴"與"賤"相對。《韓詩外傳》的"富能（而）分貧"，顯然比《成之聞之》的"福（富）而貧（分）賤"準確。

因此他懷疑可將"福（富）而貧（分）賤"讀爲"福（富）而貧（分）賤（錢）"。裘錫圭認爲劉説有啓發性，但很可能"福而貧賤"原文本作"富而貧"，"貧"字下有重文號（按此類符號有合文性質，所謂"部分重文號"或"部分合文號"），讀爲"富而分貧"（因爲"貧"字从"分"）。但傳抄過程中重文號被漏掉，致使"富而貧"不能理解，郭店簡抄寫者遂在"貧"字後加同義詞"賤"字而足句。這樣，反而使此句不可理解。① 廖名春亦指出"先秦秦漢文獻多用'分財'罕見'分錢'"。引《説苑·善説》二十五"……其富分貧，其貴禮賤……富而分貧則宗族親之，貴而禮賤則百姓戴之……"，② 亦可参。

53.

郭店《老子》甲簡9—10有下列一段話：

竺（孰）能濁以束（靜）者，將舍（徐）清；竺（孰）能庀以䢐（動）者，將舍（徐）生，保此（道）者不谷（欲）端呈（盈）。（111頁）

---

① 参張富海《北大中國古文獻研究中心"郭店楚簡研究"項目新動態》，簡帛研究網"學苑新聞"欄目，http://www.jianbo.org/Xyxw/Beida.htm，2000年10月。
② 廖名春《郭店簡〈成之聞之〉篇校釋札記》，《古籍整理與研究學刊》2001年第5期，4頁。

第二章 衍文研究　　127

傳世本《老子》對應的文句作：

孰能濁以靜之，徐清；孰能安以久動之，徐生，保此道者不欲盈。

所謂的"端"字，簡文作"🗒"，學者大多將之隸定爲"端"，讀爲"尚"，"端呈"一詞，劉信芳讀爲"堂廷"，黎廣基讀爲"當盛"，① 皆不足信。

陳錫勇指出："盈"上衍"尚"字，當據帛書本刪，"不欲盈"語意已足，不當有"尚"字。② 陳書認爲這裏的"端"是衍文，是極有道理的。

筆者認爲，由於"🗒"字與下"呈"字形近，郭店《老子》的抄手本來是想寫"呈"字的，却誤書作"🗒"，抄手發現後，就接著又寫下了正確的"呈"字，而"🗒"字未作任何標識，這就是我們能見到"🗒""呈"並存的原因了。

後蒙陳劍告知，此說單就"呈"字想太過簡單，它如何就能"誤書作'🗒'"了？因此🗒字各本皆無、又於文意不必有，本係衍文之可能性確相當大。但其形成過程可能頗複雜。"🗒"即"堂"字異體，亦即其下本就是從"土"、作"呈"形的。其上"谷（欲）"則與"尚"形亦頗近：

谷
🗒
呈

由此可以推測，"🗒"形本來源於誤合"谷呈"二字。更大膽的

---

① 各家之說，可參看詹鄞鑫主編，劉信芳纂輯《戰國楚簡集釋長編——郭店楚簡·老子甲集釋》，華東師範大學中國文字研究與應用中心。
② 陳錫勇《老子校正》，臺北：里仁書局，1999 年，203 頁；又同作者《郭店楚簡老子論證》，臺北：里仁書局，2005 年，70 頁。

猜想，"谷呈"因都有"口"旁，還可能曾寫作合文、共用"口旁"，其實就是抄手抄完上一"口"旁覺得下一"口"旁可偷懶不必再重複，遂寫作一字合文，就更容易誤為"𧮫"了。

又《老子》甲本"浴（谷）"形頗特殊，如【字】（甲組2）、【字】、【字】（甲組3）。此類寫法尤其是末一形更與"尚"字接近。此類較特殊的合文，即非成詞、兩字係臨時組合帶偶然性者，如《性自命出》簡22"淺澤"作【字】。有此錯誤之異文產生之後，再合不誤之"谷呈"與誤為"𧮫"之本，即成簡文之現狀。

陳劍的說法無疑更加妥帖，這類受上下字的共同影響而形成的誤書，在寫本文獻中也有，如《玉篇殘卷》"限"字下引《東觀漢紀》：

【圖】（538頁）

所引《東觀漢紀》見於今本卷十列傳五"臧宮"下，作"鋸斷城門限"，"粔"字顯然是受了上下字的影響而誤書，但抄手並沒有作任何刪除標識。

又如《名義》：

【圖】（1279；254上）

"殪"字顯然也是受了上下字的影響而誤書，又没有作任何删除標識。吕浩（405B）却疑當作"螠，塵卵也"，大誤。

又寫本《群書治要》卷 12 引《史記·李斯傳》：

  慈母有敗子，而嚴家無格虜者，何也？則能罷罰之加焉必也。（二/171 頁）

刻本作：

  慈母有敗子，而嚴家無格虜者，何也？則能罰之加焉必也。

顯然寫本"罷"字既涉上"能"字又受下"罰"字"罒"頭的影響而誤衍。

附：敦煌文獻中的衍文

1.

敦煌《雲謡集雜曲子·洞仙歌》：

  却在緒裏兒鴛衾枕，願長與金（今）宵相似。

王重民曰：

  裏即衷别體，兒字不識。

蔣禮鴻説：

  兒即充字，緒衷、緒充，蓋傳本之異，校者合兩本而箋記之，因合爲一文也。"①

今按：此例也可能由於裏（衷）、兒（充）音近以致誤衍。

2.

敦煌歌辭《生查子》：

———————

① 蔣禮鴻《義府續貂（增訂本）》，153 頁。

> 鬱鬱赴覆雲霞，直擁高峰頂。

王重民謂"赴覆"二字必有一誤，任半塘刪"赴"取"覆"，定作"鬱鬱覆雲霞"。張涌泉解釋説：

> "赴"即"覆"字音近而誤書者，抄手當時便發現了這一錯誤，接書正字"覆"，誤字"赴"又未涂去，造成了誤字正字並存的情況。①

3.

敦煌寫本《秦婦吟》：

> 有時馬上見良人，不敢回眸空淚下。

張涌泉説：

> 良上己卷衍"郎"字，蓋音近誤書又未涂去者。②

又《秦婦吟》：

> 奈何四海盡滔滔，湛如一境平如砥。

張涌泉説：

> 滔滔，丁卷音誤作"韜韜"，其下又有一"滔"字，或抄手發現其誤，接書"滔"字以示改正。③

4.

敦煌變文《祇園因由記》：

> 忽然半夜，佛施神光，朗而（如）白日。須達既見，將爲天明，嚴駕順路行至城南，到天祠邊，其明即没，方之半夜。須達

---

① 張涌泉《〈敦煌歌辭總編〉誤校二十例》，收入氏著《張涌泉敦煌文獻論叢》，上海：上海古籍出版社，2011 年，170 頁。
② 張涌泉《張涌泉敦煌文獻論叢》，197 頁。
③ 同上注，215 頁。

思念，適來明是何妖魅之所刼恚，我須却回，待明方往。

張涌泉説：

  王慶菽校"刼恚"爲"誘惑"。蓋王氏以"刼"爲"幼"字，與"誘"音近相假；然"恚""惑"則形音並遠，無由致誤。今謂"刼恚"蓋原只作"恚"，"恚"即"幻"的借字（"恚""幻"聲調並同，韻亦近〔並山攝字〕）。《維摩詰經講經文》："凡有行藏平隱作，伍（低—隄）防禍幻（恚）使心神。"則是借"幻"爲"恚"，是其比類。"幻"是幻化之意。須達以爲他方才看到的"明"是什麼妖魅幻化而來，所以打算回去，待明再來。後來有人於"恚"旁注一"刼"字，"刼"即"幻"字俗書之訛。《變文集》頁第 524、555 頁"幻"字皆寫作"刼"，第 519、523 頁則又誤作"幼"，均可資比勘。展轉傳抄，復又把"刼"字誤入正文，遂成"所刼恚"，以至意不可通。王氏不明古人有旁記字誤入正文之例，強爲之説，顯失其當。①

---

① 張涌泉《張涌泉敦煌文獻論叢》，137—138 頁。

第三章　用字習慣

第一節　用字習慣在校讀古書中的重要性

大量的出土及寫本文獻不斷被發現，不僅開闊了我們的視野，而且還糾正了以往的錯誤認識。對於一些字詞的正確訓釋，僅靠辨別出誤字和衍文是遠遠不夠的，還需要我們了解古書的用字習慣。

所謂用字習慣，是指人們記錄語言時用哪一個字來表示哪一個詞的習慣。文字是記錄語言的書寫符號體系，一種語言采用怎樣的符號體系來表示，一個詞采用一個怎樣的符號（文字）來表示，從本質上說是隨意的，只有在約定俗成之後才相對固定下來。[①]

用字習慣按照字與其所表示的詞的關係的不同，可分爲四種類型，即本用、假借、訓讀和形借。[②] 本章重點講用字習慣中的"假借"。

我們知道，同一時代或比較鄰近的時代，其文獻的用字習慣往往相同。我們既可以根據傳世古書的用字習慣來校讀出土文獻，同時也可根據出土文獻的用字習慣來校讀古書。後者的意義尤爲重大，例如

[①] 關於"用字習慣"的定義，可參看裘錫圭《考古發現的秦漢文字資料對於校讀古籍的重要性》，《中國社會科學》1980年第5期；又《簡帛古籍的用字方法是校讀傳世先秦古籍的重要依據》，載《兩岸古籍整理學術研討會論文集》，南京：江蘇古籍出版社，1998年；又可參考禤健聰《戰國楚簡所見楚系用字習慣考察》，《中國文字》新33期，臺北：藝文印書館，2007年。

[②] 詳細的討論可參周波《戰國時代各系文字間的用字差異現象研究》。

金文中常見的"勿瀣朕命"一詞，"瀣"用爲"廢"，于省吾據此解《管子·乘馬數》"民之不移也如廢方于地"，認爲"廢"應讀作"瀣"，"瀣"爲古"法"字。謂民之不移也，如取法于地之方，而不可動易也。①

又如裘錫圭根據馬王堆帛書有用"佴"爲"恥"的例子，指出傳世古書《漢書·司馬遷傳》所載《報任安書》"而僕又茸〈佴〉以蠶室"這句中的"茸〈佴〉"字也是用爲"恥"；②武威《儀禮》、馬王堆帛書、銀雀山漢簡、郭店楚簡等出土簡帛古書中都出現過的以"埶"表"設"的例子。③

又如陳斯鵬也指出，在包山簡、郭店簡、新蔡簡、秦家咀簡、九店簡裏都有"囟"或"思"讀爲"使"的例子。④

一個時代有一個時代的用字習慣，比如，漢簡中常以"洫"字作爲"溢"字用。如湖南大學嶽麓書院藏秦簡《占夢書》第貳欄：

夢井洫者，出財。

整理者原注釋説：

洫，田間的水溝。《左傳·襄公十年》："子泗爲田洫。"杜預注："洫，田畔溝也。"

---

① 于省吾《雙劍誃諸子新證》，北京：中華書局，1960年，64—65頁。
② 裘錫圭《出土古文獻與其他出土文字資料在古籍校讀方面的重要作用》，見氏著《中國出土古文獻十講》，129頁。
③ 裘錫圭《古文獻中讀爲"設"的"埶"及其與"執"互訛之例》，香港大學亞洲研究中心《東方文化》Volume XXXVI, 1998 Numbers1 and 2, 2002年，39—46頁；又裘錫圭《出土古文獻與其他出土文字資料在古籍校讀方面的重要作用》《簡帛古籍的用字方法是校讀傳世先秦秦漢古籍的重要依據》，見氏著《中國出土古文獻十講》，129—130、170—176頁；裘錫圭《再談古文獻以"埶"表"設"》，2009香港中文大學"古道照顏色——先秦兩漢古籍國際學術研討會"會議論文。
④ 陳斯鵬《論周原甲骨和楚系簡帛中的"囟"與"思"——兼論卜辭命辭的性質》，《第四屆國際中國文字學研討會論文集》，香港中文大學中國語言文學系，2003年；沈培更進一步指出傳世古書中多見"思"讀爲"使"的例子。參沈培《周原甲骨文里的"囟"和楚墓竹簡里的"囟"或"思"》，《漢字研究》第1輯，北京：學苑出版社，2005年。

陳劍根據漢簡中常常以"洫"爲"溢"的現象，指出"井洫"即"井溢"，甚是。同時他又指出：漢代簡帛中用爲"溢"的"洫"字，絶大多數一開始就已得到了正確釋讀，但也有個別的以前被忽略過去了，正如嶽麓秦簡此例一樣。比如張家山漢簡《脈書》簡53：

> 脈盈而洫之，虛而實之，㣝（靜）則侍（待）之。

整理者原注釋謂："洫，疑讀爲'恤'，《説文》：'收也'。"高大倫注釋説：

> 盈，滿。洫，虛。《管子·小稱》："是以長者斷之，短者續之，滿者洫之，虛者實之。"尹知章注："洫，虛也。"與後文"虛而實之"對文。一説：本書下文云"脈者瀆也"，謂脈如溝瀆，則務使通暢。《左傳·襄公三十年》注："洫，溝也。"這裏用作動詞，溝通，排放。①

陳劍進一步指出：高大倫引《管子·小稱》與簡文對讀甚是。但二者合證，正可知簡文與《小稱》兩"洫"字皆應釋讀爲"溢"，尹知章注實不可信。……實際上，以前洪頤煊、安井衡早已據前引《莊子·齊物論》之"洫"本亦作"溢"，指出《小稱》之"洫"當作"溢"。此説現在可以據簡本《脈書》完全肯定下來了。翻檢一時所見今人《管子》注本和注譯本，大多仍從戴望、張佩綸等謂"洫"當爲疏泄之"泄"之説，或又説爲"'渫'之借"，並應糾正。② 所論極是。又馬王堆帛書《周易·訟》5上"有復洫寧"，王弼本作"有孚窒惕"，漢石經作"□孚懫惕"，《長沙馬王堆漢墓簡帛集成》整理者認爲此"洫"字也是作爲"溢"字用的，因爲"溢"爲餘母字，與舌音關係密切，跟"懫""窒"聲母更爲密合。③ 正確可從。

---

① 高大倫《張家山漢簡〈脈書〉校釋》，成都：成都出版社，1992年，95頁。
② 參陳劍《嶽麓簡〈占夢書〉校讀札記三則》，復旦大學出土文獻與古文字研究中心網站，http://www.fdgwz.org.cn/Web/Show/1677，2011年10月5日。
③ 裘錫圭主編《長沙馬王堆漢墓簡帛集成》（叁），北京：中華書局，2014年，14頁。

"洫"與"溢"是字形與字之對應關係問題，音義皆無關之字形，以 A 形代表 B 字。

又如戰國楚文字及漢代簡帛文字中，从"亙"从"亟"之字，往往相混。① 這是"亙""亟"形、音皆近之故。又漢代簡帛文字，如馬王堆帛書《易傳》以"大恒"爲"太極"，也是因爲"恒"爲"極"形、音俱近，以致混用。

這種現象已經得到了學者們的普遍認可，也被越來越多的出土文獻所證實。筆者在先秦古書中，也找到了从"亙"从"亟"混用的例子。如《莊子·天地》曰：

> 方且與物化，而未始有恒。

案"未始有恒"，應該是"未始有極"，"未始有極"乃古之成語。《莊子·大宗師》："若人之形者，萬化，而未始有極也。"又《田子方》："且萬化，而未始有極也。"《文子·九守·守樸》曰："故形有靡而神未嘗化，以不化應化，千變萬轉，而未始有極。"《淮南子·俶真》曰："若人者，千變萬化，而未始有極。"又《精神》曰："千變萬抮，而未始有極。"賈誼《鵩鳥賦》亦曰："千變萬化兮，未始有極"。並可以爲證。

又如《文子·精誠》曰：

> 冬日之陽，夏日之陰，萬物歸之，而莫之使，極自然。

馬王堆帛書《老子》有"夫莫之爵，而恒自然也"之語，傳世本多作"莫之爵（或作命），而常自然"。又《莊子·繕性》："莫之爲，而常自然。"是"莫之□，而恒（常）自然"，乃古人之一固定句式。

---

① 詳細的討論，可參裘錫圭《是"恒先"還是"極先"》，收入《裘錫圭學術文集·古代歷史、思想、民俗卷》，326 頁；又參廖名春《郭店楚簡老子校釋》，清華大學出版社，2003 年，244—246 頁；張新俊《新蔡葛陵楚墓竹簡文字補正》，簡帛研究網站，http://www.jianbo.org/admin3/html/zhangxinjun01.htm；又參見本書附錄《〈上博九·禹王天下〉校釋一則》。

則《文子》之"而莫之使，極自然"，應該就是"而莫之使，恒自然"。

根據《文子》，我們還可以校正《淮南子》中的一處脱文。《淮南子·主術》曰：

> 冬日之陽，夏日之陰，萬物歸之，而莫使之然。

"莫使之然"，當依《文子》作"而莫之使，極（恒）自然"。（高誘注："莫使之，自然如是也。"則所見本，蓋尚未脱"極〔恒〕自"二字。）"《治要》《意林》無'極自然'三字"，① 乃脱之尤甚者也，並當據《文子》補正。

上舉《文子》"而莫之使，極〈恒〉自然"，沈培認爲可與《吕氏春秋·孝行覽·義賞》"春氣至則草木産，秋氣至則草木落。産與落，或使之，非自然也"對讀，可見"莫之使，恒自然"跟"或使之，非自然也"語義正相反。

另沈培認爲，高誘解"莫使之，自然如是也"，並不能證明其所見本未脱"恒自然"之語，其言"自然如是也"乃解釋"莫使之"也。學術界對《文子》與《淮南子》的關係向來有爭論，有人説《文子》抄《淮南子》，有人説《淮南子》抄《文子》。從所校《文子》這兩句看，大概可以説明不可能是《文子》抄《淮南子》。此前已有人對《文子》未抄《淮南子》舉出了不少證據，《文子》此例可爲補充。

---

① 王叔岷説："案《治要》引作'而莫之使也。'無'極自然'三字，疑是舊注之竄入正文者。《意林》引作'而莫使'，亦無'極自然'三字。"見王叔岷《文子斠證》，北京：中華書局，2007年，498頁；《鄧析子·無厚》作"爲君，當若冬日之陽，夏日之陰，萬物皆歸，莫之使也。恬卧而功自成，優游而政自治。豈在振目撠腕，手據鞭朴，而後爲治與"，亦脱"極自然"三字。又《鄧析子》之"振目撠腕"即"瞋目扼腕"，如王引之説："凡字之從真聲辰聲者，往往通借。"（見王引之《經義述聞》"蜃或爲謨"下，208頁）可證。《説文》："謓，恚也。一曰讀若振。"又《吕氏春秋·觀表》"管青相膡肕"，畢沅謂李善注《文選》《御覽》引並作"脣吻"。疑"膡"當作"膻"，而讀爲"脣"。凡此皆從真聲辰聲音近通借之證，是"瞋目"之作"振目"者，明爲古字假借，馬敍倫依《淮南子·主術》逕改"振目"爲"瞋目"（見馬敍倫《鄧析子校錄》，收入《天馬山房叢著》，1933年），未達假借之旨。

另外，如上博五《三德》簡 14："天材（災）䘏䘏，弗殺（滅）不墮（隕）。"原整理者考釋："䘏䘏"，疑讀"繩繩"，是綿綿不絕之義。"弗殺（滅）"與"不墮（隕）"同義，指天災綿綿不絕。① 范常喜認爲《三德》的"䘏"從"蟲"得聲，可讀作"混"。他的根據是，郭店楚簡《老子》甲簡 21："又（有）䏍（狀）蟲成，先天墜（地）生。""蟲"是"蚰"之訛，"蚰"即昆蟲之"昆"的本字，簡文中用爲"混"。② "混混"形容"天災"綿綿不斷，與後文"弗殺（滅）不墮（隕）"意正相合。而且"混"與下文"隕"古音同屬文部，韻也相諧。③

陳劍也根據楚文字獨立的"蟲"字和作偏旁的"蟲"都有"蚰（昆）"音（猶楚文字"屮/卉"之用爲"艸"），指出上博八《志書乃言》簡 5+4"而縱不爲吾稱睪（擇），吾父兄甥舅之有所善，蟲材以爲獻，又不能節處，所以罪人，然以讒言相謗"中的"蟲材"可讀爲"掄材"，④ 正確可從。

可見"蟲"字或從"蟲"者，而有"蚰（昆）"音，可以認爲是楚簡的用字習慣。白於藍讀《上博五·三德》"䘏"爲"隆"，⑤ 文義雖近是，但於韻不合，應當以范常喜的說法爲是。

由上舉的這些例子可見，一些詞義正確的釋讀，除了參考出土文獻資料，還要熟悉古書的用字習慣。由於古書的用字習慣往往與今本有較大差異，在釋讀過程中一定要多加注意。不斷地總結這些有規律

---

① 馬承源主編《上海博物館藏戰國楚竹書（五）》，上海：上海古籍出版社，2006 年，298 頁。
② 荊門市博物館《郭店楚墓竹簡》，北京：文物出版社，1998 年，116 頁注［五一］。劉釗認爲此字可看作"蚰"字的繁體，字可讀爲"混"。參劉釗《郭店楚簡校釋》，福州：福建人民出版社，2003 年，17 頁。
③ 范常喜《〈上博五·三德〉札記三則》，武漢大學簡帛網，http://www.bsm.org.cn/?chujian/4451.html，2006 年 2 月 24 日。
④ 陳劍《〈上博（八）·王居〉復原》，復旦大學出土文獻與古文字研究中心網站，http://www.fdgwz.org.cn/Web/Show/1604，2011 年 7 月 20 日。
⑤ 白於藍《戰國秦漢簡帛古書通假字彙纂》，福州：福建人民出版社，2012 年，618 頁。

的用字方法，對於正確釋讀出土文獻是很有利的，同時這些用字方法也可以作爲校讀傳世古書中的重要根據。

第二節　傳世文獻中的用字舉例

在借助古書用字習慣釋讀古文字方面，裘錫圭做了很多工作，成就巨大，如有好幾篇文章都談到的古文獻以"執"表"設"，就是一個非常成功的範例。① 往往是發現一個字的用字習慣，連帶着解決了許許多多的問題，使那些沈霾終古的古字古義能夠重新爲人們所了解。他的研究方法，具有很好的借鑒意義。

發現、總結出土文獻用字習慣、通假例是進一步解決問題之材料基礎，故已有集中纂輯者，如王輝《古文字通假字典》、② 白於藍《戰國秦漢簡帛古書通假字彙纂》③ 等書。

了解更多的相關用例，對文獻的解讀無疑會起到很大的作用。下面，我們就通過一些實例來説明古書中的用字習慣。先來看傳世文獻中的用例。

一、从"爽"从"相"得聲之字，聲近相通

《尚書·大誥》有下引一段話：

> 王曰：嗚呼肆哉！爾庶邦君越爾御事，爽邦由哲，亦惟十人迪知上帝命。

---

① 詳參裘錫圭《古文獻中讀爲"設"的"執"及其與"執"互譌之例》，香港大學亞洲學研究中心《東方文化》，1988 年；裘錫圭《再談古文獻以"執"表"設"》，何志華、沈培等編《先秦兩漢古籍國際學術研討會論文集》，北京：社科文獻出版社，2011 年。
② 此書初版名爲《古文字通假釋例》，1982 年 4 月由臺灣藝文印書館出版。後改名爲《古文字通假字典》，2008 年 2 月由北京中華書局出版。
③ 此書初版名爲《簡牘帛書通假字字典》，2008 年 1 月由福建人民出版社出版。後重新擴充修訂，改名爲《戰國秦漢簡帛古書通假字彙纂》，2012 年 5 月由福建人民出版社出版。

僞孔《傳》解釋説：

言其故有明國事用智道十人蹈知天命，謂人獻十夫來佐周。

孫星衍説：

《漢書》"爽邦由哲"作"其勉助國道明"，爽者，《方言》及《廣雅·釋詁》皆云"猛也"，"猛"與"孟"聲相近，《釋詁》："孟，勉也。"《説文》云："爽，明也。"明都即孟諸，明、孟通字，是明亦勉也。哲者，《釋言》云："智也"，智即明也，故《漢書》以爽爲勉助，以哲爲明也。①

孫氏不惜輾轉附會，任意牽合，不通之甚。故于省吾謂之迂曲不可解，誠是。于氏早年認爲"爽"是"奭"之誤，② 但後來又在《甲骨文字釋林》中把"奭"釋成"爽"，這就不存在訛誤的問題了。

案從爽聲與從相聲之字，由於古音相近，古多通借。如于省吾討論卜辭"爽"字用在祖妣之間，或用在祖妣之末時，説"爽"爲匹配之義，他認爲：

爽應讀爲相，二字疊韻。王念孫謂"爽字古讀若霜"（讀書雜志淮南子精神）此外，左定三年傳杜注："肅爽，駿馬名。"孔疏："爽或作霜。"《淮南子·原道》："鉤（釣）射鵕鸘之爲樂乎？"《説文》作"鷫鷞"。《老子》十二章："五味令人口爽。"近年來馬王堆三號墓出土之甲本《老子》作"五味使人之口䑂"，以上是爽與從相之字通用之例證。典籍中多訓相爲輔相爲佐助，與匹配之義正相符。③

案于氏的説法正確可從。我們還可以補充一些從爽從相互爲異文的證據：霜露，睡虎地秦簡《日書》甲簡54背叁作"爽路"（216頁）；

---

① 孫星衍《尚書今古文注疏》，351—352頁。
② 于省吾《雙劍誃群經新證》，上海：上海書店，1999年，82頁。
③ 于省吾《釋爽》，收入氏著《甲骨文字釋林》，北京：中華書局，1979年，46頁。

瓵、甈同字（《玉篇》78 上、《名義》161 上）；鶐、鶋同字；驦、騻同字（《廣韻》178 頁），皆其例證。

由上所述，《大誥》之"爽邦"讀爲"相邦"，在語音上毫無問題。

再來看文義，上博四有《相邦之道》，又傳世文獻的"相國"，出土文獻皆作"相邦"，如相邦吕不韋戈。"爽（相）邦"就是輔相、佐助國家的意思。《尚書·立政》有"用勱相我国家"語（"国家"，《説文》引作"邦家"），《大誥》之"爽（相）邦"與《立政》之"用勱相我国家"意亦相近。

所以從文義上講，也很順適。實際上，漢人已經是這樣理解了。《漢書·翟方進傳》記録了一篇王莽仿《大誥》而作的文章，對比《大誥》文辭，《莽誥》或以同音字或以同義字來代替，而其中對應"爽邦由哲"的這句作"其勉助國道明"。我們知道，《莽誥》皆用今文尚書，疑"爽邦由哲"之"爽邦"，今文《尚書》作"相邦"，故《莽誥》作"其勉助國"，乃以"勉助"譯"相"。

楊筠如認爲"由哲"是古代的成語，"昌明"的意思，或作"迪哲"，如《無逸》"兹四人迪哲"。"爽邦由哲"，謂明爽其邦使昌明也。①

李平心認爲"爽"字非虚詞，應爲動詞，他把"爽"讀爲"昌"，謂"昌""爽"皆明義，"哲"謂賢臣，"爽邦由哲"，謂興盛邦國必須仰賴忠良也。②

他們的這些説法顯然各有優劣，但都並不完善。現在綜合各家的看法，再根據我們的意見，把《大誥》"王曰：嗚呼肆哉！爾庶邦君越爾御事，爽（相）邦由哲"的這段話翻譯如下：

  王説：啊！盡力吧！你們衆位，輔助國家要用明智之人。

---

① 楊筠如《尚書覈詁》，西安：陝西人民出版社，2005 年，250 頁。
② 李平心《從〈尚書〉研究論到〈大誥〉校釋》，收入《李平心史論集》，北京：人民出版社，1983 年，51 頁。

二、从"彦"从"獻"得聲之字，聲近相通

《尚書·秦誓》曰：

> 人之有技，若己有之；人之彦聖，其心好之，不啻如自其口出，是能容之。

"人之彦聖"之"彦"，一般的解釋都引《爾雅·釋訓》"美士爲彦"爲證，釋爲"美"。

案定州漢墓竹簡《論語》"由【也】獻"，① 傳世本作"由也喭"，又"䜣""䜭"音近而通用，② 這些都是从"彦"、从"獻"得聲之字音近通借之例。

所以我們認爲，"人之彦聖"之"彦"也應當讀爲"獻"，"彦（獻）聖"是同義並列的複音詞。

《爾雅·釋言》曰：

> 獻，聖也。

郭璞注：

> 諡法曰：聰明睿智曰獻。

案"聖"者，亦明智之名，③《詩·邶風·凱風》"母氏聖善，我無令人"，④ 毛傳："聖，叡也。"《廣雅·釋言》："睿，聖也。"

《詩·桑柔》曰：

> 維此聖人，瞻言百里；維彼愚人，覆狂以喜。

"聖人"與"愚人"相對爲文，是"聖人"即聰明之人。《詩·

---

① 定州漢墓竹簡《論語》，北京：文物出版社，1997年，51頁。
② 徐復《後讀書雜志》，58頁。
③ 詳見《經義述聞》"人之齊聖"下，南京：江蘇古籍出版社，2000年，151頁。
④ "彦聖"同"獻聖"，亦即詩人之言"聖善"也。"獻""善"音義皆近，文獻也有互爲異文的例子，參蕭旭《群書校補》，揚州：廣陵書社，2011年，574頁。

鴻鴈》："維此哲人，謂我劬勞；維彼愚人，謂我宣驕。""哲人"與"愚人"對文，"哲人"即明智之人。

金文又作"𢘓（憲）"，《史墻盤》云"𢘓（憲）聖成王"，是其例。

三、從"朕"從"台"得聲之字，聲近相通

《文子·道原》曰：

> 行乎無路，遊乎無怠，出乎無門。

又《文子·符言》曰：

> 无爲名尸，无爲謀府，无爲事任，无爲智主，藏於无形，行於无怠，不爲福先，不爲禍始，始於無形，動於不得已。

俞樾説：

> 无怠與無路、無門不一律，……以聲求之，或當爲垓之叚字……①

孫詒讓説：

> 無怠與上下文不協，《符言篇》亦云"行於無怠"。彼文出《淮南子·詮言訓》，本作"行無迹"，此二篇"怠"字疑並當爲"迹"，"迹""怠"二字，草書相近而誤。②

案俞氏讀"怠"爲"垓"，並無確據。孫氏所云，尤不可從，"怠""迹"形音皆不近，無緣致誤。且此文"怠"與"始""已"爲韻。果如孫説，則失其韻矣。《淮南子·詮言》作"藏无形，{行无迹}，③遊无朕"。"遊无朕"，對應於《文子》的"行於无怠"。《莊子·應帝

---

① 俞樾《諸子平議補錄》，臺北：世界書局，1958年，10頁。
② 孫詒讓《札迻》，北京：中華書局，2009年，147頁。
③ 王叔岷説："行无迹"三字，疑是"遊无朕"之注誤入正文者。此文郭注即釋"朕"爲"迹"（《莊子校詮》，北京：中華書局，2007年，300頁），可從。"遊无朕"即"行无迹"，多此一句，則句法參差而不協矣。

王》云:"无爲名尸,无爲謀府,无爲事任,无爲知主,體﹛盡﹜①无窮,而遊无朕。"此即《文子》《淮南》所本。

我們認爲,"怠"當讀爲"朕"。凡字之从"朕"从"台"者,古音相近,故多通借。如:

1.《爾雅》:"台、朕,我也。"楊樹達説:台、朕一聲之轉。②
2.《銀雀山漢墓竹簡(貳)·奇正》"同不足以相勝也"③,《文子·上禮》《淮南子·兵略》並作"同莫足以相治"。
3.《方言》:"媵,寄也。"《詩經·鄭風·子衿》"子寧不嗣音","嗣",《經典釋文》引《韓詩》作"詒","寄也"。"媵""詒"音近而義同。

皆可以爲證。

《莊子·應帝王》"而遊无朕",成玄英注:

朕,迹也。

根據以上所述,我們把《文子·道原》的這句話校讀爲:

行乎無路,遊乎無怠(朕),出乎無門。

四、从"此"从"差"得聲之字,聲近相通

《呂氏春秋·權勳》有下列一段話:

臨戰,司馬子反渴而求飲,豎陽穀操黍酒而進之,子反叱曰:訾!退,酒也。

王利器説:

---

① 王叔岷説:盡字疑涉下文"盡其所受乎天"而衍。見王叔岷《莊子校詮》,300頁。
② 楊樹達《古音對轉疏證》,收入氏著《積微居小學金石論叢》,北京:中華書局,1983年,146頁。
③ 銀雀山漢墓竹簡整理小組編《銀雀山漢墓竹簡(貳)》,155頁。

《戰國策·齊策上》:"一人曰:訾!天下之主有侵君者,臣請以臣之血渝(引者案,渝當作湔)其衽。"用法正與此同。《韓非子·十過》篇作"嘻",案:《史記·廉頗傳》:"秦王與群臣相視而嘻。"《索隱》:"音希,嘻乃驚而怒之辭也。"《正義》:"嘻,音希,恨怒之聲。"司馬貞、張守節之説嘻,正好移注此文也。①

案上引《吕覽》及王利器引《齊策》之"訾"字,王引之、錢繹、孫詒讓皆謂"訾"與"呰"同,② 不可信。

此"訾"字,當爲嗟歎之辭。《漢書·禮樂志》曰:

　　訾黃其何不徠下。

顔師古注:

　　訾,嗟歎之辭也。訾音咨。

即可爲證。

我們知道,凡字之從此從差者,音相近而字亦相通,如"隅眦之削"即"隅差之削";"玼"本或作"瑳";《小雅》"屢舞傞傞",《説文》引作"㛄㛄";《月令》"掩骼埋胔",《吕氏春秋·孟春篇》"胔"作"骴",③ 並可以爲證。案《玉篇》(殘卷)"欪"字下引《聲類》:"欪,嗟也。"(333頁),"欪""嗟"亦因音近而義同。

《韓非子》作"嘻",《吕覽》作"訾"(同嗟),此與《吕覽·介立》"文公聞之曰:譆!此必介子推也",《説苑·復恩》作"嗟!此介子推也";《説苑·指武》"嘻!且待夫子",《淮南子·道應》作"差(嗟)!須夫子",④ 皆屬同例,"嘻""譆""訾""嗟""差(嗟)"都是嗟歎之辭。

---

① 王利器《吕氏春秋注疏》(第3册),1655頁。
② 王引之《經傳釋詞》,南京:江蘇古籍出版社,2000年,85頁;錢繹《方言箋疏》,上海:上海古籍出版社,1984年;孫詒讓《札迻》,142頁。
③ 王念孫《讀書雜志》,529頁。
④ 何寧《淮南子集釋》,864頁。

"嘻""譆"爲嗟歎辭，傳世文獻又作"憘"，① 而出土文獻或作"俟"，如郭店楚簡《魯穆公問子思》簡4：

成孫弋曰：俟，善才（哉）言乎！

整理者讀"俟"爲"噫"，劉樂賢指出：

如果考慮上文郭店簡中"矣"、"喜"二字的通假習慣，則將此字讀爲從"喜"得聲的"嘻"，似更爲合適一些。大家知道，"嘻"在古書中也常用作嘆詞，其含義與"噫"大體一致。例如，《説苑·政理》："延陵季子游於晋，入其境，曰：'嘻，暴哉國乎。'入其都，曰：'嘻，力屈哉國乎。'立其朝，曰：'嘻，亂哉國乎。'"《莊子·讓王》："二人相視而笑曰：'嘻，異哉，此非吾所謂道也。'"可見，讀"嘻"從文例上講也很合適。②

案劉説甚是，《莊子·養生主》曰："文惠君曰：譆！善哉！技蓋（盍）至此乎？"與郭店簡《魯穆公問子思》句式類似。字又作"誒"，如銀雀山漢簡《晏子》簡607："晏子□：誒（嘻）！夕（亦）善矣，能爲君請壽。"即其例。

五、"訾""此"聲近相通

《晏子春秋·外篇》曰：

嗟乎！今日吾譏晏子，訾猶倮而高橛者也。

俞樾説：

訾乃訿字之誤，橛乃撅字之誤，高讀爲皋，以高爲皋，猶以皋爲臯。《尚書·皋陶謨》《釋文》曰："皋本作臯"，是其例也。《墨子·公孟篇》："是猶倮謂撅者不恭也。"此即倮而臯撅之義。

---

① 李賢注《後漢書·蔡邕傳》曰："憘，歎聲也。"見范曄《後漢書》，2004頁。
② 劉樂賢《郭店楚簡雜考（五則）》，收入氏著《戰國秦漢簡帛叢考》，8頁。

倮爲倮體。撅者，揭衣也。《禮記·內則篇》"不涉不撅"，鄭注："撅，揭衣也。"撅誠不恭，倮則更甚。故曰："譬猶倮而咎撅者也。"

劉師培説：

《説苑》作"猶倮而訾高橛者"，當據訂。《墨子·公孟篇》："是猶果謂撅者不恭也。""果"、"倮"，"撅"、"橛"並古通，與此句例正同。①

案《説苑·奉使》作：

今日吾譏晏子也，猶倮而訾高橛者。

向宗魯説：

《晏子》作"訾猶倮而高橛者也"。《繹史》引《晏子》，同《説苑》。……俞（樾）讀高爲咎，亦誤。"高橛"謂高揭其衣也。倮而訾毁高撅者，猶以百步笑五十步也。今本《晏子》"訾"字誤在"猶"字上，當以本書爲正。②

案諸家以《晏子》《墨子》文例句意相近，甚是。但謂今本《晏子》"訾"誤在"猶"字上，則不可從。《晏子》之"訾"當讀爲"此"。"訾""此"二字，古音皆爲齒音支部字，古音極近，故相通借。馬王堆漢墓帛書《老子》乙本"訾不善矣"，《老子》甲本及郭店楚簡《老子》甲作"此其不善已"，即其證，傳世本《老子》皆作"斯不善矣"。

案《爾雅·釋詁》曰：

兹、斯、咨、呰、已，此也。

郭璞注：

---

① 俞樾、劉師培之説，轉引自吳則虞《晏子春秋集釋》，北京：中華書局，1982 年，475 頁。
② 向宗魯《説苑校證》，北京：中華書局，2009 年，304 頁。

呰、巳皆方俗異語。①

是字又可作"呰"，皆以音近而致異。

《晏子》之"呰（此/斯）猶倮而高橛者也"，② 與《墨子》之"是猶果謂撅者不恭也"文義相近。"是猶……""此猶……""斯猶……"，皆爲古漢語習見的句式，尤可證今本《晏子》不誤。

反而是《説苑》的作者，蓋已不知"呰"可以用爲"此"，遂憑意輒改，失古書之舊矣。

六、"夐""睿"聲近相通

馬王堆帛書《周易·繫辭》有"古之蔥（聰）明僡知"之語，張政烺注：

> 僡，《韓本》作叡。按僡从人夐聲，夐，帛書《六十四卦》中屢見，《恒》初六假爲浚（引者案：帛書《六十四卦》，《恒》尚（上）六"夐恒"，王弼本"夐"作"振"），僡蓋即俊之異體，與叡音同通假。③

帛書《六十四卦》"公用射夐於高庸（墉）之上"，張政烺注：

> 夐，《二三子問》卷後佚書作"雛"，王弼本作"隼"。"隼"爲"雛"之異體字，見《説文·鳥部》。"夐"與"隼"古音近相通。④

又馬王堆帛書《繆和》有"蔥（聰）明夐知（智）守以愚"和"尊嚴夐知（智）而弗以驕人"之語，"夐"字亦皆讀爲"睿"。⑤

在傳世文獻中，多見"聰明睿知"之語：

---

① 周祖謨《爾雅校箋》，昆明：雲南人民出版社，2006 年，17 頁。
② 筆者曾將"高"讀爲"告"，告，告發、狀告。陳劍認爲不必改讀，"呰（此/斯）猶倮而高橛者也"，所表達的就是"裸體却認爲高過揭衣服的人"的意思。
③ 張政烺《馬王堆帛書周易經傳校讀》，北京：中華書局，2008 年，125 頁。
④ 同上注，78 頁。
⑤ 轉引自白於藍《戰國秦漢簡帛古書通假字彙纂》，759 頁。

1.《易·繫辭上》:"古之聰明睿知,神武而不殺者夫。"

2.《禮記·中庸》:"唯天下之至聖,爲能聰明睿知,足以有臨也。"

3.《孔子家語·三恕》:"聰明睿智,守之以愚。"

並可以爲證。

可見"夐"字(曉母耕部或曉母元部)①與"睿"字(喻母月部字)相通。

傳世文獻中,也有"夐""睿"輾轉相通之例:

《戰國策·趙策二》:

中國者聰明睿知之所居也。

《史記·趙世家》作:

中國者蓋聰明徇知之所居也。

《史記·五帝本紀》有"幼而徇齊"之語,《集解》曰:

徐廣曰:"《墨子》曰,'年踰十五,則聰明心慮無不徇通矣'。"駰案:徇,疾;齊,速也。言聖德幼而疾速也。

《索隱》:

斯文未是。今案:徇、齊,皆德也。《書》曰"聰明齊聖",《左傳》曰"子雖齊聖",齊謂聖德齊肅也。又案:《孔子家語》及《大戴禮》並作"叡齊",一本作"慧齊"。叡,慧,皆智也。太史公采《大戴禮》而爲此紀,今彼文無作"徇"者。《史記》舊本亦有作"濬齊"。蓋古字假借"徇"爲"濬",濬,深也。義亦並通。②

---

① 參何九盈《音韻叢稿》,103頁。
② 司馬遷《史記》,北京:中華書局,2013年,3頁。關於"幼而徇齊"之"徇",清代的學者如段玉裁、王筠都已經指出當爲"侚"之誤字,敦煌 S.388《正名要錄》即作"幼而侚齊",參張涌泉《從語言文字的角度看敦煌文獻的價值》,收入《著名中年語言學家自選集·張涌泉卷》,上海:上海教育出版社,2011年,330—331頁。

《吕氏春秋·盡數》：

> 精氣之集也，必有入也。集於羽鳥與爲飛揚，集於走獸與爲流行，集於珠玉與爲精朗，集於樹木與爲茂長，集於聖人與爲敻明。

高誘注：

> 集，皆成也。敻，大也、遠也。敻讀如《詩》云"于嗟敻兮"。

"于嗟敻兮"，今本《詩經》作"于嗟洵兮"。這是"敻""洵"可以輾轉相通的例子。《說文》："瓊，赤玉也。从玉、敻聲。"徐鉉曰："今與璚同。"也可爲證。

根據上述"敻""洵"相通的這一現象，我們認爲，上引《吕氏春秋·盡數》之"敻明"當讀爲"睿明"或"叡明"，"睿""叡"也是"明"的意思，與上文的"飛揚""流行""精朗""茂長"一樣，都是意思相近的複音詞。

又清華伍《湯處於湯丘》簡 19 有下引文句：

> 少（小）臣倉（答）："君既濬明，既受君命，退不募（顧）死生，是非共（恭）命虎（乎）！"①

原整理者注釋：

> 濬明，意聰明睿智。《中庸》："唯天下至聖爲能聰明睿知，足以有臨也。"②

可從。《湯處於湯丘》的"濬明"與《吕氏春秋·盡數》之"敻（睿/叡）明"也是音近而義同。

七、"飽""備"聲近相通

銀雀山漢簡《尉繚子》有下列一段話：

---

① 李學勤主編《清華大學藏戰國竹簡（伍）》（下册），136 頁。
② 同上注，140 頁。

……城堅而厚，士民衆篹（選），薪食經【□】□勁矢仁（韌），矛戟【□□□】□策也。

整理小組説：

宋本作"池深而廣，城堅而厚，士民備，薪食給，弩堅矢彊（强），矛戟稱之，此守法也"。……"篹"讀爲"選"，二字音近相通，銀雀山竹簡中屢見其例。《墨子·備城門》有"人衆以選"語。"選"字用法與簡文同。①

汝鳴認爲簡本"薪食經"中的"經"爲"給"之誤，"備"字可能是宋本錯置，本應該是"薪食給備"。②

他認爲"經"爲"給"之誤，可從；而說"備"字可能是宋本錯置，本應該是"薪食給備"，則缺乏證據，不可從。現在就來談談我們的理由。

先來看傳世文獻中與《尉繚子》類似的語句，《史記·仲尼弟子列傳》作：

夫吳城高以厚，地廣以深，甲堅以新，士選以飽，重器精兵盡在其中。

《越絶書》卷七作：

吳城高以厚，池廣以深，甲堅以新，士選以飽，重器精弩在其中。

《吴越春秋·夫差内傳》作：

甲堅士選，器飽弩勁。③

---

① 銀雀山漢墓竹簡整理小組編《銀雀山漢墓竹簡（壹）》，83頁。
② 汝鳴《銀雀山漢墓竹簡異文研究》，40頁。
③ 孫詒讓《札迻》說：器不可以言飽，飽當爲飭，形近而誤。又《吳越春秋·勾踐歸國外傳》：今吳君驕臣奢，民飽軍勇，外有侵境之敵，内有争臣之震，其可攻也。蕭旭以爲"飽"即"飢飽"之"飽"，又同意孫詒讓誤字之説（蕭旭《群書校補》，578頁），顯然誤解字義。

從宋本《尉繚子》"士民備"之"備"與之對應的傳世文獻作"飽"來看，其所表示的是同一詞，都是"完備"的意思。

案《國語·齊語》有"男女不淫，牛馬選具"之語，王引之指出：

> 選亦具也，古人自有複語耳，《說文》："僎，具也。"又云："巽，具也。"僎、選與巽古並同聲。牛馬選具者，謂牲畜皆全，不見掠奪也。《墨子·號令篇》"所居之吏，上數選具之"，選具猶齊備也，恐其不全，故選具之也。韋注訓選爲數，數具連文，則不詞矣。尹知章注《管子·小匡篇》曰"選擇其善者以成具"，亦以迂回失之。①

甚是。

《廣雅·釋詁》曰：

> 撰、備，具也。

"撰"與"選""僎""巽"並音近而義同。而"備""飽"也是聲近而義同，都是"備具"之義。由此可證簡文之"士民衆纂（選）"與傳世文獻之"士民備""士選以飽"，其文義顯然是一致的。

下面再來説説"備""飽"二字爲什麼可以相通。《賈子·容經》有"故聖人者，在小不寶，在大不窕"語，洪頤煊《讀書叢録》卷十六"在小不塞"下，謂"寶當是塞字之譌"、劉師培説"寶乃窒字之譌"，② 恐皆不可信。"寶"應與"畐""偪""備""憊"並聲近而義同。"在小不寶，在大不窕"即古書中常見的"處小而不逼，處大而不窕"（《淮南子·原道》）、"入小而不偪，處大而不窕"（《淮南

---

① 參王引之《經義述聞》"牛馬選具"下，496 頁。
② 閻振益、鍾夏《新書校注》，北京：中華書局，2000 年，244 頁，注（118）。可參蔡偉《讀書叢札》"八、處卑細而不憊"條，收入《出土文獻与古文字研究》第 3 輯，上海：復旦大學出版社，2010 年，502 頁。

子·兵略》)。

《山海經·大荒南經》"登備之山",《海外西經》作"登葆",①漢代鏡銘有"子孫復具治中央"語,"復具"或作"備具";②《老子》"復衆人之所過",敦煌本作"備";《老子》"保此道不欲盈",《淮南子·道應》《文子·九守·守弱》並作"服此道",此外,蒙陳劍告知以下諸例:

 1. 九店 56 號墓楚簡《日書》簡 44:"爾居復山之岻(基),不周之埜(野)。"李家浩引《山海經·大荒西經》"西北海之外,大荒之隅,有山而不合,名曰不周負子",懷疑"不周負子"應讀爲"不周、負子",指"有山而不合"的兩個峰。"負"屬並母之部,"復"屬並母覺部,之覺二部字音有關,可以相通。例如《禮記·喪大記》"君弔則復殯服",鄭玄注:"復,或爲服。"《考工記·車人》"牝服二柯有參分柯之半",鄭玄注引鄭司農云:"服,讀爲負。""復"可能讀爲"重複"。③

 2. 清華竹書《繫年》第六章 34:"惠公既入,乃保秦公弗予。"顏世鉉讀"保"爲"負",爲背棄之意。④

 3. 北大漢簡《堪輿》中的"負衡",在馬王堆帛書《式法》中寫作"復衡"。⑤

 4.《小畜》九三爻辭,帛書《周易》84 上:"九三,車說緮(輹),夫妻反目。"張政烺注:"緮,王弼本作輻。《釋文》云:'輻,音福;本亦作輹,音服,馬云:車下縛也。鄭云:伏菟。'

---

① 參高亨纂著、董治安整理《古字通假會典》,440 頁。
② 參鵬宇《兩漢鏡銘文字整理與考釋》,復旦大學 2013 年博士學位論文,指導教師:劉釗教授。
③ 李家浩《九店楚簡"告武夷"研究》,收入《著名中年語言學家自選集·李家浩卷》,321 頁。
④ 參顏世鉉《説清華竹書〈繫年〉中的兩個"保"字》,武漢大學簡帛網,http://www.bsm.org.cn/?chujian/5805.html,2012 年 1 月 4 日。
⑤ 詳參陳侃理《北大漢簡數術類〈六博〉、〈荊決〉等篇略述》,《文物》2011 年第 6 期。

按泰蓄（大畜）九二'車說輹'，王弼本輹作輻，此處作輻誤。"

5.《韓非子·初見秦》："秦與荊人戰，大破荊，襲郢，取洞庭、五湖、江南，荊王君臣亡走，東服於陳。"陳奇猷《集釋》引劉師培曰："案，服與保通。《老子》'保此道者不欲盈'，《淮南子·道應訓》引作'服'，是'保'、'服'古通。《史記·楚世家》：'楚襄王兵散，遂不復戰，東北保於陳城。'此其證。"

也都是幽（或覺部）部與職部音近通假之例，可以爲證。又如"伏"之與"孵"，"伏羲"又作"庖犧"等異文，凡此皆可證（唇音）之職部與幽覺部之字相通。

八、"覺""繆（謬）"聲近義通

《荀子·王霸》曰：

> 楊朱哭衢涂，曰：此夫過舉蹞步而覺跌千里者夫！哀哭之。

俞樾説：

> 楊注曰："言此歧路，第過舉半步，則知差而哭，況跌千里者乎？"然如注義，則以"跌千里者夫"爲句，不詞甚矣。覺當爲𥈭，《玉篇》引《聲類》曰："𥈭，誤也。"《廣雅·釋詁》同。𥈭訓誤，正與楊注跌訓差，其義相近，言此歧路第過舉蹞步，而其𥈭跌乃至千里，故可悲也。自𥈭誤爲覺，而義不可明矣。

蔣禮鴻以爲俞説"覺爲𥈭之誤"甚爲近理，並詳引書傳以證"覺"有誤差之義。[①]

其實"𥈭"應爲"覺"之後起分別字，"覺"爲通用字，似不必以爲誤字。

案"覺"有"謬誤"之義，是因爲"覺""謬"音近之故。如

[①] 蔣禮鴻《義府續貂（增訂本）》，47—49頁；又參郭在貽《訓詁札記》"覺"條下，收入《郭在貽文集》（第三卷），北京：中華書局，393頁。

《老子》有"寂兮寥兮"之語，馬王堆帛書《老子》甲本作"繡呵繆呵"、乙本作"蕭呵漻呵"，而北大藏《老子》作"肅覺"，① 就是例證。

賈誼《新書·審微》曰：

事之適亂，如地形之惑人也，機漸而往，俄而東西易面，人不自知也。故墨子見衢路而哭之，悲一跬而繆千里也。

文義與《荀子》極近，"一跬而繆千里"就是"蹞步而覺跌千里"，"跬"與"蹞"、"繆"與"覺"，皆以音近而致異。

九、"遽"可以讀爲"竟"

《淮南子·詮言》有下引一段話：

福至則喜，禍至則怖，神勞於謀，智遽於事，禍福萌生，終身不悔。

俞樾說：

遽讀爲劇，《說文·力部》："勞，劇也。"然則劇亦勞也。劇于事，謂勞于事也。遽、劇古通用。《公羊·宣六年傳》《釋文》曰："劇本作遽。"②

案《莊子·列禦寇》說"身勞於國，而知盡於事"，與《淮南子》文義相近，蓋即《淮南》所本。

"遽"即"調絲未遽央"之"遽"。③ "未遽央"與左思《魏都賦》"其夜未遽"，猶云"未盡央""其夜未盡"。"遽"當讀爲"竟"。《文子·道德》"吾若與俗遽走"、《文子·上禮》"邪人諂而陰謀遽載"，兩"遽"字，《淮南子》皆作"競"。"遽""競"是

---

① 北京大學出土文獻研究所編《北京大學藏西漢竹書·貳》，上海：上海古籍出版社，2012年，156頁。
② 轉引自何寧《淮南子集釋》，1023頁。
③ 詳參王念孫《廣雅疏證》，154頁。

鱼、陽對轉。這與馬王堆漢墓帛書《老子》甲本卷後古佚書《五行》引《詩經》"不勴不救"，① 傳世本作"不競不絿"，十分相似。而"竟""競"古音相同，古書中又經常通假。那麽，"遽"也就可以讀爲"竟"了。

所以《淮南子》的"智遽（竟）於事"即《莊子》的"知（智）盡於事"。《墨子·非儒下》說"今孔某深慮同②謀以奉賊，勞思盡知以行邪"，亦"勞""盡"互文而見義。

十、"樹"可以讀爲"屬"

《晏子春秋·内篇諫上》"景公敕五子之傅而失言晏子諫"章說：

> 景公有男子五人，所使傅之者，皆有車百乘者也。晏子爲一焉。公召其傅曰："勉之，將以而所傅爲子。"及晏子，晏子辭曰："君命其臣，據其肩以盡其力，臣敢不勉乎？今有之家，此一國之權臣也，人人以君命命之曰：'將以而所傅爲子。'此離樹別黨，傾國之道也！嬰不敢受命，顧君圖之！"③

中山王𩰱方壺銘文有"𧦝任之邦"之語，董珊和白於藍幾乎同時都把"𧦝"字分析爲从"言""尌"聲，並根據銀雀山漢簡《兵令》簡 968"將與卒，非有父子之親，血□之樹（屬），六親之私也"中的"樹"讀爲"屬"，④ 也把"𧦝"讀爲"屬"，⑤ 正確可從。

我們認爲，上引《晏子》"離樹別黨"之"樹"，亦當讀爲"屬"。

---

① 國家文物局古文獻研究室編《馬王堆漢墓帛書（壹）》，18 頁，注（二七）。
② 同，俞樾讀爲"洞"，陳劍認爲可能是"同"之誤，讀爲"迥"，遠也。
③ 吳則虞《晏子春秋集釋》，37 頁。
④ 銀雀山漢墓竹簡整理小組編《銀雀山漢墓竹簡（壹）》釋文 149 頁，圖版 91 頁、摹本 119 頁。
⑤ 董珊《中山國題銘考釋拾遺（三則）》，《北京大學古文獻研究中心集刊》（4），北京：北京大學出版社，2004 年；又參白於藍《釋中山王方壺中的"屬"字》，《古文字研究》第 25 輯，中華書局，2004 年。

"屬"即"弟子徒屬"之"屬"。"離樹別黨",猶言"離族別黨""離群別黨"。孫星衍《音義》云"已樹太子而離間之,又別立黨",① 非是。

《莊子·駢拇》曰:"是故駢於足者,連無用之肉也;枝於手者,樹無用之指也。""樹無用之指也"之"樹"似亦當讀爲"屬",此爲連屬之"屬",與上文之"連無用之肉也"相對爲文。

十一、從"叟"從"酋"得聲之字,聲近相通

《馬王堆漢墓帛書(肆)》的《合陰陽》簡130—131有下面的語句:

九已而膠,十已而緅。②

整理小組注:

緅,疑讀爲瘶。《天下至道談》作十已而瀀(迄)。

裘錫圭指出:

緅,從圖版看應釋爲"緵"。《廣韻》謂"緵"同"鞧"。③

今按:裘先生把原整理者釋爲"緅"的改釋爲"緵",甚是,但僅引《廣韻》謂"緵"同"鞧",未作更詳盡的解釋。案"鞧"又作"緧",《廣雅·釋器》:"紂,緧也。"王念孫説:

《方言》:"車紂,自關而東周洛韓鄭汝潁之間謂之緅,或謂之曲綯,或謂之曲綸,自關而西謂之紂。"郭注云:"綯亦繩名。"引《豳風·七月篇》"宵爾索綯"。《説文》:"紛,馬尾韜也。"《小爾雅》:"縚,索也。"韜、縚並與綯通。《説文》:"紂,馬緧也;緧,馬紂也。"《釋名》云:"鞧,遒也,在後道迫使不得卻

---

① 參吳則虞《晏子春秋集釋》,38頁。
② 馬王堆漢墓帛書整理小組編《馬王堆漢墓帛書(肆)》,"釋文注釋"部分,156頁。
③ 裘錫圭《〈秦漢魏晋篆隸字形表〉讀後記》,收入氏著《古文字論集》。

縮也。"《考工記·輈人》"必縬其牛後",鄭衆注云:"關東謂紂爲縬。"縬、緅、緧（引者案:當作鞧）並同。絇與紂、緧古聲亦相近。①

是"鞧""縬"爲拴馬尾的繩子,用以解釋《合陰陽》的文句,顯然於義未安。

我們認爲,"緰"當讀爲"遒",从叟从酋之字音近常通用。如《廣韻》謂"緰"同"鞧",《周禮·考工記·輈人》"必縬其牛後",鄭玄注:"故書縬作鰌,鄭司農云:鰌讀爲縬。"都是例證。《玉篇》《廣韻》並云:"遒,盡也。"字又作"酋""遒"。②《合陰陽》"十已而緰（遒）"之"緰（遒）"與《天下至道談》"十已而潚（迄）"之"潚（迄）",都是"終盡"的意思。

第三節 出土文獻中的用字舉例

下面,我們依舊舉例來說明出土文獻的用字習慣。

一、"貴"可讀爲"根"

《嶽麓書院藏秦簡（壹）》中《爲吏治官及黔首》有一段話説：

可=傷=（可傷可傷）,過之貴也,刃=之=（刃之刃之）,福之至（基）也。③

復旦大學出土文獻與古文字研究中心研究生讀書會重新調整了簡序：

禍與畐（福）鄰：刃=之=（刃之刃之）,福之至（基）也；

---

① 王念孫《廣雅疏證》,243頁。
② 參王念孫《廣雅疏證》,41頁。
③ 朱漢民、陳松長主編《嶽麓書院藏秦簡（壹）》,上海:上海辭書出版社,2010年,第141頁。

可₌傷₌（可傷可傷），過（禍）之貴也。①

非常正確。其後，陳劍將"過（禍）之貴也"的"貴"括注爲"隤"，並打一問號，以示存疑。②

案"貴"讀爲"隤"，通假雖然直接，但意義不甚合，且無同類辭例支持。我們認爲，"貴"，似當讀爲"階"。"貴""階"聲母皆爲見紐，"貴"古韻屬物部、"階"古韻屬脂部，古音相近，故可以假借。《莊子·德充符》説：

> 仲尼曰：死生亦大矣，而不得與之變；雖天地覆墜，亦將不與之遺；審乎無假，而不與物遷；命物之化，而守其宗也。

《莊子·天道》有類似的語句作：

> 夫至人有世，不亦大乎？而不足以爲之累。天下奮棅，而不與之偕；審乎無假，而不與利〈物〉遷；③ 極物之真，能守其本。

就是从皆、从貴聲近相通之例。

《國語·周語中》"夫婚姻，禍福之階也"，④《太玄》卷十《玄圖》"四也者，福之資者也；七也者，禍之階者也"，⑤ 文義皆與簡文相近，可以爲證。

陳劍認爲，此處簡文當釋讀爲：

> 禍與畐（福）鄰：刃₌之₌（刃之刃之——訒之訒之），福之至（基）也；可₌傷₌（可傷可傷——何傷何傷），過（禍）之貴

---

① 復旦大學出土文獻與古文字研究中心研究生讀書會（石繼承執筆）《讀〈嶽麓書院藏秦簡（壹）〉》，復旦大學出土文獻與古文字研究中心網站，http://www.fdgwz.org.cn/Web/Show/1416，2011年2月28日。

② 見上引讀書會《讀〈嶽麓書院藏秦簡（壹）〉》文後的評論。

③ 利爲物的誤字。説見楊樹達《積微居讀書記·莊子拾遺》，上海：上海古籍出版社，2006年，163頁。

④ 《國語》，上海：上海古籍出版社，1998年，48頁。

⑤ 司馬光《太玄集注》，北京：中華書局，1998年，213頁。

（階）也。

"刃"讀爲"訒","可傷"讀爲"何傷",此皆爲原整理者及讀書會所未及者。此段簡文的中心意思是慎言、慎（微小之）事以避禍求福,可與如下"金人銘"中文字對比:

　　無多言,多言多敗;……勿謂何傷,其禍將長……誠能慎之,福之根也;口〈曰〉是何傷,禍之門也。(《孔子家語·觀周》)
　　無多言,多言多敗;……勿謂何傷,其禍將長……誠不能慎之,禍之根也;曰是何傷,禍之門也。(《説苑·敬慎》)

最末四小句跟簡文顯然是很接近的。"訒"謂言之難也、言之鈍也,"訒之訒之"與《家語·觀周》"誠能慎之"位置相當,其意與"金人銘"開頭之"無多言,多言多敗"相近。

我們雖然找到了合適辭例,語音關係却嫌稍遠(一爲脂字、一爲物部字),所找出的異文例也非硬證。後來裘錫圭指出,"貴"可讀爲"根","貴"爲見母物部字,"根"爲見母文部字,古音很近,簡文的"過（禍）之貴也"應該就是《説苑·敬慎》的"禍之根也"。語音和辭例兩方面都更加合適,所以我們認爲裘先生的意見是最爲可信的。

二、从"勺"得聲之字,與"佻"字相通

郭店楚簡《語叢四》簡22—24有下引一段話:

　　君又（有）悔（謀）臣,則壤埅（地）不鈔（削）。士又（有）悔（謀）友（友）,則言談不 ![勺].

"![勺]"字,原整理者疑爲"甘",裘錫圭的按語指出,疑當釋爲"勺",並認爲可讀"勺"爲"弱","勺"爲宵部入聲字,與上句末字"鈔"字押韻。①

---

① 荆門市博物館《郭店楚墓竹簡》,219頁,注釋[二二]。

從字形及押韻來看，裘錫圭釋"勺"之說爲確不可易，但他讀"勺"爲"弱"；又陳偉讀"勺"爲"約"，謂不約，不窮之意；① 又"士又（有）惎（謀）双（友），則言談不勺"這句話，劉釗解釋爲"士人有謀友，談辯就會很自信"，② 從文義上講，以上的這些説法似乎都不十分允恰。

現在我們提出另一種意見："勺"似可讀爲佻薄、輕佻之"佻"。《詩經·周南·關雎》"窈窕淑女"之"窈窕"二字，馬王堆帛書《五行》339 行引作"茭芍"，③ 就是從"勺"從"兆"音近通借之證。又表示懸掛的"佻"字，又可作"鈞""衳"，④ 也是從"勺"得聲之字與"佻"通借之證。

此兩句論良臣、賢友之重要，句意謂君有良臣則國土不會削減，而士有賢友則言談不會輕浮隨便。這與《孝經·諫争》所説的"士有争友，則身不離於令名"（《白虎通·諫諍》作"士有諍友，則身不離於令名"）用意是相近的。如此解釋，似更合乎簡文的原意。

三、从"氐"从"周"得聲之字，聲近相通

何琳儀最早在《幽脂通轉舉例》中指出古音"幽""脂"二部亦常常通轉，⑤ 並全面分析了上古漢語中的幽脂通轉現象。學者們在此基礎上，也發現衆多關於脂質部或微物部的一些字常與幽部之字相通的例子。⑥ 現在越來越多的出土文獻也證明了這一點。

---

① 陳偉《郭店竹書別釋》，武漢：湖北教育出版社，2002 年，241—242 頁。
② 劉釗《郭店楚簡校釋》，233 頁。
③ 國家文物局古文獻研究室編《馬王堆漢墓帛書（壹）》，24 頁。
④ 參楊樹達《長沙方言續考》，收入氏著《積微居小學金石論叢（增訂本）》，北京：科學出版社，1955 年，180 頁。
⑤ 何琳儀《幽脂通轉舉例》，《古漢語研究》第 1 輯，北京：中華書局，1996 年，348—372 頁。
⑥ 如孟蓬生《上古漢語同源詞語音關係研究》，北京：北京師範大學出版社，2001 年，48—50 頁，又 176—178 頁；張富海《楚先"穴熊"、"鬻熊"考辨》，《簡帛》第 5 輯，上海：上海古籍出版社，2010 年，209—213 頁；史傑鵬《由郭店〈老子〉的（轉下頁）

如《詩·豳風》中的《鴟鴞》，清華簡《金縢》作《周鴞》，就是一個很明顯的例證，復旦大學出土文獻與古文字研究中心讀書會指出：

> 所謂"周（雕）鴞"其實就應該讀爲"鴟鴞"，微文部與幽覺部相轉大家講得已不少，除微文部外也涉及一些脂質部字，如：敦琢、追琢即雕琢，"敦弓"即"彫弓"，"弴"一般解爲天子之弓，《孟子》舜弓之"弤"實應即與"弴"爲一，此可視爲一輾轉相通之例。舜弓之名，《孟子·萬章上》云"干戈朕，琴朕，弤朕"，趙岐注："弤，彫弓也。天子曰彫弓。堯禪舜天下，故賜之彫弓也。"①

傳世文獻也有很多這方面的例證，如《文子·上義》說："求貨者争難得以爲寶，詆文者逐煩撓以爲急〈慧〉。"吕傳元據《群書治要》引作"調文"，認爲"詆文，當作調文"。②

今按：詆、調之互爲異文，是音近所致。《篆隸萬象名義》"大"部下收有"衻""裔"二字，皆訓爲"大"，③也是从"氏"从"周"音近而義同之例。

四、"治""志"音近相通；"胥""舉"音近相通

銀雀山漢簡《孫臏兵法·見威王》有下列一段話：

> 堯有天下之時，詘（黜）王命而弗行者七，夷有二，中國

（接上頁）幾條簡文談幽、物相通現象暨相關問題》，《簡帛》第5輯，123—139頁；李家浩《楚簡所記楚人祖先"鬻熊"與"穴熊"爲一人説——兼説上古音幽部與微、文二部音轉》，《文史》2010年第3輯，5—44頁；劉釗《古璽格言璽考釋一則》，復旦大學出土文獻與古文字研究中心網站首發，http://www.fdgwz.org.cn/Web/Show/1694，2011年11月3日，後來正式發表於《出土文獻》第2輯，上海：中西書局，2011年，172—179頁；又收入氏著《書馨集》，上海：上海古籍出版社，2013年，257—267頁。

① 詳參《清華簡〈金縢〉研讀札記》，復旦大學出土文獻與古文字研究中心網站，http://www.fdgwz.org.cn/Web/Show/1344，2011年1月5日。
② 吕傳元之説，轉引自何寧《淮南子集釋》，820頁。
③（日）釋空海《篆隸萬象名義》，北京：中華書局，1995年，208頁。

四，故堯伐負海之國而后（後）北方民得不苛，伐共工而后（後）兵寢而不起，施而不用。其間數年，堯身衰而治屈，胥天下而傳之舜……舜身衰而治屈，胥天下而傳之禹。①

"堯身衰而治屈"，整理小組注：

> 屈，窮盡。

案《淮南子·主術》也有記堯舜禪讓之事，作：

> 巡狩行教，勤勞天下，周流五嶽，豈其奉養不足樂哉？舉天下而以爲社稷，非有利焉。年衰志憫，舉天下而傳之舜，猶却行而脫蹝也。②

顯然可以跟漢簡對讀。

關於《淮南子》"年衰志憫"這句話，高誘注：

> 衰，老也。憫，憂也。

楊樹達說：

> 高釋憫爲憂，"志憂"二字，義不相屬，其說非也。憫當讀爲惛。《說文·心部》云："惛，不憭也。"《禮記·曲禮上》云："八十、九十曰耄。"鄭注云："耄，惛忘也。"文謂堯年衰老，神志惛忘，故舉天下而傳之舜耳。③

案楊說甚是，惛，謂昏亂。④《左傳·昭公元年》："劉子歸，以語王曰：諺所謂老將至而耄及之者，其趙孟之謂乎？"杜預注："八十曰耄，耄，亂也。"與《淮南子》義近。

---

① 銀雀山漢墓竹簡整理小組編《銀雀山漢墓竹簡（壹）》，48頁。
② 何寧《淮南子集釋》，651頁。
③ 轉引自何寧《淮南子集釋》，651頁。
④ 字又作愍、忞、瞀、泯（參王念孫《廣雅疏證》，80、188頁）民、（參王引之《經義述聞》"民煩"下，98頁）文、（參王引之《經義述聞》"咸秩無文"下，98頁）紊，皆聲近而義同。

下面，我們再看漢簡"堯身衰而治屈"這句話，其中的"治"字，顯然應該依《淮南子》讀爲"志"。"治""志"古音同在之部，又同爲舌音，音近故可以假借。"志"謂心智。①

"屈"疑即"拙"之借字。"屈"之通"拙"，猶"掘"之通"拙"。《淮南子·説林》"是故所重者在外，則内爲之掘"，王念孫引陳觀樓曰：

> 掘即拙字也。《莊子·達生篇》作"凡外重者内拙"，是其證。《史記·貨殖傳》"田農掘業"，徐廣曰："古拙字亦作掘。"②

簡文是説堯身體衰老，心智拙鈍。又案"屈"似亦可讀爲"羸絀"之"絀"，"絀"，不足也（參下文 14."出—絀"條）簡文謂堯身體衰老，心智不足。

關於"胥天下"，整理小組注：

> 《孟子·萬章》記堯舜禪讓的傳說，謂"帝將胥天下而遷之焉"，亦有"胥天下"之語。

"舉天下"一詞，又見於《淮南子》③《新序》等書。④

由於文物出版社 1976 年版《孫臏兵法》尚未收入此段簡文，最初研究者少有論及此者。李均明《孫臏兵法譯注》注："胥"，全。譯作"於是把整個天下傳給了虞舜"。⑤

案《爾雅·釋詁下》："胥，皆也。"《方言》卷七："僉、胥也。自山而東五國之郊曰僉，東齊曰胥。""胥天下"，即"舉天下"。

---

① 參王引之《經義述聞》"失志爲昏"下，467—468 頁。
② 轉引自何寧《淮南子集釋》，1178 頁。
③ 《淮南子·精神》："故舉天下而傳之于舜，若解重負然。"見何寧《淮南子集釋》，533 頁。
④ 《新序·節士》："昔堯之治天下，舉天下而傳之他人，至無欲也。"見石光瑛《新序校釋》，北京：中華書局，2001 年，839 頁。
⑤ 李均明《孫臏兵法譯注》，石家莊：河北人民出版社，1992 年，9 頁、11 頁。

"胥""舉"古韻同在魚部,"胥"之通"舉",猶"疏疏"或作"偝偝""裾裾"。① "舉"與"胥"猶"藇"之與"湑"。藇,《廣韻》音徐吕切,《詩·小雅·伐木》:"伐木許許,釃酒有藇。"湑,《廣韻》音私吕切,《詩·小雅·伐木》:"有酒湑我,無酒酤我。"馬瑞辰《通釋》:"湑爲茜酒,必浚之漉之,去其渣。"《儀禮·士冠禮》:"旨酒既湑,嘉薦伊脯。"

五、"舍""寫(瀉)"音近相通;"出""詘"音近相通

《天下至道談》簡 19 有這樣一段話:

> 凡彼治身,務在積精。精嬴(贏)必舍,精夬(缺)必布(補),布(補)舍之時,精夬(缺)爲之。②

《十問》簡 39 有相近的語句作:

> 精盈必寫(瀉),精出必補。③

今按:"精嬴(贏)必舍"之"舍"當讀爲"寫(瀉)"。"舍"字古音是書母開口三等魚部字,"寫(瀉)"字古音是心母開口三等魚部字,古音極近,故可以假借。④《黄帝内經太素》有"盛則寫之,虚則補之"之語,可以爲證。⑤

下面再看《十問》"精出必補"之"出",如果孤立地看此句,解釋爲"出入"之"出",當然可以,但《十問》"出"與"盈"對文,而且《天下至道談》與之相同的語句作"精夬(缺)必布(補)",那麼《十問》的"出"字,顯然應當是"不足"的意思。

---

① 王先謙《荀子集解》,北京:中華書局,1988 年,532 頁。
② 馬王堆漢墓帛書整理小組編《馬王堆漢墓帛書(肆)》,"釋文注釋"部分,163 頁。
③ 同上注,147 頁。
④ 周一謀已指出:舍,通瀉,《十問》作"精盈必寫(瀉)"。見周一謀《中國古代房事養生學》,北京:中外文化出版公司,1989 年,233 頁。
⑤ 蒙周波告知:此"舍"即"捨",釋,亦即"精出",没有必要讀爲"寫(瀉)"。

我們認爲，"出"當讀爲"絀"。古書贏、絀多相對爲文，如《荀子·非相》"緩急贏（贏）絀"，《鶡冠子·世兵》"蚤晚絀贏"，《吕氏春秋·執一》"長短贏絀"等。① 又馬王堆帛書《十六經·觀》也有"其時贏而事絀""其時絀而事贏"之語，整理小組注云：

> 《老子·德經》"大贏如絀"，《淮南子·時則》："孟春始贏，孟秋始縮。"贏，長也，有餘也；絀，屈也，不足也。贏絀與贏縮義近。②

皆可爲證。

魏啓鵬、胡翔驊③指出：後一"精缺"當爲"贏缺"，蓋承上文"精缺必布"而誤。"贏缺"與"布舍"對文，④ 可從。

六、"引""佚"音近相通

《荀子·性惡》曰：

> 少言則徑而省，論而法，若佚之以繩，是士君子之知也。

楊倞注：

> 佚，猶引也。佚以繩言其直也。

郝懿行説：

> 佚者，隱也。言若闇合於繩墨，不邪曲也。楊注非是。

俞樾説：

> 楊注曰："佚猶引也。"然佚無引義，恐不可從。佚當讀爲秩。秩之言次也序也。……秩之以繩，猶程之以繩也。《致仕篇》

---

① 參裘錫圭《郭店〈老子〉簡初探》，收入氏著《中國出土古文獻十講》，222 頁。
② 國家文物局古文獻研究室編《馬王堆漢墓帛書（壹）》，"釋文注釋"部分，64 頁。
③ 魏啓鵬、胡翔驊《馬王堆漢墓醫書校釋（貳）》，142 頁。
④ 此蒙周波告知。

曰"程者物之準也",是其義也。

案"佚"或訓"隱",或讀爲"秩",皆不合語意。我們認爲,楊注"佚,猶引也",可信,他用的是聲訓的方法。因爲"佚""引"二字的古音相近,"佚""引"聲母皆爲以紐、韻部分別是質部和真部,質、真爲對轉的關係。如《孫子·計》"卑而驕之,佚而勞之",銀雀山漢簡《孫臏兵法·威王問》作"辟而驕之,引而勞之",即其明證。《史記·田敬仲完世家》"伏式結軼","軼"字,《戰國策》作"鞘"。這是音近而致異文的例子。《管子·法法》也有"引之以繩墨"之語,足見楊注是可以信從的。

又馬王堆帛書《經法·道法》:"法者,引得失以繩,而明曲直者殹。"整理者注:"《荀子·正名》:'以正道而辨姦,猶引繩以持曲直。'"唐蘭《馬王堆出土〈老子〉乙本卷前古佚書的研究》引用《春秋繁露·深察名號》"欲審曲直,莫如引繩。欲審是非,莫如引名。名之審於是非也,猶繩之審於曲直也"作解釋。這些例子都是説"引繩",可以與《荀子》的"佚之以繩"互相參照。①

七、"爽""創"音近相通

馬王堆帛書《國次》14 上—14 下説:

> 變故亂常,擅制更爽,心欲是行,身危有【殃,是】胃(謂)過極失當。②

整理小組注:

> 更,改也;爽,明也。一説:更,續也;爽,差也。③

又《十六經·正亂》105 下—106 上有類似的語句説:

---

① 此蒙廣瀨薫雄告知。
② 國家文物局古文獻研究室編《馬王堆漢墓帛書(壹)》,45 頁。
③ 同上書,46 頁,注 [三二]。

> 過極失當，擅制更爽，心欲是行。①

魏啓鵬説：

> 更：副詞，更加。爽：損傷，敗壞。《廣雅·釋詁四》；"爽，傷也。"又《釋詁三》："爽，敗也。"參看《管子·四稱》："不修先故，變易國常，擅創爲令，迷惑其君，生奪之政。"②

今按：《太平御覽》卷 84 引《周書》有下列一段話：

> 文王昌曰："吾聞之：無變古、無易常、無陰謀、無擅制、無更創。爲此則不祥。"③

字句、文義與馬王堆帛書相類，爽、創古音極近，皆齒音陽部字。又《廣雅》："爽、壯、創，傷也。"王念孫《疏證》："爽、創、壯，聲並相近。"④ 創亦制也。上引整理小組和魏啓鵬的解釋，只有"更，改也"是正確的，其餘皆不可從。魏氏引《管子·四稱》"變易國常，擅創爲令"，還是比較好的意見。

確定了"爽"與"創"這組較爲特別之用字習慣後，則可推廣而解決更多同類問題。

如《五十二病方》"鬃"題下原第 381 行"深（探）刀爲爽"，陳劍指出爽讀爲創傷之創。⑤

又如天水放馬灘秦簡《日書》乙種：

> 者天降令，乃出六正；閒呂六律，皋陶所出；以五音十二聲，爲某貞：卜某自首春夏到十月，黨（？—儻？）有蚩（？）綞（？）、皋蠱、言語、疾病、爽（創）死者[285]

---

① 國家文物局古文獻研究室編《馬王堆漢墓帛書（壹）》，67 頁。
② 魏啓鵬《馬王堆漢墓帛書〈黃帝書〉箋證》，北京：中華書局，2004 年 19 頁、138 頁。
③ 黃懷信等《逸周書彙校集注》，1145 頁。
④ 王念孫《廣雅疏證》，110 頁。
⑤ 陳劍《馬王堆帛書〈五十二病方〉、〈養生方〉釋文校讀札記》，《出土文獻與古文字研究》第 5 輯，上海：上海古籍出版社，2013 年，497—498 頁。

陳劍指出，此文"黨"讀爲"儻"之字和其形似近"蛊"之字，原釋分别作"囊"和"危"，"爽"字原釋爲"葬"。按所謂"葬"字最初發表的圖版完全看不清（《天水放馬灘秦簡》頁 45 圖版三七），據《天水放馬灘秦簡集釋》紅外掃描圖片細辨，結合文意可知應釋爲"爽"，讀爲創傷之"創"。"創死"謂受傷而死，《左傳》僖公二十三年："夏，五月，宋襄公卒，傷於泓故也。"《史記·楚世家》："楚成王北伐宋，敗之泓，射傷宋襄公，襄公遂病創死。"①

八、"閒""簡"音近相通

《嶽麓書院藏秦簡（壹）》有一篇題爲《爲吏治官及黔首》的文獻，其中 1548 簡説：

> 五日閒（賤）士貴貨貝。

原整理者注：

> 《爲吏之道》作"賤士而貴貨貝"。（一六九頁）②

今按："閒"字整理者括注爲"賤"，實不可信。"簡""賤"二字古韻雖同屬元部，而聲母則分别爲見紐和從紐，古音顯然有别，不當視爲通假的關係。③

我們認爲，"閒"當讀爲"簡"。阜陽漢簡《儒家者言》第十二章"之匡，簡子欲殺陽虎"，《説苑·雜言》《韓詩外傳》卷六、《家語·困誓》並作"簡"。《淮南子·要略》"故節財薄葬閒服生焉"，王念孫説：

---

① 詳細的討論，見陳劍《清華簡"戾災皋蠹"與〈詩經〉"烈假"、"罪罟"合證》，清華簡與《詩經》研究國際學術研討會論文，2013 年 11 月 1—3 日，香港浸會大學。
② 朱漢民、陳松長主編《嶽麓書院藏秦簡（壹）》，第 129 頁。
③ 蒙謝明文告知：牙音、齒音雖然有别，但古文字中它們交涉却有不少例子，如《良臣》"散宜生"之"散"作"柬"，《清華簡（壹）·祭公之顧命》"祭"作"耤"，從"耒"從古文"捷"省，是個雙聲字。所以此條也可以考慮確實有語音方面的因素。

> 間與簡同。《莊子·天運篇》"食於苟簡之田"，《釋文》："簡，司馬本作閒。"①

又劉熙《釋名》：

> 閒，簡也，事功簡省也。②
> 簡，閒也，編之篇篇有間也。③

都是"閒""簡"音近通用之證。

《淮南子·俶真》："冬日之不用翣者，非簡之也，清（清）有餘於適也。"高誘注："簡，賤也。"④《鶡冠子·世兵》："無見久貧賤則據簡之。"張金城即引《淮南子》此文爲證。⑤《呂氏春秋·驕恣》："自驕則簡士。"高誘注："簡，傲也。"⑥《韓非子·外儲説左下》："西門豹爲鄴令，清剋潔愨，秋毫之端無私利也，而甚簡左右。"《新書·大政上》："簡士苦民者是謂愚，敬士愛民者是謂智。"桓譚《新論·言體論》："昔楚靈王驕逸輕下，簡賢務鬼。"《史記·日者列傳》："夫卜筮者，世俗之所賤簡也。"這些"簡"字都是簡慢、輕賤的意思。

《睡虎地》作"賤士"，《嶽麓簡》自作"閒（簡）士"（即上引《呂覽》《新書》之"簡士"）。"賤""閒（簡）"之互爲異文，應該是同義而非假借的關係。

《國語·晉語七》有"且夫戎、狄薦處，貴貨而易土"（韋昭注："貴，重也。易，輕也。"），《左傳》襄公四年作"戎狄薦居，貴貨易土"（杜預注："易猶輕也。"），可見"貴貨（貝）（而）×某"

---

① 王念孫《讀書雜志》，961 頁。
② 王先謙《釋名疏證補》，上海：上海古籍出版社，1984 年，195 頁。
③ 同上書，296 頁。
④ 何寧《淮南子集釋》，148 頁。
⑤ 轉引自黃懷信《鶡冠子彙校集注》，北京：中華書局，2004 年，274 頁。
⑥ 王利器《呂氏春秋注疏》（第 4 册），2572 頁。

的説法，跟"貴"相對的×也可以是"賤"之外的詞。説明"閒士貴貨貝"之"閒"不必爲"賤"，且"易"亦與"簡"義近。

九、"兢""恒"音近相通

《銀雀山漢墓竹簡（貳）·唐勒》簡 2113 有下列一段話：

> 馬汁（協）險（斂）正（整）齊，周（調）均不摯（縶），步驕（趨）兢久疾數（速），馬心愈（愉）而安勞，輕車樂進。①

今按："周（調）均不摯"之"摯"，整理小組括注爲"縶"，恐不可信。"摯"在此的文義最可能是馬（駟馬中某一匹或一匹以上）不"錯出"，而與它馬配合甚好，不突前、不落後、不偏左、不偏右之類的意思。疑"摯"讀爲"差失"之"失"，字又作"跌"。②《説文》："胅，骨差也。"亦聲近而義同。簡文云"馬汁（協）險（斂）正（整）齊，周（調）均不摯（失）"，是説馬整齊劃一。

"步驕"的"驕"，整理小組括注爲"趨"。案字又作"驟"。"趨""驟"二字古音相近，古多通用。③ 如《荀子·哀公》："今東野畢之馭，上車執轡，銜體正矣，周旋步驟，朝禮畢矣。歷險致遠，馬力殫矣。"同樣的語句又見於《新序·雜事》《韓詩外傳》卷二及《孔子家語·顔回》等書。《易林·遯之豫》："王良善御，伯樂知馬。周旋步驟，行中規矩。""周旋步驟"，《節之歸妹》作"周旋步趨"。可以爲證。

"兢"，當讀爲"恒"。"兢"字古音是見母蒸部，"恒"字古音是匣母蒸部，音近故可以通借。馬王堆漢墓帛書《老子》乙本"木強則兢"，《老子》甲本作"木強則恒"，④ 即其證。

---

① 銀雀山漢墓竹簡整理小組編《銀雀山漢墓竹簡（貳）》，249 頁。
② 參王念孫《廣雅疏證》，128 頁。
③ 參高亨纂著、董治安整理《古字通假字典》【趨與驟】條，361 頁。
④ 國家文物局古文獻研究室編《馬王堆漢墓帛書（壹）》，第 93 頁、6 頁。

简文"兢（恒）久""疾數（速）"皆爲同義複詞。

根據"兢""恒"可以通借這一現象，可以推廣而解決更多問題，如清華簡叁《芮良夫毖》簡 5 有"尚恒恒敬哉"之語，網友"溜達溜達"認爲"恒恒"應讀爲"兢兢",① 可信。

再如唐虞世南《北堂書鈔》卷 118"武功部六"引《周書》曰："鬪有十一客，客有六廣、五虞，六廣：一曰明令，二曰明醜，三曰明賞，四曰明罰，五曰利兵，六曰競竟。……"今本《逸周書》脱去。1987 年湖南慈利石板村 M36 發現的戰國楚簡有類似文句作："六庠：一曰明命，二曰明耻，三曰……六曰恒志。"② 楚簡"恒志"對應《北堂書鈔》所引之"競竟"，我們認爲"競竟"乃"兢意"之訛，"兢意"之"兢"同"恒"，"兢（恒）意"，即"恒志"。③ 又《逸周書·命訓》有"若有醜而競行不醜"語，清華簡伍《命訓》簡 3 作"女（如）又（有）佴（耻）而亙（恒）行"，傳世本"競行"疑亦"兢行"之誤。

另外，《文子·道德》"有道德則夙夜不懈，戰戰兢兢，常恐危亡"，敦煌唐寫本"兢兢"作"怛怛"，"怛怛"當作"恒恒"，"恒恒"即"兢兢"。王利器引《詩·齊風·甫田》"勞心怛怛"（毛傳："怛怛猶忉忉。"）爲證，云"自宋本以下俱作兢兢，蓋後人以習見者改之耳"，非是。④

十、"鬼""惠"音近相通

睡虎地秦簡《爲吏之道》簡 38‐2—49‐2 有一段話説：

---

① 《清華簡三〈芮良夫毖〉初讀》，見武漢大學簡帛網的"簡帛論壇"，http://www.bsm.org.cn/forum/forum.php?mod=viewthread&tid=3040&highlight=%E8%8A%AE%E8%89%AF%E5%A4%AB%E6%AF%96。
② 張春龍《慈利楚簡概述》，收入艾蘭、邢文編《新出簡帛研究》，北京：文物出版社，2004 年，8 頁。
③ 王連龍《慈利楚簡〈大武〉校讀六則》引蔡偉説，見《考古》2012 年第 3 期。
④ 王利器《文子疏義》，248 頁。

> 以此爲人君則鬼，爲人臣則忠；爲人父則兹（慈），爲人子則孝；能審行此，無官不治，無志不徹，爲人上則明，爲人下則聖。君鬼臣忠，父兹（慈）子孝，政之本也；志徹官治，上明下聖，治之紀也。

其中的"鬼"字，整理小組注：

> 鬼讀爲懷，和柔。懷字漢代多寫作裏。①

我們曾在"國學網"發文指出：

> "鬼"當讀爲"惠"。"鬼"於古音屬脂部，"惠"於古音屬隊部。脂、隊平入互轉。《方言》："趙魏之間或謂慧曰鬼。""慧"、"惠"古字通，則"鬼"、"惠"可通矣。馬王堆漢墓帛書《經法·六分》曰："主惠臣忠者其國安。"《墨子·天志中》曰："內有以食饑息勞，持養其萬民，則君臣上下惠忠，父子弟兄慈孝。"同樣類似的文句又見《兼愛中》、《兼愛下》。賈誼《新書·禮》曰："君惠臣忠，父慈子孝。"《家語·賢君》亦云："君惠臣忠"。②

可見"君惠臣忠"的確是古人的習語，秦簡《爲吏之道》"君鬼臣忠"無疑應該就是古書中的"君惠臣忠"。

後來陳劍曾於"國學網"跟帖云：

> 《大戴禮記·文王官人》："父子之間觀其孝慈也，兄弟之間觀其和友也，君臣之間觀其忠惠也，鄉黨之間觀其信憚也。"（《逸周書·官人解》略同）盧辯注："父慈子孝，兄友弟和，君惠臣忠也。"王聘珍《解詁》謂："《廣雅》云：'惠，仁也。'

---

① 睡虎地秦墓竹簡整理小組編《睡虎地秦墓竹簡》"釋文注釋部分"，北京：文物出版社，1990年，170頁。

② 抱小《簡帛拾遺》，國學網國學論壇，http://bbs.guoxue.com/viewthread.php?tid=132587；後此文收錄於王曉冰、王乙主編《國學論壇精華錄》，北京：中國社會出版社，2004年。

《禮運》曰：'君仁、臣忠。'"按所引《禮記·禮運》上下文爲："何謂人義？父慈、子孝、兄良、弟弟、夫義、婦聽、長惠、幼順、君仁、臣忠，十者謂之人義。"頗疑此文"長惠"的"惠"跟"君仁"的"仁"原文誤倒，本亦謂"君惠臣忠"也。仁者愛人也，"長仁、幼順"，謂長者慈愛幼者，幼者順從長者，固亦甚通。如原文，"君仁、臣忠"固無不可，至"長惠"則義嫌不切矣。

筆者的說法，有些學者不肯接受，如戴世君認爲"爲人君則鬼"的"鬼"應即《韓非子·八經》中"明主之行制也天，其用人也鬼。天則不非，鬼則不困"的"用人也鬼"的"鬼"，爲神秘莫測之意。① 范常喜則認爲簡文的兩個"鬼"字可讀作"威"，義爲"威嚴"。②

2007年12月，湖南大學嶽麓書院從香港文物市場搶救性收購了一批珍貴秦簡，其中的《爲吏治官及黔首》竹簡，内容和形制與睡虎地秦簡《爲吏之道》基本相同，《爲吏治官及黔首》簡1587有下列一段話：

[爲]人君則惠，爲人臣忠，爲人父茲，爲人子孝……③

爲我們的說法提供了直接的證據。④

另外，定州漢簡《文子》有六支簡，分別爲：

0723號簡：[亦用德，用德則不]

---

① 戴世君《雲夢秦律注譯商兌（續二）》，武漢大學簡帛網，http://www.bsm.org.cn/?qinjian/5040.html，2008年5月27日。
② 范常喜《讀簡帛文字札記六則》，武漢大學簡帛網，http://www.bsm.org.cn/?chujian/4677.html，2006年11月13日。
③ 陳松長《嶽麓書院所藏秦簡綜述》，《文物》2009年第3期。
④ 參復旦大學出土文獻與古文字研究中心網站論壇《〈嶽麓書院所藏秦簡綜述〉材料已經上傳ftp》跟帖，http://www.gwz.fudan.edu.cn/ShowPost.asp?ThreadID=1188，2009年4月14日；又方勇《讀嶽麓秦簡札記一則》，復旦大學出土文獻與古文字研究中心網站，http://www.fdgwz.org.cn/Web/Show/794，2009年5月19日。

2397 號簡：［德。］平王曰："不脩德］
2293 號簡：［有德而］上下親矣，上下親則君 ‖
0712 號簡：□［鬼，鬼］則服矣，是謂［王］
0631 號簡：者，是殆德也，
0647 號簡：是殆德也，人□□①

原《釋文》把這六支簡排在一起，文義相近，可以綴合，現在重新寫定，就是：

……亦用德，用德則不德。"平王曰："不脩德，有德而上下親矣，上下親則君□鬼，鬼則服矣，是謂王者，是殆德也，是殆德也，人□□……

今按：鬼，亦當讀爲"惠"。"惠"，仁惠。漢簡《文子》的用字與秦簡《爲吏之道》相合。

魏啓鵬已經指出此句簡文與上引秦簡《爲吏之道》辭近而意通，但從秦簡整理小組的意見，謂"鬼，讀爲懷，和柔"，② 不可從。

十一、"遺""攅/韢"音近相通

《上博五·季庚問於孔子》簡9—10有下列一段話：

孞（丘）昏（聞）之，楙（臧）叕（文）中（仲）又（有）言曰："孨=（君子）弜（强）則遫（遺），悥（威）則民不道，嚻（嚴）則遊（失）衆，盈（盈—猛）則亡（無）新（新—親），好型（刑）則不羊（祥），好殺則夊（作）嚻（亂）。"

關於"孨=（君子）弜（强）則遫（遺）"這句話，原整理者認

---

① 河北省文物研究所定州漢墓竹簡整理小組《定州西漢中山懷王墓竹簡〈文子〉釋文》，《文物》1995 年第 12 期。
② 魏啓鵬《文子學派與秦簡〈爲吏之道〉》，《道家文化研究》第 18 輯，北京：三聯書店，2000 年，172 頁。

爲，"遺"，亡，缺失。《說文》："遺，亡也。"簡文是說強則民不與，失其正而災。唐洪志認爲"遺"當讀爲"憒"，《說文》："憒，亂也。"簡文是說，爲政者強禦就會導致憒亂。陳劍則認爲，"遺"當與前"立"意義相對，或當讀爲"躓"，顚仆，跌倒。《淮南子·原道》："其行也，足蹪趎埳，頭抵植木，而不自知也。"高誘注："蹪，躓也。楚人讀躓爲蹪。"字亦作"隤"。"隤"又有"倒塌""崩塌"義。①

今按，馬王堆帛書《道原》曰：

堅強而不憒。

馬王堆整理小組注：

《淮南子·原道》："堅強而不鞼。"高注："鞼，折。"《文子·道原》作"匱"。（103 頁）

《季庚問於孔子》云"君子強則遺"，"遺"與"匱""鞼""憒"音近，可以通借，它們都是"折斷"的意思。

《季庚問於孔子》簡 4 又說：

廐（且）笑（管）中（仲）又（有）言曰："孨=（君子）龏（恭）則述（遂），喬（驕）則㳄（侮）。……"

都是說君子的品行，如果有這種品質或行爲，則會導致什麼樣的後果。"君子強則遺（鞼/憒）"，是說君子太強硬，就會導致被折斷的後果。

十二、"卑""辟"音近相通

1957 年在河南信陽長臺關 1 號墓簡出土的戰國楚簡，其中標號爲 1-034 的殘簡存有下列幾字：

……之吕（以）卑䛐（亂）殜（世）②

---

① 諸家的說法，可參侯乃峰《上博竹書（1—8）儒學文獻整理與研究》，250 頁。
② 河南省文物研究所《信陽楚墓》，北京：文物出版社，1986 年，圖版一一六。

"卑"字簡文作"㠯",何琳儀以爲从又从中,讀爲"沖",① 不僅於字形不合,文義亦不順,故不可信。李零釋爲"卑",② 只要對比郭店楚簡的"卑"字:"㕟""㕟""㕟",③ 就知道"㠯"之釋爲"卑",是完全正確的。

字形解決了以後,再來看文義。如果按照"卑"字作解,"以卑亂世"似乎很難説通,所以只能求助於聲韻。

我們認爲"卑"可讀爲"辟"或"避"。"卑""辟"音近相通,④ 如《孫子·計》"卑而驕之,佚而勞之",銀雀山漢簡《孫臏兵法·威王問》作"辟而驕之,引而勞之"(51頁);《逸周書·祭公》"天子自三公上下辟于文武",清華簡《祭公之顧命》作"天子,三公,我亦上下卑于文武之受命",⑤ 皆其明證。又出土文獻中卑字或從卑得聲之字往往與從辟得聲之字通用,如"卑與譬"、"俾與嬖""婢與嬖"等。⑥

綜上所述,長臺關1號墓簡1－034的殘簡可讀爲:

……之,吕(以)卑(辟/避)𤔲(亂)殜(世)。⑦

檢劉向《神仙傳》卷下"東方朔"條云:

東方朔者,平原厭次人也,久在吴中爲書師數十年,武帝時上書説便宜,拜爲郎。至昭帝時,時人或謂聖人,或謂凡人,作深淺顯默之行,或忠言,或虖語,莫知其旨。至宣帝初棄郎,以

---

① 何琳儀《信陽楚簡選釋》,《文物研究》第8期,合肥:黄山書社,1993年,170頁。
② 李零《長臺關楚簡〈申徒狄〉研究》,收入氏著《簡帛古書與學術源流(修訂本)》,北京:三聯書店,2009年,199頁。
③ 郭店楚簡字形參李守奎《楚文字編》,上海:華東師範大學出版社,2003年,185頁。
④ 參高亨纂著、董治安整理《古字通假會典》,478頁。
⑤ 參蔡哲茂《讀清華簡〈祭公之顧命〉札記第四則》,武漢大學簡帛網,2011年5月5日。
⑥ 參白於藍《戰國秦漢簡帛古書通假字彙纂》,266—267頁。
⑦ 河南省文物研究所《信陽楚墓》,圖版一一六。

避亂世。

則出土文獻與傳世文獻語句亦相合，也可以證明我們的讀法是可從的。

十三、"但""檀"可以讀爲"殫"

阜陽雙古堆漢簡《春秋事語》"齊侯問於晏子"章有下列八支簡：

問於晏子曰忠[1]
事君也何如答曰有難弗死出[2]
爵而貴之君[3]
難弗死出亡弗送[4]
謀而見從冬身弗[5]
若言而不見用有難而死是妄死[6]
見從出亡[7]
者能但善摩君而不與君[8] ①

整理者指出，本章見《新序·雜事五》二十四章：

齊侯問于晏子曰："忠臣之事君也何若？"對曰："有難不死，出亡不送。"君曰："列地而與之，疏爵而貴之，君有難不死，出亡不送，可謂忠乎？"對曰："言而見用，終身無難，臣奚死焉？諫而見從，終身不亡，臣奚送焉？若言而不見用，有難而死，是妄死也；諫不見從，出亡而送，是詐爲也。故忠臣也者，能盡善與君，而不能與陷於難。"

同時又指出：

同樣的内容還見於《説苑·臣術》、《晏子春秋·問上》、《吕氏春秋·務大》。"故忠臣也者，能盡善與君"句，《説苑·

---

① 韓自强《阜陽漢簡〈周易〉研究》，上海：上海古籍出版社，2004年，圖版見169頁、釋文見190—191頁。

臣術》、《晏子春秋·問上》作"故忠臣者，能納善於君"，竹簡作反問句："【故忠臣】者能但善乎？"此"但"字與"盡""納"義不同，"但"有徒、空之義，是說作爲忠臣，不能有空洞的善，即僞善。

劉嬌説：

> 此説恐不確，所謂"但"字，字形爲■，其右旁所從之形與"說"類簡中的"組"（■）字右旁所從之"旦"差別很大。該字摹本■，釋爲"但"可能有誤。"者能■善乎"與"君而不與君"兩句似應連讀爲"〔忠臣〕者能■善乎君而不與君"，"■善"意義當與"盡善"、"進善"、"納善"相近，即"把善的準則進獻給君主"、"使君接納善的準則"。"■"字待考。①

我們認爲，從字形上看，"■"字釋爲"但"，無可懷疑（只不過是右邊所從的"旦"字筆畫稍有殘損而已）。日本寫本《群書治要》引《晏子》作：

> 忠臣也者，能檀善於君，而不與君陷于難者也。②

其中"檀"字寫作"■"（因寫本中"木""扌"往往不分，"檀"也許是"擅"字）。"檀"與漢簡之"但"，因音近而致異，尤可爲證。

案"但""檀"皆當讀爲"殫"，"殫"，盡也。《新序》《論衡》等書皆作"盡"，③ 義同。

字或作"亶"，銀雀山漢簡《晏子》"纍讎（壽）不能亶其教"，

---

① 劉嬌《言公與剿説——從出土簡帛古籍看西漢以前古籍中相同或類似内容重複出現現象》，128頁。
②《群書治要》（第5册），日本汲古書院，1989年，162頁。
③ 參劉師培《晏子春秋校補》，收入《劉申叔遺書》，南京：鳳凰出版社，2009年，821頁。

今本作"兼壽不能殫其教",《墨子·非儒下》作"纍壽不能盡其學";馬王堆漢墓帛書《明君》261/429 行:"故□苑則亶群,汙沱(池)則盡漁以食戰士。"①《墨子·非樂上》:"君子竭股肱之力,亶其思慮之智。"《非命篇》"亶"作"殫",孫詒讓說:"亶、殫聲近字通。《太玄經》'君子所以亶表也',范望注云:亶,盡也。"字又作"勯",《呂氏春秋·重己》:"尾絕力勯而牛不可行,逆也。"高誘注:"勯讀曰單,單,盡也。"

至於今本《晏子春秋·問上》作"故忠臣者,能納善於君"(《說苑·臣術》同),疑後人不曉文義而妄改;刻本《群書治要》②同今本《晏子》,則顯然是據今本而改之,失古書之舊,甚爲可惜。

十四、"辥"可以讀爲"艾"

《睡虎地秦墓竹簡·爲吏之道》27 簡說:

> 尊賢養辥,原埜(野)如廷。③

整理小組注:

> 辥,讀爲乂,俊傑。④

今按:整理者讀"辥"爲"乂"訓爲"俊傑",於義不合,古書未見類似說法,因爲"俊傑"是用來尊的、用的,而不是用來養的,要養的應該是老人。所以我們認爲,"辥"當讀爲"艾"。《方言》卷六:"艾,老也。"(《廣雅·釋詁一》⑤同)。《孟子·告子下》說:

> 入其疆,土地闢,田野治,養老尊賢,俊傑在位,則有慶。

---

① 裘錫圭主編《馬王堆漢墓簡帛集成》(肆),112 頁。
② 四部叢刊收錄日本天明七年刻本。
③ 睡虎地秦墓竹簡整理小組編《睡虎地秦墓竹簡》"釋文注釋"部分,167 頁。
④ 同上注,168 頁。
⑤ 參王念孫《廣雅疏證》,第 11 頁。

《孔宙碑》曰：

祗傅（敷）五教，尊賢養老。

其中的"養老尊賢""尊賢養老"皆與"尊賢養耊（艾）"同義。

結　語

　　校勘學的研究，只有在方法上有所突破或在材料上有所創新，才能取得更大、更多的成績。隨着時代的進步，現在我們比前人更有機會和條件看到、讀到大量的出土資料和寫本文獻，從校勘學的角度來講，這無疑會給我們帶來新知，啓發和指導我們重新審視傳世及出土的古代文獻。

　　本書立足於出土古書和早期寫本中有關校勘的實際問題，對誤字、衍文（脱文）等現象，進行了比較全面的揭示和描述，並對一些比較特殊的情況做了進一步的探討。

　　首先討論了古書中的誤字問題，除了介紹誤字的形成原因，重點介紹、討論了古書中存在的一字之誤分爲兩字與兩字之誤合爲一字現象。另外，還分别以傳世古書和出土古書爲對象，指出它們各自所產生的誤字。我們既要做到勇於改字，同時也要反對輕易、任意地改字，所以以"反對輕易改字的錯誤傾向"作爲該章的結束。

　　接下來，又對古書中衍文的形成原因作了分析與探討，根據大量的例證，總結歸納出因音近和形近而產生的衍文現象。下面各舉一例：

　　音近而衍者如《大戴禮記·五帝德》曰："上世之傳，隱微之説，卒業之辨，闇昏忽之意。"王念孫謂"昏"爲衍字，正確可從。我們認爲，"昏"之爲衍字，是因爲"昏""忽"音近，以致誤衍。

　　形近而衍者如《淮南子·要略》曰："夫作爲書論者，所以紀綱道德，經緯人事，上考之天，下揆之地，中通諸理。雖未能抽引玄妙之中才繁然足以觀終始矣。""雖未能抽引玄妙之中才繁然足以觀終始矣"這句話，學者們多認爲當在"才"下斷句，讀"才"爲"哉"。我們則認爲，"才"字似應即"中"的形誤字而未加刪去者。"才""中"形近易誤，古書習見，① 故在傳寫過程中，極有可能會出現誤認及誤寫的情況。寫本《群書治要》中多見其例，參本書附錄"寫本《群書治要》衍文三種彙編"之"相鄰兩字形近誤衍"。所以，《淮南子·要略》可校讀爲：

> 夫作爲書論者，所以紀綱道德，經緯人事，上考之天，下揆之地，中通諸理。雖未能抽引玄妙之中，｛才｝繁然足以觀終始矣。

《淮南子·要略》下文云"說符玄妙之中，通迥〈迴〉造化之母也"，又云"玄眇之中，精搖靡覽"。又《藝文類聚》卷55引馮衍《說鄧禹書》有"游神乎經書之林，馳情乎玄妙之中"語，這些例句都足以證明我們在"雖未能抽引玄妙之中"下斷句是正確的。

通過梳理傳世及出土文獻所得的大量例證，我們知道：因形近、音近誤衍一字之例，在出土及傳世古書中，較一般印象中爲多。以前的學者如清代的王念孫亦多有討論，但多謂之"旁記字誤入正文"，此類情況，簡帛時代自不會出現（現簡帛中，似尚未發現明確之"旁記字誤入正文"者）。可供啓示者，文意節奏有問題、有疑問之句，如果相連兩字有形近或音近的關係，或是能通過補上一些中間環節而揭示出其形近或音近關係（如本書第24條討論《文子》的內容），則可先合理推測其中有一字係誤衍之文，再尋找其他途徑或證據等，將有關文句講通（如還需再破讀之類）。

最後，探討了古書的用字習慣。隨着大量的出土及寫本文獻不斷

---

① 參本書第31條正文有關論證。

被發現，不僅開闊了我們的視野，還糾正了以往的錯誤認識。比如一些字詞的正確訓釋，端賴有更多資料尤其是出土資料的發現。但出土簡帛古書的用字習慣往往與今本有較大差異，所以在釋讀上存在一些困難。只有不斷總結這些有規律的用字方法，才能有助於正確地釋讀出土文獻，同時這些用字方法也可以作爲校讀傳世古書的重要根據。

本書以大量的例證（凡八十二條，其中絕大部分是作者的心得），來證明衍文及誤字等問題是有例可循的，並根據大量的實例總結出一些有規律的條例，使校勘的方法更加豐富，更加細密。

誠然，以出土文獻及早期寫本爲研究對象，應該儘量做到全面而深入，但由於時間和能力所限，我們僅僅涉及了一些較有代表性的，尚有一些問題有待更深入的探討。我們相信，假以時日，一些遺憾和問題會得到彌補和解決。

附録一　古書校讀札記

一、據寫本《群書治要》校正刻本之失——以《新論》爲例

《群書治要》對於校勘古書的價值，前人據刻本論之已詳，如王念孫校勘古書，就常常利用刻本《群書治要》，取得了很好的成績。而日本汲古書院影印鐮倉時代（1192—1330 年）日本僧人手寫本《群書治要》，係目前所見《群書治要》之最早版本，爲後來諸刻本之祖本，① 可據以正傳世古書之失，十分珍貴。

下面我們就以刻本《群書治要》中的桓譚《新論》爲例，來說明寫本《群書治要》在古書校勘中的重要價值。

（一）"量"與"置"

刻本《新論》：

> 由是觀之，夫患害奇邪不一，何可勝爲設防量備哉？防備之善者，則唯量賢智大材，然後先見豫圖，遏將救之耳……又内量中丞御史以正齊轂下。②（2309 頁）

《新論》刻本中所謂的"量"字，寫本《群書治要》分別作"量""量""量"，很明顯都是"置"字。"置"字在唐以前均有

---

① 《群書治要》（1—7）。
② 《群書治要》，收入《宛委別藏》。下引同。

此寫法，如北魏封魔奴墓誌作▢。① 因與"量"字形近，刻本遂誤作"量"，然文義實不可通。

故上引《新論》應校正爲：

> 由是觀之，夫患害奇邪不一，何可勝爲設防置備哉？防備之善者，則唯置賢智大材，然後先見豫圖，過將救之耳……又內置中丞御史以正齊轂下。

如此一來，則文從而字順。

(二)"解"與"辭"

刻本《新論》：

> 若夫魯連解齊趙之金封，虞卿捐萬户與國相。（2292 頁）

其中的"解"字，寫本作"▢"，實乃"辭"字。檢《戰國策·趙策》曰："秦軍引而去，於是平原君欲封魯仲連，魯仲連辭讓者三，終不肯受。"此即桓譚文之所本。《太平御覽》卷 811 引《趙策》作："邯鄲既存，平原君欲封魯仲連，仲連辭謝者三，終不肯受。"字皆作"辭"。

與"辭金"這一典故相似，我們還見有"蹶千金"的辭例，這裏也順帶説一下。如《漢書·敘傳》：

> 是故魯連飛一矢而蹶千金，虞卿以顧眄而捐相印也。
>
> 李奇曰："蹶，蹋也，距也。"顔師古曰："蹶音厥，又音其月反。"

李善注《文選》引此文云："蹶，棄也。"胡紹煐《文選箋證》説："按蹶當讀爲撅。《廣雅》曰：撅，投也。《方言》：楚凡揮棄物或謂之敲。郭注：或云撅也。是撅有揮棄義，此言飛一矢而揮千金也。"兩家所論"蹶"字，義雖可通，但尚非的解。

---

① 臧克和主編《漢魏六朝隋唐五代字形表》，廣州：廣東南方日報出版社，2011 年，1182 頁。

今按，"蹶"有推辭、拒絕義，如《淮南子·覽冥》曰：

> 棄捐五帝之恩刑，推蹶三王之法籍。

"棄捐五帝之恩刑"與"推蹶三王之法籍"相對爲文，"棄捐"與"推蹶（撅）"同義。可知《漢書·敘傳》中"蹶千金"即是"辭千金"，"蹶千金"者，棄千金也，亦與"捐相印"相對爲文。"蹶千金"與"辭金"用字雖不同，而其文義則相同。

綜上，篇首所引《新論》正用"辭金"的典故，故應依寫本《治要》改作"若夫魯連辭齊趙之金封，虞卿捐萬户與國相"。

（三）"甬"與"萌"

刻本《新論》：

> 文帝時匈奴大入爇火候騎，至雍甘泉。景武之間，兵出數困，卒不能禽制，即與之結和親，然後邊甬得安，中國以寧。（2305頁）

刻本眉批有："'甬'恐'民'。"嚴可均曰："疑作'竟'。"

今按："甬"與"竟"，"甬"與"民"，形、音皆不近，無緣訛誤，兩説均不可從。"甬"字，檢寫本作"甬"，當即"萌"之俗字。同篇有"萌"字作"萌"。

"萌"，日本古寫本《淮南鴻烈閒詁》或寫作"萌"。① 此作"甬"，不過是"日""月"二旁寫得比較緊湊，就變成了"用"字（如《潛夫論·勸將》"不明乎將心"，"明"字寫本作"用"，就是例證）。② "甬"字右側有校者旁注"甬"字，則爲刻本所承用。

"邊萌"就是邊民的意思，爲漢代習語。《史記·三王世家》："侵犯寇盜加以姦巧邊萌。"《索隱》："萌一作甿。韋昭云：甿，民也。

---

① 見《日本名迹叢刊》（一）收録平安時代《秋萩帖》背面抄的《淮南子·兵略》。日本二玄社，1979年，71頁。
② 蒙張小豔告知：從同篇"萌"寫作"萌"來看，其字原當寫從"朋"，而"朋"手寫常訛作"用"。

《三蒼》云：邊人云甿也。"《漢書·匈奴傳》："唯陛下少留意於未亂未戰，以遏邊萌之禍。"揚雄《幽州牧箴》："義兵涉漠，偃我邊萌。"皆可爲證。

故上引《新論》應作：

> 文帝時，匈奴大入，烽火候騎至雍甘泉。景武之間，兵出數困，卒不能禽制，即與之結和親，然後邊萌得安，中國以寧。

如此一來，則文從字順。

(四)"興"與"哭"

刻本《新論》：

> 搏①心言冤，號興流涕。(2299頁)

"號興"不辭，其中"興"字，檢寫本作"䨢"，即"哭"字也。"號哭流涕"，文從字順。《漢書·王莽傳》有"搏心大哭"之語，亦其明證。

另外，除了誤字，刻本《新論》中還有脫文，如：

> 出一美言善行，而天下從之；或見一惡意醜事，而萬民違，可不慎乎。(2297頁)

寫本"違"字下有"之"字，刻本脫。嚴可均所輯《全後漢文》，據文義補出"之"字，本來是很正確的。然而由黃霖、李力校點的《新論》，以嚴可均輯本作底本，却據《四部叢刊》影印《群書治要》刪去"之"字，非是。②

---

① 蕭旭指出，"搏心"當據《漢書》作"搏心"，《御覽》卷487引《漢書》"搏"作"撫"。見《利用寫本〈群書治要〉校正刻本之失——以桓譚〈新論〉爲例》文後跟帖，復旦大學出土文獻與古文字研究中心網站，http://www.fdgwz.org.cn/Web/Show/2172，2013年11月8日；又蒙梁春勝告知："搏"字誤，當作"搏"，"搏"讀作"拊"。《文選》卷三張衡《東京賦》："嬴氏搏翼，擇肉西邑。"李善引薛綜注："搏，音拊。"是其證。"拊心"即拍打胸口，表示哀慟或憤怒。又張小艷也向我指出："搏"當爲"搏"之形訛。"搏心"之表悲痛的動作，與文獻中的"捶胸"完全就是同義替換的表達。

② 黃霖、李力校點《新論》，上海：上海人民出版社，1977年，15頁。

刻本《新論》中脱文甚多，如：

刻本"故兵起莫之救助也"，寫本"起"下有"而"字；

刻本"今匈奴負於王翁"，寫本"奴"下有"無"字；

刻本"斯以可居大臣輔相者乎"，寫本"以"下有"爲"字；

刻本"欲見未盡力而求獲功賞"，寫本"欲"上有"或"字。

以上所列，皆當以寫本爲是。另外，古寫本尚有篇目名稱，如《求輔》《言體》《見微》等，而刻本率皆脱略。

綜上可知，古寫本《群書治要》有很多可以校正傳世刻本之失的地方，是非常值得我們從校勘學的角度去深入研究的。

二、吕浩《〈篆隸萬象名義〉校釋》指誤

《篆隸萬象名義》目前的整理研究成果有吕浩《〈篆隸萬象名義〉研究》《〈篆隸萬象名義〉校釋》二書，其中《〈篆隸萬象名義〉校釋》（以下簡稱"《名校》"）問題極多。在多處涉及誤字的時候，因爲整理者不熟悉當時的俗體字和抄手的改字習慣，往往在過録時把誤字録爲正文，從而造成原書的價值不能體現。本文就《篆隸萬象名義》原抄手的一個改字習慣，對《名校》中的一些錯誤進行補正。

（一）《篆隸萬象名義》中的改字條例

《篆隸萬象名義》原書在抄寫時，抄手對於寫誤之字並不加修改或塗抹，而是在該條目後重新寫出正字。梁春勝在其《楷書部件演變研究》一書中，最早發現抄手的這個改字習慣，並指出了《名校》中的一些問題：

如《名義·手部》："挀，公劉（鄧）反。𢪉也，急受也，引也。"（53A）

《名校》將"𢪉"録作"充"，云："'充'義未詳，疑爲'引'的另一種寫法。《名義》中常常充、引、亥三字不分。"（87A）

《名校》這裏的過錄是有問題的，梁春勝在其《楷書部件演變研究》一書中指出：

> 《名校》謂《名義》中"亥"、"充"、"引"相混是正確的，但將"㐬"錄作"充"則未確，此字當即"引"之訛俗字。《名義》此處在"引"的訛俗字"㐬"後又寫"引"字，表示以"引"改"㐬"，錄文時宜照錄原形，然後說明《名義》是以"引"改"㐬"。

梁書進一步指出，《名義》中在句末對誤字進行糾正，是書中改字的一個通例：

> 《名義》此處的改字方法，乃是其改字之一通例。例如《名義·口部》："吮，似充反。頮也，嗽也。"（68B）"頮"即"嗽"之誤。《玉殘·欠部》"欶，上頮也"（336），宋本《玉篇》作"上欶也"（45B），"頮"亦"欶"之訛，可以比勘。"吮"訓"嗽"爲古書常訓（《故訓匯纂》336）。

梁書認爲：此處爲書手誤書後，並沒有直接改字，而是在下文重新寫"嗽也"，表示以"嗽"改"頮"。之後梁書列舉了諸多例證來說明《名義》書中誤書不改原字，而重新組詞寫出正字的情況。①

另外，《名義》中還有少數前字既誤，改字又誤的情況，如：

> 《又部》："廷，宜也，真也。"（101B）

梁書指出："宜"爲"直"之誤，本當接寫"直"，却又誤書作"真"。寫本文獻俗訛字之豐富，於此可見一斑。②

掌握《名義》的這一改字條例，對於我們讀通和整理《名義》無

---

① 梁春勝《楷書部件演變研究》，232—233 頁。
② 同上，383 頁。今按：《名義》："黧，干殄反，黑致皷也。"（1089；213 上）"致""皷"皆誤，當作"皴"。《説文》："黑皴也。"吕浩（344A）引《説文》而未能正《名義》之誤，殊爲可惜。

疑是有幫助的。

根據梁春勝所揭示的改字條例，我們把《名義》中的這類改字情況細分爲"誤字+正字例"和"正字+誤字例"。《名義》中此類現象極多，現分別加以說明，並指出《名校》中的過錄錯誤。

（二）誤字+正字例

1.

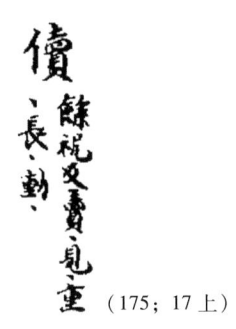

（175；17上）

呂浩錄作：

償，餘祝反。賣也，見也，重也，長也，動也。（29B）

他說：

"重也"義未詳。

今按："重"即"動"之誤寫而未刪去者。

2.

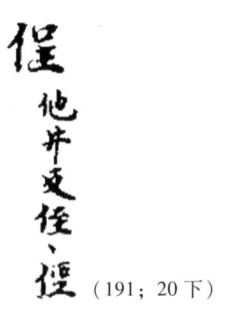

（191；20下）

呂浩錄作：

> 俓，他井反。徑也，徑也。（35B）

今按："侄"即"徑"之誤寫而未刪去者。

3.

（193；21上）

吕浩録作：

> 傷，他莾反。直也，亙也，神。（36A）

他説：

> "亙也、神"未詳。

今按："亙"即"直"之誤而衍者，"神"當作"伸"。

4.

（247；32下）

吕浩録作：

> 蹟，仕草万反，幽深極稱也。（55B）

他説：

> "仕草万反"未詳。白藤禮幸認爲"万"爲衍文。

今按：白藤之説可從，"万"即"反"之誤寫。

5.

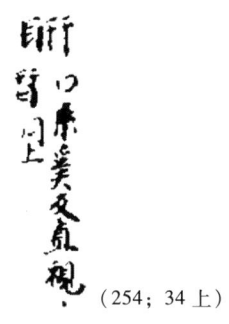

(254；34 上)

呂浩錄作：

盰，口系奊反。直視也。(57B)

他説：

《集韻》作牽奊切，《名義》疑當作絜奊反。

今按：此當作：

盰，口｛系｝奊反。

"系"即"奊"形近誤衍之字。

6.

(333；51 上)

呂浩錄作：

搶，力昆反。釋也，貫也，捏也。(84A)

他説：

"釋也"爲"擇也"之誤。《說文》："掄，擇也"。

今按：《名義》"捎"（339；52下）、"捏"（354；55下）、"撒"（356；56上）、"揀"（356；56上）諸字下皆有"擺也"（字或从"止"作"󰀀"）之訓，吕浩皆無説，案"擺"應即"擇"之誤字，表示改正"釋"字，"釋"爲衍文。又《玉篇》《集韻》"撒"字有"捆也"之訓，"捆也"即"擺（擇）"之誤字。

7.

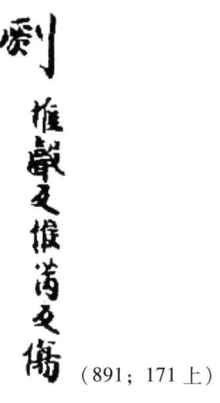

（891；171上）

吕浩録作：

剠，惟聲反。候芮反，傷也。（276B）

今按："聲"當作"嚴"，字之誤也。抄手誤以爲"剠"从"剡"聲，故音"惟聲〈嚴〉反"，待發現錯誤後，接着寫了正確的"惟〈催〉芮反"。①

"聲""嚴"形近，俗書或訛混，如《名義》：

---

① "剠"，《廣韻》音"此芮切"，《名義》音"〈催〉芮反"，"此""催"皆清母字，音同。

(591；106下)

呂浩録作："閶，嚴也。"（174A）。案"嚴"當作"聲"，《玉篇》："閶，門聲也。"可證。此即"聲""嚴"形近訛誤之例。

(三) 正字+誤字例

1.

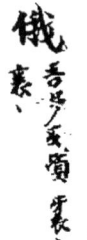

(181；18下)

呂浩録作：

　　俄，吾多反。頃也，衺也，裏也。（31B）

應録作：

　　俄，吾多反。頃衺也，裏也。

今按："裏"即"衺"之誤寫而未删除者。

2.

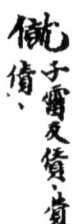

(194；21下)

吕浩録作：

　　儊，子雷反。賃也，費也，債也。（36B）

今按，《漢書·王莽傳中》："皆輕則儊載煩費。"《名義》"費"字疑爲引書誤省，而"債"則即"賃"之誤寫而未删除者。

3.

（255；34上）

應録作：

　　瞳，上心善反。視不止。

今按：《玉篇》作"止善切"，當從。"心"即"止"之誤寫，爲衍文。《名義》誤作"上心善反"，吕浩《校釋》録作"瞳，土心善反"，認爲"土心"是"志"之誤分（58A），大誤。

4.

（302；44下）

吕浩録作：

　　嗳，呼亂反。恚也，哀也，悉也。（73A）

今按:"悉"即"恚"之誤寫而未刪除者。

5.

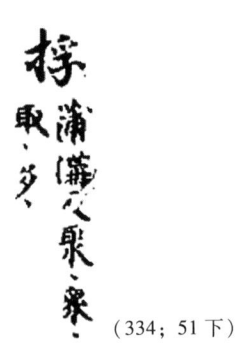

(334;51下)

呂浩録作:

抙,蒲溝反。聚也,衆也,取也,多也。(84B)

他説:

"衆、多"義未詳。

今按:"衆"即"聚"之誤寫而未刪除者。"多"當連字頭讀"抙多",即《易》"抙多益寡",此爲引書證之誤省。

6.

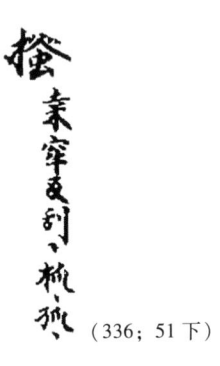

(336;51下)

呂浩録作:

搔,桑牢反。刮也,抓也,抓也。(85A)

他説：

"抓也"義項重出。

今按：根據圖版，"抓"下一字明爲"孤"字，此"孤"即"抓"之誤寫而未刪除者。

在吕浩《〈篆隸萬象名義〉校釋》一書中，未能明確指出的《名義》中的類似例子比比皆是，在此無需一一列舉，讀者可以參照我們上述的例證，對《名義》的這類現象自行分析判斷。

（四）結語

綜上可知，古書的抄手在遇到誤字時，未必一定在原字上塗去或者直接删改，有不改誤字而直接在後面書寫正字的習慣。如果不了解這個情形，在過録的過程中，就很可能像《名校》一樣，過録出那麼多的衍文來。

《名校》中的這些失誤，可以用來解釋爲什麼我們現在會看到古書中訛誤之字和正確之字並存的現象，對我們校勘古書中的衍誤也極有借鑒意義。

三、《上博九·禹王天下》校釋一則

《上海博物館藏戰國楚竹書（九）》所收録的《禹王天下》，講述了禹治水之事，其中有下列一段話（釋文用寬式）：

五年而天下正。一曰：禹事堯，天下大水。堯乃就禹曰："气（乞）女①（安），亓（其）往，疋（疏）洲（川）起浴（谷），以濆天下。"禹疋（疏）江爲三，疋（疏）河[30]爲九，百洲（川）皆道，賽（塞）専（湖）②九十，夬（決）濆三百，百屮旨身鯠

---

① 整理者釋爲"女"，讀爲"汝"，非是，今據陳劍的意見改釋爲"女"，讀爲"安"。
② 整理者括讀爲"敷"，訓爲布，非是，今據陳劍的意見改讀爲"湖"。在傳世典籍與古文字中都有唇音與牙音相通的證明，具體的例證可參李家浩《讀〈郭店楚墓竹簡〉瑣議》，《中國哲學》第 20 輯，瀋陽：遼寧教育出版社，1999 年，339—355 頁；（轉下頁）

鯌。禹吏（使）民以二和，民乃盡力。百洲（川）既[31]道，天下能互。二曰：禹奉舜童（重）德，施于四或（國），愍（敏①）以勞民，■②而盡力。禹奮中疾志，又（有）欲而弗[32]達③，深慐（柢？④）固疋（疏？），又（有）礻（功）而弗癹（伐⑤）。⑥

（接上頁）劉釗《談新公布的牛距骨刻辭》，羅格斯大學孔子學院主辦"商代與上古文明國際學術研討會"會議論文，2011年11月11—12日，此文正式刊於《中國國家博物館館刊》2013年第7期，38—47頁，又收入氏著《書馨集》，58—78頁。唇音與牙音相通，古文字如"飽""腹""匔"之間的關係，參謝明文《説腹、飽》，原載《甲骨文與殷商史》新5輯，上海：上海古籍出版社，2015年，又收入氏著《商周文字論集》，上海：上海古籍出版社，2019年。案原本《玉篇》殘卷引《尚書大傳》："春食舖子。"並引鄭玄注："舖子，小子也。"（351頁）檢陳壽祺輯本作："舜五祀，秋饗耆老而春食孤子。"（陳壽祺輯《尚書大傳》，香港聚文書局影印四部叢刊本，2008年，82頁）又無鄭注，則爲後人所改也。"舖""孤"音近，假借字也（《周禮·天官冢宰·外饗》："邦饗耆老孤子則掌其割亨之事。"《禮記·郊特牲》曰："故春禘而秋嘗，春饗孤子，秋食耆老。"）亦是唇音與牙音相通的例子。

① 整理者括讀爲"誨"，非是，今據陳劍的意見改讀爲"敏"。
② 此字待考，整理者釋爲"畿"，不可從。
③ "達"字亦見於簡21，文爲"甬（勇）以果、而潛（憯？）以成；高（？吝？）而均庶，遠而方達"（此句釋文及斷句，參考了陳劍的説法，參鄔可晶《〈上博（九）·舉治王天下〉"文王訪之於尚父舉治"篇編連小議》，武漢大學簡帛網，http://www.bsm.org.cn/?chujian/5987.html，2013年1月11日；此文後收錄於氏著《戰國秦漢文字與文獻論稿》，上海：上海古籍出版社，2020年），整理者皆隸定爲"遏"，單育辰指出，應釋爲"達"（見武漢大學簡帛網"簡帛論壇"，《上博九識小》，http://www.bsm.org.cn/forum/forum.php?mod=viewthread&tid=3044&highlight=%E4%B8%A%E5%8D%9A%E4%B9%9D%E8%AD%98%E5%B0%8F，2013年1月7日）。
④ 整理者括讀爲"陟"，非是。網友"jdskxb""youren"都指出字當作"僁"（武漢大學簡帛網"簡帛論壇"，《〈舉治王天下〉初讀》，http://www.bsm.org.cn/forum/forum.php?mod=viewthread&tid=3026&extra=&highlight=%E3%80%88%E8%88%89%E6%B2%BB%E7%8E%8B%E5%A4%A9%E4%B8%8B%E3%80%89%E5%88%9D%E8%AE%80&page=4）。案"深慐固疋"，與《老子》"深根固柢"的句式相同，疑"僁"讀爲"柢"。
⑤ 整理者括讀爲"廢"，非是，今據陳劍的意見改讀爲"伐"。《郭店楚墓竹簡·忠信之道》有"至忠如土，化物而不發"之語，裘錫圭讀爲"化物而不伐"。劉釗、劉樂賢都贊同"發"讀爲"伐"説法。參劉釗《讀郭店楚簡字詞札記》，《郭店楚簡國際學術研討會論文集》，武漢：湖北人民出版社，2000年，75—93頁；劉樂賢《讀郭店簡儒家文獻札記》，北京：文物出版社，2010年，9頁。王通《中説·天地》曰："過而不文，犯而不校，有功而不伐，君子人哉！"簡文的"又（有）（功）而弗癹（伐）"即《中説》的"有功而不伐"。
⑥ 馬承源主編《上海博物館藏戰國楚竹書（九）》，"釋文注釋"部分，上海：上海古籍出版社，2012年，227—233頁。

本文重點討論"百刂旨身鮞鯌"和"天下能亙"這兩句話。

(一)"天下能亙(極)"

先來看"天下能亙",整理者讀爲"天下能恒",解釋爲"天下能太平長久"。①

經過一些學者的研究,今已確知,楚文字中存在"亙"既可用爲"恒",也可用爲"亟"而讀爲"極"的現象。② 我們從竹簡《禹王天下》的用韻來看,"二曰"一段文字以德、或(國)、力爲韻,達、癹(伐)爲韻。"一曰"一段文字前面以百、鯌爲韻,而"禹吏(使)民以二和,民乃盡力。百洲(川)既道(導),天下能亙"一句夾在其間,則"亙"字無疑也是用爲"亟"而讀爲"極"的,以與"力"字押韻。

"天下能亙(極)"與上文的"民乃盡力"相對,傳世古書中也有"能""乃"對文的例子("乃""能"古音爲之蒸對轉,其音義皆近),如《後漢書·荀爽傳》說:

> 鳥則雄者鳴鴝,雌能順服;獸則牡爲唱導,牝乃相從。③

再來檢索古書,發現有下列一些語句:

1.《墨子·非攻下》:禹既已克有三苗,焉磨〈厲〉爲山川,別物上下,卿制大極,而神民不違,天下乃靜。

2.《新書·益壤》:炎帝無道,黃帝伐之涿鹿之野,血流漂杵,誅炎帝而兼其地,天下乃治。

又曰:諸子畢王,而天下乃安。

"天下乃靜""天下乃治""天下乃安"顯然與"天下能亙

---

① 馬承源主編《上海博物館藏戰國楚竹書(九)》,"釋文注釋"部分,232 頁。
② 詳細的討論,可參裘錫圭《是"恒先"還是"極先"》,收入《裘錫圭學術文集·古代歷史、思想、民俗卷》,326 頁。
③ 參王念孫《讀書雜志》,360 頁;又王引之《經傳釋詞》,59 頁。

（極）"的句式相同。"極"，就是中正，標準的意思。"天下能亙（極）"即"天下（之人）能合乎準則，達到標準"的意思。《禹王天下》簡 30 也有"五年而天下正"之語，可以爲證。又郭店楚墓竹簡《緇衣》簡 32 "君子道人以言而亙以行"，① 今本《禮記·緇衣》作"禁人以行"。"亙"字當分析爲从"止""亙"聲的形聲字，也是用爲"極"，"亙（極）以行"，即"極人以行"，就是以正面之行爲其準則之義，今本"禁人以行"之改反而不恰。

（二）"百凵旨身鯩鱛"

關於"百凵旨身鯩鱛"這句話，整理者説：

> 百凵旨身鯩鱛，讀爲"百糾置身鯩鱛"。"百"，《説文》："古文百从自。""凵"，《説文》："凵，相糾繚也。一曰：瓜瓠結凵起。象形。"後世作"糾"。"旨"，讀爲"置"。或讀爲"致"，獻出。《論語·學而》："事君能致其身。"……"鯩鱛"泛指水中異猛魚類。句意禹治水能不惜自身，百事相縈，致身不顧鯩鱛異猛之危。

從古文字字形來看，"百"即"頁"之省，亦即"首"字。整理者引《説文》云云，殊不可信。案上博二《容成氏》曰：

> 墨（禹）既巳（已）受命，乃艸（艸—草）備（服）蓋（箬）萫（箬），冒芺（蒲）蕺（笠）。手足🅇［□］，② 面靲（骭）鱛（骹），脛（脛）不生之毛。

也是説大禹之事，"手足🅇［□］，面靲（骭）鱛（骹）"與"百（首）凵旨身鯩鱛"可以互相比照。

---

① 《郭店楚墓竹簡》，130 頁。
② "手足"二字之釋及此段話的一些句讀，可參馮勝君《〈容成氏〉賸義掇拾》，"承繼與拓新：漢語語言文字學國際研討會"論文，香港中文大學，2012 年 12 月 17—18 日；此文後收入何志華、馮勝利主編《承繼與拓新——漢語語言文字學研究》，北京：商務印書館，2014 年。

筆者認爲，《禹王天下》的這段話，應該讀爲：

> 首（手）丩（句）旨（指），身鯩（鱗）鰭（骰/錯）。

先説"鯩"字。按照漢字結構的一般規律，此字應是從"命"得聲的形聲字。"命"從"令"聲，而從"令"從"粦"之字文獻多互爲異文，① 故"鯩"可以讀爲"鱗"，也就是説"鯩"爲"鱗"之異體。唐宋詩文中有"鱗皴"之語，如唐袁高《茶山》詩："終朝不盈掬，手足皆鱗皴。"宋范成大《巫山高》詩："西真功高佐禹迹，斧鑿鱗皴倚天壁。"元劉祁《歸潛志》卷二："軒姿古鏡黑如漆，錦華鱗皴秋雨濕。"② "鯩（鱗）鰭（骰/錯）"與"鱗皴"語詞結構相同，意義亦近。

再來説"句指"。案《説苑·君道》曰：

> 北面拘指逡巡而退以求臣，則師傅之材至矣。

劉台拱指出：

> 案《淮南·脩務訓》："弟子句指而受。"拘指即句指。③

又《鹽鐵論·刺議》曰：

> 僕雖不敏，亦當傾耳下風，攝齊句指，受業徑於君子之塗矣。

"拘指""句指"爲連語，④ 彎曲之貌（不能照字面簡單地理解爲

---

① 詳參高亨纂著、董治安整理《古字通假會典》【矜與憐】【憐與伶】【斡與轔】【獜與令】條，94—97頁。
② 《漢典》，http://www.zdic.net/cd/ci/20/ZdicE9ZdicB3Zdic9E341567.htm。
③ 劉台拱《經傳小記》，收入《劉氏遺書》，廣雅書局刊行，光緒十五年，28頁。
④ 字又作"句旨"。上博九《卜書》簡8"三族句旨而惕"，整理者讀爲"三族句（苟）旨（慄）而惕"，訓"慄""惕"爲憂懼。林志鵬疑讀爲"三簇句旨（指）而惕（遬）"。"句指"即彎曲之貌，《卜書》謂三簇"句指而遬"，即兆紋聚集處彎曲，且兆枝穿過兆幹。見林志鵬《讀上博簡第九册〈卜書〉札記》，武漢大學簡帛網，http://www.bsm.org.cn/?chujian/6017.html，2013年3月11日。

"彎曲手指")。而連語往往可以倒言之,如"怠荒"或作"荒怠"、"寬綽"或作"綽寬";"貪婪",清華簡三《芮良夫毖》作"惏(婪)㥂(貪)",① 則尤爲顯例。故"拘指""句指"文獻中或寫作"穚稤""枳椇""枳枸""枳句""枝拘""迟曲""稽極〈稤〉"②"稽可〈句〉"③,大抵皆爲"詰詘不得伸之意"。

簡文是描寫大禹治水之辛勞,以致:

手彎曲而不能伸展,身之膚理也麤皵若魚鱗了。

最後,根據上面的一些看法,把《禹王天下》這段簡文的釋讀重新寫在下面:

五年而天下正。一曰:禹事堯,天下大水。堯乃就禹曰:"气(乞)女(安),亓(其)往,疋(疏)巛(川)起浴(谷),以瀆天下。"禹疋(疏)江爲三,疋(疏)河[30]爲九,百巛(川)皆道,賽(塞)尃(湖)九十,夬(決)瀆三百,首(手)丩(句)旨(指),身䚛(鱗)鯌(皵/錯)。禹吏(使)民以二和,民乃盡力。百巛(川)既[31]道,天下能亙(極)。二曰:禹奉舜童(重)德,施于四或(國),愍(敏)以勞民▋而盡力。禹奮中疾志,又(有)欲而弗[32]達,深健(柢?)固疋(疏?),又(有)杠(功)而弗癹(伐)。④

---

① 李學勤主編《清華大學藏戰國竹簡(叁)》,145 頁。
② 詳參段玉裁《説文解字注》,上海:上海古籍出版社,1991 年,275 頁。
③ 詳參蔣禮鴻《義府續貂(增訂本)》,53—54 頁。
④ 關於"百丩旨身䚛鯌",蘇建洲認爲"首丩旨"可能讀爲"手丩胝","丩"可讀"厚"。可備一説。詳見《〈舉治王天下〉初讀》,武漢大學簡帛網,http://www.bsm.org.cn/forum/forum.php?mod=viewthread&tid=3026&extra=&highlight=%E3%80%88%E8%88%89%E6%B2%BB%E7%8E%8B%E5%A4%A9%E4%B8%8B%E3%80%89%E5%88%9D%E8%AE%80&page=5,2013 年 1 月 8 日;又見蘇建洲《初讀〈上博九〉劄記(二)》,武漢大學簡帛網,http://www.bsm.org.cn/?chujian/5989.html,2013 年 1 月 14 日。

四、據上博簡《容成氏》"丹宮"校正傳世古書一例

上博二《容成氏》簡35A+38有下引一段話：

> 桀不述其先王之道，自爲[芑爲囗]，不量亓（其）力之不足，迟（起）帀（師）㠯（以）伐昏（岷）山是（氏），取其兩女䇜（琰）、䘏（琬），妜（?）北迖（去）其邦，▆（晢—堲）①爲▆宮，䇔（築）爲璿室，𢓊（飾）爲枭（瑶）臺（臺），立爲玉閈（門）。

其中"▆"字從字形來看，李零隸定作"㠯"毫無問題，可參《容成氏》簡6"丹府"之"丹"作"▆"。蘇建洲認爲簡文"㠯宮"可能是"傾宮"。"傾"，溪紐耕部；"丹"，端紐元部，韻部"耕元"關係密切。②

陳劍已經指出，"丹"跟"頃（傾）"讀音甚遠，難以相通。桀所爲"丹宮"古書未見，古書多言桀或紂築"傾宮"或"頃宮"。"丹宮"或是由"宮牆文畫""朱丹其宮"而得名。（《説苑·反質》："紂爲鹿臺糟邱，酒池肉林，宮牆文畫，雕琢刻鏤……。"《楚辭·九歌·河伯》："魚鱗屋兮龍堂，紫貝闕兮朱宮。"王逸注釋"朱宮"爲"朱丹其宮"。）③

雖然出土及傳世文獻敘述桀起臺造室之事，多作"頃宮""傾宮"，如銀雀山漢簡《晏子》簡554"其王桀怀（背）行棄義，作爲

---

① 關於"晢"字的隸定及文義，參看小埔《説〈容成氏〉的"堲爲丹宮"》，復旦大學出土文獻與古文字研究中心網站，http://www.fdgwz.org.cn/Web/Show/414，2008年4月27日；又參單育辰《新出楚簡〈容成氏〉與中國早期國家形成的研究》，吉林大學2008年"985工程"研究生創新基金資助項目，2009年2月20日。

② 蘇建洲《〈容成氏〉譯釋》，收入季旭昇主編，陳美蘭、蘇建洲、陳嘉凌合撰《〈上海博物館藏戰國楚竹書（二）〉讀本》，臺北：萬卷樓，2003年，103—182頁；又蘇建洲《上海博物館藏戰國楚竹書（二）校釋》，臺灣師範大學國文研究所2004年博士學位論文，214—215頁。

③ 陳劍《上博楚簡〈容成氏〉與古史傳説》，復旦大學出土文獻與古文字研究中心網站，http://www.fdgwz.org.cn/Web/Show/479，2008年7月31日。

頃宮曑（靈）臺"，今本《晏子》作"傾宮靈臺"。又《吕氏春秋·過理》有"作爲璇室，築爲頃宮"語，高誘注："璇室，以旋玉文飾其室也；頃宮，築作宫墻滿一頃田中，言博大也。"《路史·發揮》卷六引《汲塚古文册書》有"桀飾傾宫，起瑶臺，作瓊室，立玉門。"《太平御覽》卷八二皇王部引《紀年》作："桀傾宫，飾瑶臺，作瓊室，立玉門。"

但是"頃宫"或"傾宫"，本難講通，所謂"築作宫墻滿一頃田中"之説頗爲牽强，與"瑶臺""玉門""瓊室"不相匹類，如果像陳劍那樣把"丹宫"理解爲"朱丹其宫"，則與"瑶臺""玉門""瓊室"皆以装飾特徵爲名，顯然比傳世古書的"頃宫"或"傾宫"要好。

尤其值得重視的是下引秦簡的材料，更能説明上博簡《容成氏》的"旨（丹）宫"非誤字。天水放馬灘秦簡《日書》乙種117壹：

丁未啻（帝）築丹宫而不成。①

其中"丹"字作"▣"，確爲普通"丹"字形則無疑。可見"丹宫"的説法來源很古。

白於藍曾懷疑《容成氏》"▣"字爲"同"之誤字，並讀"同"爲"傾"，② 也是想方設法跟傳世古書之"頃宫""傾宫"相靠，如果這樣的話，則"誓（堅）"字顯然就無着落了，所以更可能反而應是"旨（丹）"誤爲形近之"同"，再變爲音近的"頃""傾"。

下面，我們再簡單交代一下楚文字"同"的形體及其用法。隨着出土資料的不斷問世和古文字研究的不斷深入，現在我們可以確知楚文字的"同"字或從"同"得聲之字作以下字形：

▣、▣（清華簡貳《繫年》簡70、99③）

---

① 圖版參孫占宇《天水放馬灘秦簡集釋》，29頁。
② 白於藍《簡牘帛書通假字字典》，298頁；又白於藍《戰國秦漢簡帛古書通假字彙纂》，760頁。
③ 李學勤主編《清華大學藏戰國竹簡（貳）》，上海：中西書局，2011年，167頁。

▨（上博三《周易》簡 49）

▨（上博五《君子爲禮》簡 7）

　　清華貳《繫年》簡 70、99 中的"▨公"，整理者隸定爲"冋"字，認爲即"頃公"，因爲"冋""頃"皆爲耕部字，聲母分別爲見紐和溪母，古音極近，所以此説已經成爲定論。此字最早見於上博三《周易》簡 48+49"九晶（三）：艮丌（其）瞳（限），剜（列）丌（其）胤（夤），礪（厲）冋心"，"冋"字，馬王堆漢墓帛書本、阜陽漢簡本、今本均作"薰"。上博簡整理者釋爲"同"，讀爲"痛"。

　　徐在國認爲此字和"同"字形體有別，故疑此字應釋爲"𠱥"。《説文》："𠱥，讀若沇州之沇。"《説文》"沇"字古文从水从𠱥。"沇"字从允聲，上古音"允"爲匣紐文部字，"薰"爲曉紐文部字，所以可讀爲"薰"。①

　　筆者認爲，上博簡《周易》之"▨"字，其爲標準的"冋"字無可懷疑，但應該是"𠱥"之誤字，其作"冋"者，乃爲抄手增加筆畫所致。劉波據誤字疑《周易》之"冋心"，今本作"薰心"，是音近以致異文，"冋"和"薰"，聲母分別爲見紐和曉母，韻部方面爲耕、文旁轉，② 非是。③

　　另外从"冋"得聲之字還見於上博五《君子爲禮》簡 7"脊（肩）毋癹（廢）、毋冋，身毋躟（偃）、毋倩，行毋眂（蹶④）、毋

---

① 徐在國《上博三〈周易〉釋文補正》，簡帛研究網，2004 年 4 月 24 日。
② 劉波《出土楚文獻語音通轉現象整理與研究》，吉林大學 2013 年博士學位論文，指導教師：李守奎教授，190 頁。
③ 關於上博簡《周易》之"▨"字，亦可參考謝明文《釋徐州北洞山西漢楚王墓出土陶文"容"字——兼説古文字中的"𠱥"字》，見"羅君惕先生《説文解字探原》出版暨語言文字學術研討會"論文，2014 年 10 月；此文後收入謝明文《商周文字論集續編》，上海：上海古籍出版社，2022 年。
④ 參范麗梅《楚簡文字零釋》，復旦大學出土文獻與古文字研究中心網站，http://www.fdgwz.org.cn/Web/Show/1221，2010 年 7 月 21 日；又蘇建洲《〈君子爲禮〉簡七字詞考釋二則》，復旦大學出土文獻與古文字研究中心網站，http://www.fdgwz.org.cn/Web/Show/998，2009 年 11 月 26 日。

敄（搖），足毋![字]、毋高"，蘇建洲認爲此字應從"冏"，讀作"警"，① 後來又認爲楚文字中"冏"與"同"有形混現象，故此字當從"同"，讀爲"竦"。② 陳劍認爲此字當以從"冏"聲最爲合適，可讀爲"傾"，是爲傾矢意之傾所造的本字。③ 由清華貳《繫年》來看，陳劍之説最爲可信。

五、"遘厲（𠁁）"是古人的成語

王國維認爲《詩經》《尚書》之所以難讀，大致有三方面的原因：

1. 訛闕
2. 古語與今語不同
3. 古人頗用成語

他重點闡述了《詩》《書》中多存在成語的現象。④ 所謂的成語，是指在某一歷史時期流行的、具有特定涵義的詞語，通常不能按照字面的意義去理解。我們讀《尚書》時，也發現了一個成語：

《尚書·金縢》曰：

> 惟爾元孫某，遘厲虐疾，若爾三王，是有丕子之責于天，以旦代某之身。

僞孔傳：

> 厲，危。虐，暴。

孔穎達疏：

---

① 蘇建洲《〈上博五〉柬釋（二）》，簡帛網，2006年2月28日。
② 蘇建洲《上博楚簡（五）考釋二則》，武漢大學簡帛網，http://www.bsm.org.cn/?chujian/4690.html，2006年12月1日。
③ 陳劍之説參看蘇建洲《上博楚簡（五）考釋二則》一文所引，武漢大學簡帛網，http://www.bsm.org.cn/?chujian/4690.html，2006年12月1日。
④ 王國維《與友人論〈詩〉〈書〉中成語書》，收入《王國維遺書》，上海：上海書店，1983年。

屬，危也。虐訓爲暴，言性命危而疾暴重也。

按清華簡《金縢》作：

尔（爾）元孫發也，豷（遘）遺（害）盧（虐）疾，① 尔（爾）母（毋）乃有備子之責才（在）上。

整理者指出：

豷，殳聲，在溪母屋部，讀爲見母侯部之"遘"，《説文》："遇也。"遺，從禸即辇（轄）聲，讀爲"害"，《淮南子·修務》注："患也。"盧，從唐，《説文》"唐"爲"虐"之古文。今本作"遘厲虐疾"，孔傳："厲，危。虐，暴。"厲亦月部字。《魯世家》作"勤勞阻疾"，集解引徐廣云"阻一作淹"，淹多與蓋通用，蓋亦月部字。謂武王勤勞而有此淹久之疾，與"有遲"義合。②

廖名春説：

"遘害虐疾"，"害"與"虐"都是修飾"疾"的，此是説武王所"遘"之"疾"既"危"且"暴"，或是説武王"遘"遇既"危"且"暴"之"疾"。《魯世家》作"勤勞阻疾"，"阻"當讀爲"作"。《詩·大雅·蕩》："侯作侯祝，靡屆靡究。"鄭玄箋："作，祝詛也。"《釋文》："作，本或作詛。"孔穎達（574—

---

① "豷"，高佑仁認爲字形作"豷"，隸定宜从攴（説見復旦大學出土文獻與古文字研究中心研究生讀書會（蔡偉執筆）《清華簡〈金縢〉研讀札記》文後跟帖，http://www.fdgwz.org.cn/Web/Show/1344，2011 年 1 月 5 日），考慮到古文字偏旁"攴""殳"二字常互作，如"毆"作"敺"（容庚《金文編》，206 頁），又"殸"字，既有从"殳"的，也有从"攴"的（季旭昇《説文新證》，228 頁），故今仍從清華簡整理者的隸定。"豷"，整理者讀爲"遘"，可從，从"冓""殳"之字由於音近而通用，參蔣禮鴻《義府續貂（增訂本）》，186 頁。案馬王堆帛書《十六經·正亂》有"不死不生，慤爲地桎"之語，"慤"字，整理小組括注爲"愨"（《馬王堆漢墓帛書（壹）》，67 頁），頗疑"慤"當讀爲"構"。
② 李學勤主編《清華大學藏戰國竹簡（壹）》，159 頁。

648)《正義》:"作,即古'詛'字。"《尚書‧無逸》《正義》引"作"作"詛"。是讀"作"爲"詛"。《詩‧邶風‧谷風》:"既阻我德。"《太平御覽》八三五引《韓詩》"阻"作"詐"。是以"阻"通"詐"。出土簡牘文獻中,从"乍"之字與从"且"之字亦常通用。因此,"阻疾"完全可以讀爲"作疾"。"作疾"即"作病",指生病,致病。《晉書‧顧榮傳》:"(顧榮)恒縱酒酣暢,謂友人張翰曰:'惟酒可以忘憂,但無如作病何耳。'"《魯世家》"勤勞阻疾"即"勤勞作疾",指武王因勤勞而生疾致病。徐廣曰《魯世家》"阻,一作淹"。孫星衍曰:"淹"與"阽"聲相近,疑經文本作"淹疾",史公易爲"阻"也。淹,久也。見《廣雅‧釋詁》。劉起釪以爲是。不過,筆者以爲"淹"當爲"傅"字之借。如注釋十一云:《詩‧皇矣》之"奄有四方",大盂鼎(《殷周金文集成》2837)作"匍有四方"。"奄"可通"匍",自然"淹"也可通"傅"。"傅"有至、達義。《詩‧小雅‧菀柳》:"有鳥高飛,亦傅于天。彼人之心,于何其臻。"鄭玄箋:"傅、臻,皆至也。"《左傳‧僖公三十一年》:"分曹地,自洮以南,東傅於濟,盡曹地也。"《史記‧項羽本紀》:"君王能自陳以東傅海,盡與韓信;睢陽以北至穀城,以與彭越,使各自爲戰,則楚易敗也。"張守節正義:"傅,着也。"《逸周書‧寤儆》:"無虎傅翼,將飛入宮,擇人而食。""勤勞淹疾"即"勤勞傅疾",也即"勤勞至疾"、"勤勞着疾"。此是説武王本無病,因勤勞而致病,因勤勞而着病。其義與"勤勞作疾"同,與"淹久"、"有遲"無關。①

案"遘厲虐疾"和"觳(遘)遺(害)盧(虐)疾",按照僞孔

---

① 廖名春《清華簡〈金縢〉篇補釋》,清華大學簡帛研究網,http://www.confucius2000.com/admin/lanmu2/jianbo.htm,2011年1月5日,此文後正式發表於《清華大學學報(哲學社會科學版)》2011年第4期。

傳和清華簡整理者的解釋，無論從古人屬辭的習慣還是語感上講，都覺得很不順適。

現在我們試着提出另一種意見：

我們認爲，"盧（虐）疾"應當作爲一個獨立的名詞，如上博二《容成氏》簡 36 "民乃宜昌（怨），唐（虐）疾甶（始）生"，即可爲證；而"虧（遷）遱""遱厲"當連讀，即王國維所說的成語，可讀爲"遱麗"。尹灣漢簡《神烏賦》："何命不壽，狗麗此咎。""狗麗"即"遱麗"。①

"厲""麗"二字古音相近而通用較爲常見，② 無需詳述。現在重點來證明"遱""麗"二字之可以相通。"遱"，古音爲匣母月部字，"麗"，古音爲來母歌部字，匣、來二母，可以相通，首先可以從諧聲關係上得到一些證據，如：

 1. 以來母字"里"爲聲旁的"赶"字讀户來切；
 2. 以來母字"鬲"爲聲旁的"翮""礊"二字讀下革切。
 3. "降"字有下江切，爲匣母字，"隆"從"降"得聲而讀爲來母。

其次從出土文獻的異文中，也可以得到證明：

  北大藏漢簡《老子》"有物綸成"，③ 傳世本皆作"有物混成"，"綸"爲來母，"混"爲匣母。

韻部方面，歌部月部爲陰入對轉的關係，睡虎地秦簡《日書》甲種有一篇題爲《稷〈穓〉辰》的數術文獻，其中有建除術語"危陽"，與

---

① 參虞萬里《尹灣漢簡〈神烏賦〉箋釋》，收入氏著《榆枋齋學術論集》，南京：江蘇古籍出版社，2001 年，607—608 頁。
② 具體例證可參高亨纂著、董治安整理《古字通假會典》，651 頁。揚雄《解難》："昔人有觀象於天，視度於地，察法於人者，天麗且彌，地普而深。"顔師古曰："麗，著也。日月星辰之所著也。彌，廣也。普，遍也。"（班固《漢書》，3577 頁）。案："麗"應讀爲"厲"，厲，高也。
③ 北京大學出土文獻研究所編《北京大學藏西漢竹書·貳》，156 頁。

之相對應的"楚除"十二名,作"外陽"。"危",爲疑母歌部字,①"外"爲疑母月部字,這是歌部月部在出土文獻中相通用的直接證據。②

又《稷〈稷〉辰》建除術語中的"羍"字,與之相對應的"楚除"十二名,作"害",《日書》乙種作"羅"。"羍""害"爲匣母月部字,"羅"爲來母歌部字,而"麗"亦爲來母歌部字,這可以作爲清華簡"遙"讀爲"麗"的硬證。

我們知道,受時間、地域等諸多因素的影響,同一字、詞的書寫形式常常會出現差異,這其中尤以人名、地名及連綿詞爲甚,如同一連綿詞,"委蛇八十三形,音同而義相邇;崔嵬十有五體,音近而義無殊",③ 就是著例,字雖不同,但因爲音同或音近,仍然是一個詞。

"豰遙""遘厲""遘瘋"④"狗麗""遘麗",爲同一語詞之異寫,是"遭遇"的意思。近似的詞有"遭罹""遭離",⑤ 他們都是同義並列的複音詞。

---

① "危"古音爲歌部字(參王念孫《讀書雜志》,81頁);有的古音學家或將"危"字歸入微部(參何九盈《古韻三十部歸字總論》,收入氏著《音韻叢稿》,76頁)。各有道理(古音歌部與脂微二部音亦近,參陸志韋《古音説略》,90頁)。銀雀山漢簡《守法守令等十三篇》中有"危"與"悲"爲韻之例(132頁)。

② 案《戜鐘》曰:"余吕王之孫,楚成王之盟僕,男子之埶,余不貳(特)甲天之下,余臣兒難得。""埶"字或加心旁作"慹",此字的解釋,衆説紛紜:有讀爲"藝",訓爲"才能"者;有讀爲"邇",訓爲"近"者;有疑讀爲"孽",認爲是"支庶之義"者;有疑讀爲"槸(臬)",訓爲"標準、榜樣"者;有釋爲"藝",訓爲"治"者;有讀爲"傑"者(參李匯洲《戜鐘銘文疏證》,武漢大學簡帛網,http://www.bsm.org.cn/?guwenzi/5289.html,2009年6月16日;單育辰《新出金文詞語考釋兩則》,"簡帛文獻與古代史"學術研討會暨第二屆出土文獻青年學者論壇論文集,上海:復旦大學,2013年10月19—20日,28頁),此文正式發表於《考古與文物》2014年第5期。我們認爲,其中以李家浩讀爲"槸(臬)",訓爲"標準、榜樣"者,最合文意,但"男子之槸(臬)"的説法不見於古書,今試改讀爲"儀"。"儀",在古漢語中,有"法度"、"標準"之義。然則"男子之埶(儀)"者,男子的表率、男子的楷模、男子的榜樣之謂也("槸/臬"與"儀"古音極近,應視爲同源)。拙説如能成立,那也是歌、月部二部通用之例。

③ 符定一《聯綿字典·凡例》語。

④ 唐白居易《白氏六帖事類集》卷九"疾第三十一"有"遘瘋虐疾、日臻彌留"之語,顯係引用《書》語,其字作"遘瘋"(北京:文物出版社,1987年影印傅增湘舊藏南宋刻本)。

⑤ 參朱起鳳《辭通》,長春:長春古籍書店,1982年,195頁。

由上所述,"遘厲(麗)虐疾""觳(遘)邁(麗)盧(虐)疾",即"遭遇兇惡之病"的意思。

至於史公之作"勤勞阻疾"或"勤勞淹疾",不知是別有所承,還是以訓詁字代之,抑或傳寫有誤,皆不敢妄加揣測,識此,以俟後考。

六、王念孫《讀書雜志》指誤兩則

1.《淮南子·氾論》:

> 時屈時伸卑弱柔如蒲葦,非攝奪也;剛強猛毅,志厲青雲,非本矜也。

王念孫説:

> "本",當爲"夸","夸矜"與"攝奪"相對爲文。"夸"字或書作"夲",形與"本"相似,因誤爲"本"。《文選·甘泉賦》注引此正作"夸"。又案蒲葦皆柔弱之物,故曰"時屈時伸,弱柔如蒲葦"。"弱柔"上不當有"卑"字,此涉下文"屈膝卑拜"而誤衍也。《荀子·不苟篇》云:"言己之光美,擬於舜禹,參於天地,非夸誕也;與時屈伸,柔從若蒲葦,非懾怯也;剛彊猛毅,靡所不信,非驕暴也。"語意略與此同,"柔從若蒲葦"之上,亦無卑字。(884 頁)

今按:王説"卑"爲衍文,是也,但云"涉下文'屈膝卑拜'而誤衍也",則非。"屈膝卑拜"距此過遠,"卑"即"伸"(最初可能只作"申","卑"形與之極近)字之誤而衍者也。

2.《晏子春秋·内篇問下》:

> 内不恤其家,外不顧其身游。

王念孫説:

> 家可以言内,身不可以言外,且"身游"二字義不相屬,

"身"字乃後人所加也。内不恤其家，外不顧其游者，游謂交游也。下文曰"身勤於飢寒，不及醜僬"，正所謂外不顧其游也。《荀子·非十二子篇》注引此正作"外不顧其游"。

今按："身"即"其"字之誤而衍者也。

附錄二　誤字衍文資料彙編

一、寫本《篆隸萬象名義》"兩字之誤合與一字之誤分"例彙編

（一）兩字之誤合

1. "丑心" 二字誤合爲 "忍"（275 "艍" 字下；39 上）
2. "山咸" 二字誤合爲 "峸"（306 "嚓" 字下；45 下）
3. "丘山" 二字誤合爲 "岳"（564 "越" 字下；100 下）
4. "加馬" 二字誤合爲 "駕"（641 "椵" 字下；117 上）
5. "一介（个）" 二字誤合爲 "吞"（649 "枚" 字下；119 上）
6. "卷思" 二字之誤合 "蕋"（721 "蔬" 字下；134 下）
7. "山韭" 二字誤合爲 "韭"（777 "韱" 字下，146 上）
8. "狄鹽" 二字誤合爲 "䲛"（830 "鱸" 字下；157 下）
9. "炊釜" 二字誤合爲 "䰒"（857 "鬻" 字下；163 下）
10. "而大" 二字誤合爲 "奭"（907 "鏽" 字下；174 上）
11. "水具" 二字誤合爲 "貣"（953 "轒" 字下；184 上）

续 表

12. "山夾"二字誤合爲"夾"（984"澗"字下；190下）	
13. "竹裏"二字誤合爲"裏"（1093"𪓐"字下；214上）	

（二）一字之誤分

1. 瑂，誤爲"玠心"（124頁"珂"字下；6上）
2. 垛，誤爲"切木"（128頁；7上）
3. 壟，誤爲"龍土"（138頁"壠"字下；9下）
4. 翦，誤爲"前羽"（187頁"健"字下；19下）
5. 儰，誤爲"催門"（198頁；22上）
6. 儰，誤爲"催問"（199頁"俤"字下；22下）
7. 餐，誤爲"卧食"（222頁；27上）
8. 奤，誤爲"大亡"（250頁；33上）
9. 鬻，誤爲"粥鬲"（521頁"餬"字下，又783頁"䵎""麩"字下；91下）
10. 鬻，誤爲"粥高"（524頁"餗"字下；92上）
11. 鬻，誤爲"粥鬲"（524頁"餌"字下；92上）
12. 鬻，誤爲"粥鬲"（526頁"餸"字下；92下）
13. 列，誤爲"山列"（538頁"邐"字下；95上）
14. 懇，誤爲"與心"（561頁"趣"字下；100上）
15. 群，誤爲"君羊"（580頁"窘"字下；104上）
16. 耄，誤爲"老毛"（599頁"薹"字下；108上）

續　表

17. 暠，誤爲"日高"（652 頁又見 693 頁 "芙" 字下；128 上）
18. 斯，誤爲"㔾斤"（659 頁 "㮰" 字下；121 上）
19. 輛，誤爲"車冈"（679 頁 "㯫" 字下；125 下）
20. 甹，誤爲"由户"（681 頁 "柚" 字下；125 下）
21. 鱉，誤爲"蔽魚"（706 頁 "蕨" 字下；131 上）
22. 羹，誤爲"袞弟"（725 頁 "袞" 字下；135 上）
23. 羮，誤爲"羊美"（729 頁 "羹" 字下；136 上）
24. 鱉，誤爲"赦魚"（敇奐）（737 頁；136 下）
25. 笘，誤爲"竹占"（761 頁 "篤" 字下；142 下）
26. 罩，誤爲"卜卓"（767 頁 "簟" 字下；144 上）
27. 畫，誤爲"書一"（870 頁 "㺯" 字下；166 下）
28. 晃，誤爲"日光"（1050 頁 "晄" 字下；205 上）
29. 巍，誤爲"山稬"（1106 頁 "巄" 字下；217 上）
30. 兖，誤爲"六元"（1182 頁 "糞" 字下；233 上）
31. 蠆，誤爲"萬虫"（1276 頁 "蝎" 字下；253 下）
32. 鼀，誤爲"朱黽"（1295 頁 "蛛" 字下；253 下）
33. 嘉，誤爲"喜加"（1311 頁 "賀" 字下；261 上）
34. 賮，誤爲"世見"（1313 頁 "賝" 字下；261 下）
35. 纛，誤爲"毒縣"（1321 頁 "翮" 字下；263 上）
36. 毲，誤爲"叚毛"（1330 頁 "毟" 字下；265 上）
37. 夛，誤爲"大多"（1333 頁 "觰" 字下；265 下）

	續　表
38. 褎，誤爲"[字形]"（1411 頁"褎"字下；282 下）	
39. 裘，誤爲"求衣"（1421 頁"襐"字下；284 下）	
40. [字形]（1460 頁；293 上）按：此當爲"冀"字，字頭與注釋内容部分誤分。吕浩（269A）乃云"其"爲直音，非是。[字形]（1359 頁；271 下）與此同例。	

二、寫本《群書治要》衍文三種彙編

（一）換行重抄而衍

1. 卷 32 引《管子・霸言》：是以聖王務具其備/備而愼守其時。（五/101 頁）
2. 卷 33 引《司馬法》：攻其/其國，愛其民，攻之可也。（五/193 頁）
3. 卷 34 引《老子》：不自見/見故明。（五/213 頁）
4. 卷 34 引《鶡冠子・世賢》：夫君人者亦有爲其/爲其國乎？（五/246 頁）
5. 卷 35 引《文子》：法度道術所以/以禁君，使無得橫斷也。（五/334 頁）
6. 卷 36 引《吴子》：國危民疲，舉/舉事動衆。（五/362 頁）
7. 卷 36 引《吴子》：吴子曰：臣聞之/之人有短長，氣有盛衰。（五/368 頁）
8. 卷 36 引《商君書》：信者君臣之所共/共立也。（五/372 頁）
9. 卷 36 引《商君書》：不/不欺之謂察。（五/373 頁）
10. 卷 36 引《商君書》：不以爵禄便/便延〈近〉親，則勞臣不怨。（五/374 頁）
11. 卷 36 引《商君書》：故/故三王以義親。（五/375 頁）

續　表

12.	卷 36 引《商君書》：夫勢亂而欲治之—愈乱/乱矣，勢治而治之則治矣。（五/379 頁）
13.	卷 36 引《商君書》：故/故聖人立天下而天下無刑死者，非可刑殺而不刑殺也。（五/379 頁）
14.	卷 36 引《尸子·發蒙》：夫愛民且利之也，愛而不/不利，則非慈母之德也。（五/407 頁）
15.	卷 36 引《尸子·發蒙》：治/治則使之，不治則愛之。（五/411 頁）
16.	卷 36 引《尸子·治天下》：謀事則/則不借智，處行則不因賢，舍其學不用也。（五/418—419 頁）
17.	卷 37 引《慎子》：亂世之人，道不/不偏於其臣。（五/463 頁）
18.	卷 37 引《尹文子》：義者所以立節行，亦所/所以成華僞。（五/477 頁）
19.	卷 39 引《吕氏春秋·去私》：若使庖人調和而/而食之。（六/77 頁）
20.	卷 39 引《吕氏春秋》：何謂六戚？父母兄弟妻子/子；何謂四隱？交友故舊邑里門廊。（六/80 頁）
21.	卷 39 引《吕氏春秋》：齊桓公師管夷吾/吾，晉文公師咎犯、隨會。（六/81 頁）
22.	卷 39 引《吕氏春秋》：天下太平，萬民安寧，皆犯其/其上。（六/82 頁）
23.	卷 39 引《吕氏春秋》：人主其胡可以無務行/行德愛人乎？（六/97 頁）
24.	卷 39 引《吕氏春秋》：於是召庖人/人殺白贏，取肝以與之。（六/97—98 頁）
25.	卷 39 引《吕氏春秋》：此/此則善矣。（六/99 頁）
26.	卷 39 引《吕氏春秋》：是故先王以儉節葬/葬死也。（六/103 頁）
27.	卷 39 引《吕氏春秋》：豫讓之友謂/謂豫讓，曰……（六/106 頁）
28.	卷 39 引《吕氏春秋》：不若使人西觀/觀秦。（六/107 頁）
29.	卷 39 引《吕氏春秋》：以/以爲賢者必與賢於己者處。（六/122 頁）

續　表

30. 卷 39 引《呂氏春秋》：諸粢齊民不待知/知而使。（六/122 頁）	
31. 卷 39 引《呂氏春秋》：王良之所/所以使馬者。（六/124 頁）	
32. 卷 39 引《呂氏春秋》：欲知方圓則必規矩，/規。（六/144 頁）	
33. 卷 39 引《呂氏春秋》：猶/猶恐不能自知。（六/145 頁）	
34. 卷 40 引《韓非子·解老》：工人數變業則失其功，作者數搖徙則亡其功/功，一人之作，日亡半日，十日則亡五人之功矣。（六/158 頁）	
35. 卷 40 引《韓非子·用人》：則人力盡/盡而功名立。（六/163 頁）	
36. 卷 40 引《韓非子》：人臣之所毀者，人主之所/所非也，此之謂同舍。（六/172 頁）	
37. 卷 40 引《三略》：故與衆同好，靡/不成。（六/174 頁）	
38. 卷 40 引《三略》：賞罰明/明則將威行。（六/177 頁）	
39. 卷 40 引《三略》：臨不測而擠欲墜，其/其克之必也。（六/183 頁）	
40. 卷 41 引《淮南子·泰族》：故/故舉天下之高以爲三公。（六/288 頁）	
41. 卷 42 引《新序》：託僕夫/夫去。（六/356 頁）	
42. 卷 44 引《潛夫論·本務》：慎本略末猶可/可也。（六/458 頁）	
43. 卷 44 引《潛夫論·本務》：正操行/行於國〈閨〉門，所以爲列士也。（六/461 頁）	
44. 卷 44 引《潛夫論·明闇》：故治國之道，勸之使諫，宣之使言/言，然後君明察而治情通矣。（六/465 頁）	
45. 卷 44 引《潛夫論·潛歎》：此所以人君孤危於上，而/上而道獨抑於下也。（六/470 頁）	
46. 卷 45 引崔寔《政論》：凡漢所以能制故/胡者。（七/10 頁）	
47. 卷 45 引仲長子《昌言·拾遺》：訪國家正事，問四海豪/豪英。（七/62 頁）	

续 表

48. 卷 45 引仲長子《昌言·拾遺》：此爲傾危比於/於黑〈累〉卵者也。（七/62 頁）
49. 卷 46 引《中論·務本》：眩於所/所易而不能及於所難。（七/115 頁）
50. 卷 47 引《劉廙別傳·慎愛》：愛小臣/臣以喪良賢也。（七/160 頁）
51. 卷 47 引《劉廙別傳·疑賢》：恃人/人君之獨知之耳。（七/164 頁）
52. 卷 47 引《蔣子萬機論·用奇》：蒸民/民樸謹。（七/178 頁）
53. 卷 47 引《蔣子萬機論·用奇》：杜塞公論/論專制於事。（七/179 頁）
54. 卷 47 引桓範《世要論》：夫人君者處/處尊高之位。（七/180 頁）
55. 卷 47 引桓範《世要論》：其所以運氣陶演協/協和施化，皆天之爲也。（七/181 頁）
56. 卷 47 引桓範《世要論》：行政則動萬物/物慮之於心，思之於内，布之天下。（七/182 頁）
57. 卷 47 引桓範《世要論》：因似然以傷賢可/可不慮之以奸乎？（七/185 頁）
58. 卷 47 引桓範《世要論·臣不易》：昔孔子言爲臣不易，或人以/以爲易。（七/187 頁）
59. 卷 47 引桓範《世要論·臣不易》：或見/見拔擢重任。（七/189 頁）
60. 卷 47 引桓範《世要論·臣不易》：罪結於天，無所禱/禱請。（七/191 頁）
61. 卷 47 引桓範《世要論·臣不易》：忤執政之/之臣。（七/192 頁）
62. 卷 47 引桓範《世要論·節欲》：雖有賢/賢聖之姿，鮮不衰敗。（七/200 頁）
63. 卷 47 引桓範《世要論·兵要》：在於仁以愛之，義以理/理之也。（七/206 頁）
64. 卷 47 引桓範《世要論·尊嫡》：衛有/有州吁之篡。（七/211—212 頁）

65. 卷47引桓範《世要論·讚象》：惠利加於百姓，遺愛留於民庶宜/宜請于國，當錄於史官，載於竹帛。（七/218頁）	
66. 卷48引杜恕《體論》：草木殞〈殖〉焉而/而不有其功。（七/251頁）	
67. 卷48引杜恕《體論》：高祖約法三章，而天下大悦/悦及孝文即位躬脩玄默。（七/265頁）	
68. 卷48引杜恕《體論》：此皆人主之/之聽不精不審耳。（七/270頁）	
69. 卷48引陸景《典語·清治》：故王者任人不可不慎也，得/得人之道，蓋在於敬賢而誅惡也。（七/280頁）	
70. 卷48引陸景《典語·君道》：震之以雷/雷電。（七/281頁）	
71. 卷48引陸景《典語·君道》：舜既受終/終，並簡俊德，咸列庶官。（七/281頁）	
72. 卷49引《傅子·重爵禄》：知所以/以致清，則雖舉盜蹠，不敢爲非。（七/333頁）	

（二）相鄰兩字形近誤衍

寫本《群書治要》	刻本《群書治要》	今　按
1. 卷5引《春秋左傳》：棟折榱崩傷僑將厭焉敢不盡言。（一/281頁）	棟折榱崩僑將厭焉敢不盡言。	寫本"傷"即"僑"之誤而衍者也。
2. 卷7引《禮記·禮器》：如竹箭之有筠均也，如松柏之有心也。（一/389頁）	如竹箭之有筠也，如松柏之有心也。	寫本"均"即"筠"之誤而衍者也。
3. 卷7引《禮記·經解》：居君子慎始，差若毫釐，謬以千里，此之謂也。（一/423頁）	君子慎始，差若毫釐，謬以千里，此之謂也。	寫本"居"即"君"之誤而衍者也。

續　表

寫本《群書治要》	刻本《群書治要》	今　按
4. 卷 8 引《國語·楚語》：龜珠齒角皮革羽毛竹，所以備賦以戒不虞者也。（一/489 頁）	龜珠齒角皮革羽毛，所以備賦以戒不虞者也。	寫本"竹"即"所"之誤而衍者也。
5. 卷 11 引《史記》：躡足行伍之間，出倔起什佰之中。（二/73 頁）	躡足行伍之間，倔起什佰之中。	寫本"出"即"倔"之誤而衍者也。
6. 卷 12 引《史記·李斯傳》：賢賜明之主也。（二/169 頁）	賢明之主也。	寫本"賜"即"賢"之誤而衍者也。
7. 卷 16 引《漢書·陸賈傳》：昔者矣吳王夫差。（二/385 頁）	昔者吳王夫差。	寫本"矣"即"吳"之誤而衍者也。
8. 卷 16 引《漢書·賈誼傳》：商君遺禮義，弃仁恩，并心放於進取。（二/412 頁）	商君遺禮義，弃仁恩，并心於進取。	寫本"放"即"於"之誤而衍者也。
9. 卷 35 引《曾子》：昌〈日〉且就業，名夕而自省。（五/347 頁）	日且就業，夕而自省。	寫本"名"即"夕"之誤而衍者也。
10. 卷 35 引《曾子》：大者傾社稷稷。（五/349 頁）	大者傾社稷。	寫本"稷"即"稷"之誤而衍者也。
11. 卷 35 引《曾子》：壹者孝壹悌，可謂知終矣。（五/352 頁）	壹孝壹悌。	寫本"者"即"孝"之誤而衍者也。
12. 卷 36 引《吳子》：五者之數，各有其道退。義必以禮服，強必以謙服，剛以辭服，暴必以詐服，逆必以權服，此其勢也。（五/362 頁）	五者之數，各有其道。	寫本"退"即"道"之誤而衍者也。

續　表

寫本《群書治要》	刻本《群書治要》	今　按
13. 卷 36 引《商君書》：故乱上多惠言而不克其賞。（五/373 頁）	故上多惠言而不克其賞。	寫本"乱"即"故"之誤而衍者也。
14. 卷 36 引《尸子·明堂》：有〈非〉仁者之所以轉輕也。（五/394 頁）	非仁者之所以輕也。	寫本"轉"即"輕"之誤而衍者也。
15. 卷 37 引《慎子》：君舍法而以心哉裁輕重。（五/467 頁）	君舍法而以心裁輕重。	寫本"哉"即"裁"之誤而衍者也。
16. 卷 31 引《六韜》：而暮萬民糟糠不厭。（五/57 頁）	而萬民糟糠不厭。	寫本"暮"即"萬"之誤而衍者也。
17. 卷 32 引《管子》：闇闢土聚粟。（五/98 頁）	闢土聚粟。	寫本"闇"即"闢"之誤而衍者也。
18. 卷 35 引《文子》：乃能形物之拘之情也。（五/292 頁）	乃能形物之情也。	寫本"拘"即"物"之誤而衍者也，另又衍一"之"字。
19. 卷 35 引《文子》：不待古之英俊而人自足者，所有而普而並用之也。（五/292 頁）	不待古之英俊而人自足者，所有而並用之也。	普即並之誤而衍者，普、並形近，往往訛混。張涌泉有詳細的討論。此還更衍一"而"字，與上條同。
20. 卷 35 引《文子》：其立居君也。（五/333 頁）	其立君也。	寫本"居"即"君"之誤而衍者也。
21. 卷 35 引《文子》：不計其大功，德總其細行。（五/336 頁）	不計其大功，總其細行。	寫本"德"即"總"之誤而衍者也。
22. 卷 38 引《荀子·王霸》：國者天下之制利用也。（六/29 頁）	國者天下之利用也。	"制"即"利"之誤而衍者也。

續　表

寫本《群書治要》	刻本《群書治要》	今　按
23. 卷38引《荀子·議兵》：故善附民者孝是乃善用兵也。（六/54頁）	故善附民者是乃善用兵也。	"孝"即"者"之誤而衍者也。
24. 卷38引《荀子》：不由其道則必遇其所思惡焉。（六/69頁）	不由其道則必遇其所惡焉。	"思"即"惡"之誤而衍者也。
25. 卷39引《呂氏春秋》：大勢熱在上。（六/78頁）	大熱在上。	"勢"即"熱"之誤而衍者也。
26. 卷39引《呂氏春秋》：惡乎託？託授愛利。（六/132頁）	託愛利。	"授"即"愛"之誤而衍者也。
27. 卷39引《呂氏春秋》：夫進却中繩，右左右旋中規。（六/133頁）	左右旋中規。	第一個"右"字衍。
28. 卷40引《三略》注：伊尹赴而湯隆，寧戚到而齊與興。（六/174頁）	寧戚到而齊興。	"與"即"興"之誤而衍者也。
29. 卷40引《三略》：將專己，用則下歸咎。（六/177頁）	則下歸咎。	"用"即"則"之誤而衍者也。
30. 卷40引《新語·無爲》：築城域以備故胡越。（六/187頁）	築長城以備胡越。	"故"即"胡"之誤而衍者也。
31. 卷40引《新語》：行罰不惠患薄，布賞不患厚。（六/194頁）	行罰不患薄。	"惠"即"患"之誤而衍者也。
32. 卷41引《淮南子·主術》：進却應對時，動靜循理。（六/242頁）	進却應時。	"對"即"時"之誤而衍者也。

續　表

寫本《群書治要》	刻本《群書治要》	今　按
33. 卷 41 引《淮南子·泰族》：言爲文章，行爲僞儀表。（六/287 頁）	行爲儀表。	"僞"即"爲"之誤而衍者也。
34. 卷 42 引《説苑·尊賢》：雖舜猶亦因〈困〉，而又況乎俗主幾哉？（六/396 頁）	而又況乎俗主哉？	"幾"即"哉"之誤而衍者也。
35. 卷 42 引《説苑·尊賢》：失管仲，任賢竪刁易牙，身死不葬，爲天下笑，一人之身，榮辱俱施焉，在所生任也。（六/396—397 頁）	失管仲，任竪刁、易牙，身死不葬，爲天下笑。一人之身，榮辱俱施焉，在所任也。	寫本衍"賢""生"二字。"賢"爲"竪"之誤，"生"爲"任"之誤。
36. 卷 44 引《潛夫論·讚學》：夫此十一君者，皆上聖也，由得待學問，其智乃博，其德乃碩，而況於凡人乎？（六/455 頁）	猶待學問。	寫本衍"得"字。
37. 卷 44 引《潛夫論·明闇》：耿壽建常平而嚴延妬其諫謀。（六/466 頁）	耿壽建常平而嚴延妬其謀。	寫本衍"諫"字。
38. 卷 45 引仲長子《昌言·法誡》：唯不世之主抱獨斷絶異之明，有堅剛不移之氣，然後可度庶幾其不陷没沉淪耳。（七/48 頁）	然後可庶幾其不陷没流淪耳。	"度"即"庶"之誤而衍者也。
39. 卷 47 引《劉廙别傳·下賢》：故高於人之上者，必有以應壅於人。（七/160 頁）	必有以壅於人。	寫本"應"即"壅"之誤而衍者也。

續 表

寫本《群書治要》	刻本《群書治要》	今 按
40. 卷47引桓範《世要論·辨能》：務行荷苛刻。（七/208頁）	務行苛刻。	寫本"荷"即"苛"之誤而衍者也。
41. 卷48引杜恕《體論》：知民然後民力乃從令。（七/258頁）	知民然後民乃從令。	寫本"力"即"乃"之誤而衍者也。
42. 卷48引杜恕《體論》：凡聽訟訣決獄，必原父子之親，立君臣之義，權輕重之叙，測淺深之量，悉其聰明，致其忠愛，然後察之。（七/262頁）	凡聽訟決獄	"訣決"當衍一字。蒙張小艷告知：若下文的"郡懸縣"條能斷定"懸"爲"縣"之衍，那此條同樣也能判定"訣"爲"決"之衍，因爲"決獄"文獻常見，"決"爲本字，"訣"是借字。
43. 卷48引陸景《典語·通變》：任奇細納册，遂掃秦項。（七/292頁）	任奇納册，遂掃秦項。	寫本"細"即"納"之誤而衍者也。
44. 卷49引《傅子·平役賦》：此黃帝憂夏禹之所以成其功也。（七/339頁）	此黃帝夏禹之所以成其功也。	寫本"憂"即"夏"之誤而衍者也。
45. 卷49引《傅子·安民》：今之郡懸縣，古之諸侯也。（七/362頁）	今之郡縣，古之諸侯也。	寫本"懸"即"縣"之誤而衍者也。
46. 卷49引《傅子·矯違》：故桀信其佞臣推役侈，以殺其正臣關龍逢，而夏以亡。（七/367頁）	故桀信其佞臣推役侈書眉有注："推役侈作推侈。"	"役"即"侈"之誤而衍者也。

（三）誤衍重文符號

寫本《群書治要》	刻本《群書治要》
1. 卷3引《詩經・大雅・文王》：天命靡=常。（一/196頁）	天命靡常
2. 卷12引《吳越春秋》：王喟然而歎，默無所=言。（二/209頁）	默無所言
3. 卷31引《六韜》：滋味重累不=食。（五/8頁）	滋味重累不食
4. 卷35引《文子》：憯=於中而應於外。（五/290頁）	憯於中而應於外。
5. 卷35引《文子》：能勝敵者必強者=也。（五/295頁）	能勝敵者必強者也。
6. 卷38引《荀子・天論》：強本而=節用則天下不能貧。（六/57頁）	強本而節用則天下不能貧。
7. 卷40引《三略》：人有饋一簞醪者使投諸=河。（六/175頁）	人有饋一簞醪者使投諸河。
8. 卷41引《淮南子・氾論》：是以盡日極慮而无益於治，勞形竭精而=无補於主。（六/271頁）	是以盡日極慮而无益於治，勞形竭智而无補於主也。
9. 卷49引《傅子・義信》：小大溷然而=懷奸心，上下紛然而競相欺。（七/322頁）	小大溷然而懷奸心，上下紛然而競相欺。

三、傳世文獻"兩字形近誤衍"例

（一）王念孫《讀書雜志》

古　　書	《讀書雜志》
1.《逸周書・太子晉》："自晉始如周，身不知勞。"	王念孫説：自晉如周，句中不當有"始"字，蓋即"如"字之誤而衍者。（30頁）

續　表

古　書	《讀書雜志》
2.《史記·天官書》:"而食益盡爲主位。"	王念孫説:"而"讀曰"如","益"即"盡"字之誤而衍者也。(93頁)
3.《史記·平準書》:"故吏皆通適令伐棘上林作昆明池。"	王念孫説:"皆通適"三字文不成義,"通"即"適"字之誤而衍者也。(98頁)
4.《史記·陳涉世家》:"閒令吳廣之次近所旁叢祠中。"《索隱》本無"近"字。	王念孫説:"近"即"所"字之誤而衍者也。(110頁)
5.《史記·商君列傳》:"而集小都鄉邑聚爲縣。"	王念孫説:都大而縣小,不得言集都爲縣,"都"即"鄉"字之誤而衍者也。(119頁)
6.《史記·扁鵲倉公列傳》:"上有絶陽之絡,下有破陰之紐,破陰絶陽之色已廢脈亂故形静如死狀。"	王念孫説:此本作"破陰絶陽,色廢脈亂,故形静如死狀"。……其已字即色字之誤而衍者耳。(148頁)
7.《管子·宙合》:"大人之行,不必以先帝常,義立之謂賢。"	王念孫説:"帝"即"常"字之誤而衍者。(428頁)
8.《管子·小匡》:"反其侵地吉臺原姑與柒里。"	王念孫説:"吉"字疑即"臺"字之誤而衍者也。《齊語》作"臺原姑與漆里",韋注曰:"衛之四邑。"無"吉"字。(446頁)
9.《管子·君臣下》:"四者一作,而上下不知也,則國之危可坐而待也。"	王念孫説:"上下不知"當從朱本作"上不知"。……此本作"上下不知","下"即"不"字之誤而衍者。(457頁)
10.《管子·侈靡》:"藹然若夏之静雲乃及人之體。"	王念孫説:此當作"藹然若夏雲及人之體"九字作一句讀,……其"乃"字,則"及"字之誤而衍者耳。(463頁)
11.《管子·白心篇》:"滿盛之國不可以仕任。"	王引之説:"任"即"仕"字之誤而衍者。(463頁)

续　表

古　书	《讀書雜志》
12.《管子·小問》："桓公闖然止，瞠然視，援弓將射，引而未敢發也，謂左右曰：見是前人乎？"	王念孫説："見是前人乎"，本作"見前人乎"，其"是"字即"見"字之誤而衍者。（485頁）
13.《管子·七臣七主》："故法不煩而吏不勞，民無犯禁，故有百姓無怨於上。"劉績曰："有"字疑衍。	王念孫説："有"即"百"字之誤而衍者。（488頁）
14.《晏子春秋·内篇諫上》："君欲飲酒七日七夜。"	王念孫説："飲酒"上不當有"欲"字，蓋即"飲"字之誤而衍者，上文"景公飲酒七日七夜不止"，無欲字。（519頁）
15.《墨子·非攻上》："至殺不辜人也扡其衣裳，取戈劍者。"	王念孫説："也"即"扡"字之誤而衍者。（574頁）
16.《墨子·非攻上》："昔者三苗大亂。"	王念孫説：舊本"者"下有"有"字，即"者"字之誤而衍者，今據《開元占經》、《太平御覽》引删。（576頁）
17.《墨子·非命上》："與其百姓兼相愛，交相利則是以近者安其政，遠者歸其德。"	王念孫説："是以"上不當有"則"字，蓋即"利"字之誤而衍者，上下文"是以天鬼富之，諸侯與之，百姓親之，賢士歸之"，"是以"上皆無"則"字。（591頁）
18.《荀子·禮論》："故鐘鼓管磬，琴瑟竽笙，韶夏護武，酌桓箾簡象。"	王念孫説：簡象即《左傳》之象箾也。自"鐘鼓管磬"以下皆四字爲句，則箾象之閒不當有"簡"字，疑即"箾"字之誤而衍者。（716頁）
19.《淮南子·精神》："推此志，非能貪富貴之位，不便侈靡之樂，直宜迫性閉欲，以義自防也。"	王念孫説："貪"上當有"不"字，"直"下不當有"宜"字，"宜"即"直"之誤而衍者也。（827頁）

續　表

古　書	《讀書雜志》
20.《淮南子·齊俗》："故趣舍合即言忠而益親，身疏即謀當而見疑。"	王念孫説：趣，謂志趣也。七句反，"趣合"與"身疏"相對爲文，則"趣"下不當有"舍"字，蓋即"合"字之誤而衍者也，《文子·道德篇》正作"趣合"。（861頁）
21.《淮南子·泰族》："孔子爲魯司寇，道不拾遺，市買不豫賈。"	王念孫説："買"字即"賈"字之誤而衍，"市不豫賈"，謂市之鬻物者不高其價以相誑豫。（949頁）
22.《淮南子·要略》："主術者，君人之事也，所以因作任督責，使群臣各盡其能也。"	王念孫説："因作任督責"當作"因任督責"，謂因任其臣而督責其功也。今本"作"字即"任"字之誤而衍者耳。（959頁）

（二）俞樾《古書疑義舉例》

1.《荀子·仲尼篇》："求善處大重理，任大事，擅寵於萬乘之國，必無後患之術。"按"處大重""任大事"相對爲文，重下不當有"理"字，楊注曰："大重，謂大位也。"亦不釋"理"字之義，是"理"字衍文，蓋即"重"字之誤而衍者也。

2.《墨子·非攻下篇》："率不利和。"按"和"字衍文，率乃將率之率，言將率不和也。"和"即"利"字之誤而衍者。又《天志下篇》："而況有踰人之牆垣，抯格人之子女者乎？"按"抯"字衍文，"格人之子女"與"踰人之牆垣"相對成文，"抯"即"垣"字之誤而衍者。

3.《列子·説符篇》："今趙氏之德行，無所施於積。"按《吕氏春秋·慎大篇》無"施"字，"施"即"於"字之訛而衍也。

4.《韓非子·詭使篇》："名之所以成城池之所以廣者"按"池"乃"地"字之誤，"名之所以成""地之所以廣"相對成文，不當有"城"字，"城"即"成"字之訛而衍也。

5.《吕氏春秋·安死篇》："此言不知鄰類也。"按《聽言篇》曰："乃不知類矣。"《達鬱篇》曰："不知類耳。"並無"鄰"字，此云"鄰類"，義不可通，"鄰"即"類"字之訛而衍也。

6.《商子·兵守篇》："四戰之國，好舉興兵，以距四鄰者國危。""舉"字即"興"字之誤而衍。《管子·事語篇》："彼壤狹而欲舉與大國爭者。""舉"字即"與"字之誤而衍。《吕氏春秋·異寶篇》："其主俗主也不足與舉。""舉"字亦即"與"字之誤而衍。《淮南子·泰族篇》："夫欲治之主不世出，而可與興治之臣不萬一。""興"字亦即"與"字之誤而衍。

7.《春秋繁露·考功名篇》："其先比二三分以爲上中下以考進退。"按一句中因誤而衍者二字，"比"即上"先"字之誤，"二"即下"三"字之誤。

8.《太玄·永》次四"子序不序"。按上"序"字即上"子"字之誤而衍者，王注云："子而不居子之次序。"是王准本正作"子不序"也。又《居》次三"長幼序序子克父"。按下"序"字即下"子"字之誤而衍者，宋、陸、王本並作"長幼序子克父"，獨范望本衍一"序"字。①

四、出土文獻"誤衍'＝'號"例彙編

1. 郭店《老子甲》簡12"復衆之所₌過"，（字形），誤衍重文/合文號。

2. 郭店《老子甲》簡27"同其釿₌（塵）"（字形），下亦誤衍重文號。

---

① 俞樾《古書疑義舉例》"兩字形似而衍例"，收入《古書字義用法叢刊》，北京：中國書店，1984年，52頁；又參王叔岷《斠讎學、斠讎別錄》"由誤而衍"條，北京：中華書局，2007年，297—298頁。

3. 郭店《緇衣》簡42"少₌（小）人"（ ），亦誤衍重文號。

4. 清華簡叁《良臣》簡7"秦穆公又（有）肙（殺）大夫₌"（ ），原注已謂："夫"字下重文號衍。①

5.《士山盤》" "，"子"下衍重文號。

6. 師㝬簋（《集成》04324）蓋銘"師㝬，才（在）先王小學，女₌（汝）敏可事（使）"，圖版作" "，比較師㝬簋蓋銘（《集成》04324）以及大盂鼎（《集成》02837），可知前者"女"下衍重文號。②

7.《上博三·中（仲）弓》簡8：中（仲）弓曰："若夫老₌（老老）慈{₌}幼（幼），既昏（聞）命壴（喜—矣）。夫先又（有）司，爲之女（如）可（何）？"

8.《上博三·中（仲）弓》簡19：山又（有）堲（塴—崩），川又（有）渿（竭），肙₌（日月）星唇（辰）獸（猶）羕（差），民亡（無）不又（有）怂（過）。叚（叚—賢）者{₌}型（刑）正（政）不緩，惪（德）孝（教）不悉（倦）。

9.《上博七·武王踐阼》簡7：皇皇隹（惟）堇（謹）口，口生敬，口生句（詬），譱（慎）之口₌。③

10. 馬王堆《十問》簡36—37：云₌（魂）柏（魄）安刑（形），

────────

① 當然，此例也可以看成是誤衍"大"字。此蒙郭永秉提示。

② 此蒙謝明文示知，謹致謝意。

③ "口"下有重文符號，原整理者將這句話讀爲"慎之口口"，以爲《説文·心部》："慎，謹也。""慎之口口"，謂慎於言辭（第158頁）。復旦讀書會原釋文於"口"下加有重文符號，修訂本删去。劉洪濤以爲"口"下重文符號爲誤衍。參劉洪濤《用簡本校讀傳本〈武王踐阼〉》，武漢大學簡帛網，http://www.bsm.org.cn/?chujian/5199.html，2009年3月3日；侯乃峰也認爲，據文意，當以無重文符號爲妥。參侯乃峰《上博竹書（1—8）儒學文獻整理與研究》，332頁。

故能長生。

整理小組：原衍一云字，是誤加了重文號。（147頁）

11.《關沮秦漢墓簡牘》簡215：【奎：斗乘】奎{=}，門有客，所言者惡事也。

整理者注：奎字下原有重文符號，係誤衍。①

12. 張家山漢墓竹簡《二年律令》簡361—362：若次其父所=以{=}（所，所以）未傳，須其傅，各以其傅時父定爵士（仕）之。（182頁）

整理小組注：以字下原有重文號，衍。

13. 張家山漢墓竹簡《二年律令》簡377：父母及妻不幸死者已葬卅日，子、同產{=}大=父=母=（大父母，大父母）之同產十五日之官。

整理小組注：產下衍重文號。（184頁）

14. 馬王堆帛書《戰國縱橫家書》八"蘇秦謂齊王章"："子以齊大重秦=（秦，秦）將以燕事齊=（齊，齊）燕{=}爲一，乾（韓）、梁（梁）必從。"

後一"燕"字下本誤書重文號，後塗去。

15. 北京大學藏西漢竹書《老子》簡206：樂之，是{=}樂=殺=人=（是樂殺人，樂殺人），不可以得志於天下。

原整理者注："是"下誤衍重文號。②

五、出土文獻與傳世古書相對應的誤字對照表

（一）武威漢簡《儀禮》與今本《儀禮》

| 1 | 送：彌 | 甲本《士相見禮》簡9 |
| 2 | 稱：妥 | 甲本《士相見禮》簡10 |

---

① 湖北省荊州市周梁玉橋遺址博物館《關沮秦漢墓簡牘》，北京：中華書局，2001年，114頁。

② 北京大學出土文獻研究所編《北京大學藏西漢竹書·貳》，160頁。

續　表

3	復：後	甲本《士相見禮》簡 11
4	儀：苇	甲本《士相見禮》簡 13
5	與：異	甲本《士相見禮》簡 14
6	絖：纚	甲本《特牲》簡 12
7	反：及	甲本《特牲》簡 15
8	福：會	甲本《特牲》簡 15
9	尊：奠	甲本《特牲》簡 48
10	科：枓	甲本《少牢》簡 11
11	私：利	甲本《少牢》簡 15
12	伐：代	甲本《少牢》簡 17、甲本《有司》簡 10
13	弓：引	甲本《少牢》簡 33
14	再：拜	甲本《少牢》簡 34
15	在：左	甲本《有司》簡 12
16	祭：間	甲本《有司》簡 15
17	来：末	甲本《有司》簡 17
18	與：其	甲本《有司》簡 76
19	送：饌	甲本《有司》簡 79
20	曹：雷	甲本《燕禮》簡 1
21	腊：膳	甲本《燕禮》簡 1
22	出：士	甲本《燕禮》簡 2
23	幕：薦	甲本《燕禮》簡 16
24	就：獻	甲本《燕禮》簡 24

續　表

25	觚：陔	甲本《燕禮》簡30
26	壺：臺	甲本《燕禮》簡31
27	苙：蘩	甲本《燕禮》簡31
28	雍：唯	甲本《燕禮》簡39
29	祭：然	甲本《燕禮》簡42
30	秦：奏	甲本《燕禮》簡45
31	秦：大	甲本《燕禮》簡48
32	西：四	甲本《燕禮》簡50
33	析：觚	甲本《泰射》簡15
34	比：北	甲本《泰射》簡44
35	詩：誘	甲本《泰射》簡45
36	梧：括	甲本《泰射》簡54
37	誌：誘	甲本《泰射》簡60
38	入：八	甲本《泰射》簡63

（二）馬王堆《春秋事語》與今本《管子・大匡》誤字對照表

1	醫：豎	《春秋事語》93行
2	寧：曼	《春秋事語》93行
3	辱：振	《春秋事語》93行
4	閒：聞	《春秋事語》95行
5	勒：修	《春秋事語》96行
6	悤：死	《春秋事語》97行

（三）馬王堆《戰國縱橫家書》與今本《戰國策》《史記》誤字對照表①

1	夏：憂	《戰國縱橫家書》4 行、10 行
2	大：去	《戰國縱橫家書》10 行
3	笥：苟	《戰國縱橫家書》18 行
4	代：伐	《戰國縱橫家書》31 行
5	大戒：犬馬駭	《戰國縱橫家書》32 行
6	相：伯	《戰國縱橫家書》49 行、51 行、52 行
7	王：立	《戰國縱橫家書》52 行
8	復：憂	《戰國縱橫家書》53 行、54 行、225 行
9	遬：逐	《戰國縱橫家書》67 行
10	脊：齊	《戰國縱橫家書》67 行
11	進：淮	《戰國縱橫家書》67 行
12	兵：與	《戰國縱橫家書》91 行、137 行、147 行、156 行、166 行、176 行、177 行、226 行、236 行、257 行、269 行
13	豎：堅	《戰國縱橫家書》127 行、128 行
14	暴：睪	《戰國縱橫家書》136 行
15	易：昜	《戰國縱橫家書》142 行、153 行
16	雨：兩	《戰國縱橫家書》146 行
17	衛：衡	《戰國縱橫家書》146 行、169 行
18	尤：父	《戰國縱橫家書》146 行

---

① 馬王堆帛書釋文據裘錫圭主編《長沙馬王堆漢墓簡帛集成》本引用。

續 表

19	千：十	《戰國縱橫家書》155 行
20	冥：危	《戰國縱橫家書》155 行
21	支：文	《戰國縱橫家書》160 行
22	卑：畏	《戰國縱橫家書》169 行
23	規：新	《戰國縱橫家書》186 行
24	胥：揖	《戰國縱橫家書》188 行
25	廉監：鄭伷	《戰國縱橫家書》202 行
26	贊：借	《戰國縱橫家書》208 行
27	棲：接	《戰國縱橫家書》215 行、217 行
28	朝：韓	《戰國縱橫家書》227 行
29	罷：窮	《戰國縱橫家書》227 行
30	曾：魯	《戰國縱橫家書》230 行
31	符逾：什清：先俞	《戰國縱橫家書》233 行
32	探（捺）：危	《戰國縱橫家書》235 行
33	枝：拔	《戰國縱橫家書》239 行
34	封：對	《戰國縱橫家書》252 行
35	便：使	《戰國縱橫家書》253 行
36	言：信	《戰國縱橫家書》253 行
37	苙：芺（笑）	《戰國縱橫家書》267 行
38	夏：道	《戰國縱橫家書》260 行
39	討：對（對）	《戰國縱橫家書》284 行

（四）銀雀山漢墓竹簡

1	遠：速	《孫子》簡 56
2	流：沫	《孫子》簡 94
3	合：令	《孫子》簡 102
4	泛：圮	《孫子》簡 105
5	衛：率	《孫子》簡 116、簡 117
6	遝：圍	《孫子》簡 127
7	隨：修	《孫子》簡 139
8	罣：暴	《尉繚子》簡 462、簡 463
9	死：能	《尉繚子》簡 499
10	經：給	《尉繚子》簡 511
11	罷：審	《尉繚子》簡 516
12	申戌：良民	《尉繚子》簡 522
13	服奉：明舉	《尉繚子》簡 527
14	至德：垂聽	《尉繚子》簡 527
15	出：士	《晏子》簡 541
16	調：謂	《晏子》簡 553
17	急：意	《晏子》簡 558
18	任：在	《晏子》簡 569
19	名：俗	《晏子》簡 576
20	竊：偶	《晏子》簡 581
21	徧：道	《晏子》簡 618

續 表

22	去：志	《晏子》簡 623
23	世：正	《六韜》簡 666
24	數：設	《六韜》簡 668
25	啻：商	《六韜》簡 677
26	遂：意	《六韜》簡 679
27	遂：逐	《六韜》簡 683
28	狭：狄	《六韜》簡 686
29	弿：弭	《六韜》簡 686
30	試：成	《六韜》簡 705
31	叚：啓	《六韜》簡 706、簡 707
32	能：賢	《六韜》簡 749
33	旗：填	《守法》簡 781
34	逆：近	《守法》簡 783
35	摩：歷	《守法》簡 786
36	出：士	《守法》簡 794
37	便：使	《守法》簡 796
38	利：制	《兵令》簡 989

六、"旁記異文"與"因誤而衍"——兩類衍文舉例彙編

文獻中衍文的類型主要有：換行重抄而衍、涉及上下文而衍、與相連之字形近音近而衍，還有與重文符號相關的誤衍，當然，衍文形成的原因遠不止這些。

如王念孫《讀書雜志》曾揭示"書傳多有旁記之字誤入正文者",陳垣《校勘學釋例》中有"因誤字而衍字例",此類衍文類型也較常見。

以上兩例,筆者通過調查書中列舉的所有例句,認爲一定程度上也可以歸入"形近而衍"與"音近而衍"之類。今就兩書中所舉例,分類彙編如下,以供參考。

(一) 古書"旁記異文而衍"例

王念孫《讀書雜志》曾揭示"書傳多有旁記之字誤入正文者",列舉了傳世古書中因旁記異文而衍的例子。① 現將書中所舉諸例,徵引於下:

古　書	《讀書雜志》
1.《戰國策·齊策》:"大王覽其説而不察其至實。"	王念孫説:"至"即"實"字也,……"不察其至"即"不察其實也"。今本作"不察其至實"者,一本作"至",一本作"實",而後人誤合之耳。(44頁)
2.《戰國策·趙策》:"夫董閼安于,簡主之才臣也。"	王念孫説:"閼"與"安"一字也,……,今作"董閼安于"者,一本作"閼",一本作"安",而後人誤合之耳。(54頁)
3.《史記·禮書》:"孰知夫士出死要節之所以養生也。"《索隱》曰:"志士推誠守死要立名節,仍是養生安身之本。"	王念孫説:"士"即"出"字之譌,……此作"士出死要節者",一本作"士",一本作"出",而後人誤合之耳。(86頁)
4.《史記·絳侯世家》:"文帝既見絳侯獄辭,乃謝曰:吏事方驗而出之。"	王念孫説:此當作"吏方驗而出之"。不當有"事"字,蓋古文"事"字作"叓",與"吏"相似,故"吏"誤爲"事",今本作"吏事"者,一本作"吏",一本作"事",而後人誤合之耳。(114頁)

---

① 陳垣《校勘學釋例》,北京:中華書局,1959年,30—32頁。

續　表

古　書	《讀書雜志》
5.《史記·魯仲連鄒陽列傳》："捐子之之心而能不說於田常之賢。"《漢書》作"而不說田常之賢。"《文選》同。《新序·雜事篇》作"能不說於田常之賢"。	王念孫說："能"與"而"同，《漢書》作"而"，《新序》作"能"，其實一字也。下文"獨化於陶鈞之上而不牽於卑亂之語"，《新序》"而"作"能"，是其證也。《史記》作"而能"者，一本作"而"，一本作"能"，而後人誤合之耳。（134頁）
6.《史記·刺客列傳》："臣欲使人刺之，衆終莫能就。"	王念孫說："衆"與"終"一字也，……今本作"衆終莫能就"者，一本作"衆"，一本作"終"，而後人誤合之耳。（138頁）
7.《史記·刺客列傳》："臣左手把其袖，而右手揕其匈。"《集解》："徐廣曰：揕一作抗。"《索隱》曰："揕，謂以劍刺其胸也。抗，拒也。其義非。"	王念孫說："抗"與"揕"聲不相近，"揕"字無緣通作"抗"，"抗"當爲"扻"，……《燕策》作"右手揕扻其胸"，"抗"亦"扻"字之譌。且亦是一本作"揕"，一本作"抗"，而後人誤合之耳。（139頁）
8.《史記·韓王信盧綰列傳》："至晉陽與漢兵戰，漢大破之，追至于離石，後復破之。"	王念孫說：此言漢兵破匈奴於晉陽，復追破之於離石，"復"上不當有"後"字，"後"即"復"之誤也。……今作"後復破之"者，一本作"復"，一本作"後"而後人誤合之耳。（143頁）
9.《史記·酷吏傳》："徙諸名禍猾吏與從事。"《集解》引徐廣曰："有殘刻之名。"《索隱》本作"徙請名禍猾吏。"《漢書》作"徙請召猾禍吏。"應劭曰："徙，但也。猜，疑也。取吏好猜疑，作禍害者任用之。"	王念孫說：此當作"徙請召猾吏與從事"。上文云"猾民佐吏爲治"是也。《索隱》本作"徙請名禍猾吏"，"名"即"召"之譌，"禍"即"猾"之譌而衍者也。（161頁）
10.《漢書·古今人表》："柏夷亮父顓頊師。"	王引之說："亮"即"夷"字之譌，……今作"柏夷亮父"者，一本作"夷"，一本作"亮"，而後人誤合之耳。（208頁）

續　表

古　書	《讀書雜志》
11.《漢書·張陳王周傳》："始與高帝喋血而盟，諸君不在邪？"宋祁曰：浙本無"而"字。	王念孫説：浙本是也，景祐本作"喋而盟"，"而"即"血"之誤，此作"喋血而盟"者，一本作"血"，一本作"而"，而寫者誤合之耳。（290頁）
12.《漢書·竇田灌韓傳》："竇嬰田蚡皆以外戚重，灌夫用一時決策而各名顯。"	王念孫説："名"上本無"各"字，今作"各名顯"者，一本作"名"，一本作"各"，而後人誤合之也。（314頁）
13.《漢書·嚴朱吾邱主父徐嚴終王賈傳》："朕不受獻也，其令四方毋求來獻。"宋祁曰：浙本去"求"字。	王念孫説：浙本是也，"求"即"來"之誤字，今作"求來獻"者，一本作"來"，一本作"求"，而後人誤合之耳。（335頁）
14.《漢書·趙充國辛慶忌傳》："武帝親見視其創嗟歎之。"	王念孫説："見"即"視"字之誤，今作"見視"者，一本作"視"，一本作"見"，而後人誤合之。（340頁）
15.《管子·立政》："相高下，視肥墝，觀地宜，明詔期，前後農夫以時均脩焉，使五穀桑麻皆安其處，由田之事也。"	王念孫説："由"即"田"字之誤，今作"由田"者，一本作"田"，一本作"由"，而後人誤合之也。（415頁）
16.《管子·八觀》："入朝廷，觀左右本求朝之臣。"尹注曰："謂原本尋求朝之得失。"	王念孫説：尹説非也，"觀左右本朝之臣"作一句讀，"求"即"本"字之誤，今作"本求朝"者，一本作"本"，一本作"求"，而寫者誤合之也。（432頁）
17.《管子·小匡》："是故卒伍政定於里，軍旅政定於郊。"《通典》作"卒伍定於里，軍政（政當爲旅）定於郊"，《齊語》作"卒伍整於里，軍旅整於郊"。	王念孫説："政"即"正"字也，……今"政""定"並出者，一本作"政"，一本作"定"，而後人誤合之也。（445頁）
18.《管子·白心》："滿盛之國不可以仕任，滿盛之家不可以嫁子，驕倨傲暴之人不可與交。"	王念孫説："任"即"仕"字之誤，今作"仕任"者，一本作"仕"，一本作"任"，而後人誤合之也。（472頁）

續表

古　書	《讀書雜志》
19.《晏子春秋·外篇》："奏覭無言。"	王念孫説：昭二十年《左傳》作"覭嘏無言"，此篇全用《左傳》，則此文亦當與彼同，今作"奏覭無言"者，後人依《中庸》旁記"奏"字，而寫者誤合之，又脱去"嘏"字耳，當依《左傳》改正。（552 頁）
20.《墨子·非命上》："今天下之士君子，或以命爲有，益蓋嘗尚觀於聖王之事？"	王念孫説：或以"命爲有"絶句，下文云：豈可謂有命哉？"益"即"蓋"字之譌，……今云"益蓋"者，一本作"益"，一本作"蓋"，而後人誤合之耳。（591 頁）
21.《墨子·備城門》："令吏民皆智知之。"	王念孫説：此本作"令吏民皆智之"，"智"即"知"字也。《墨子》書"知"字多作"智"。今本作"智知之"者，後人旁記"知"字，而寫者因誤合之耳。（614 頁）
22.《荀子·仲尼》："求善處大重理，任大事，擅寵於萬乘之國，必無後患之術，莫若好同之，援賢博施，除怨而無妨害人，能耐任之，則慎行此道也；能而不耐任，且恐失寵，則莫若早同之，推賢讓能而安隨其後。"楊倞解"能耐任之"，云：耐，忍也。言人有賢能者雖不欲用，必忍而用之。又解"能而不耐任"，云：有能者不忍急用之。	王念孫説：能耐任之，能而不耐任，兩"能"字皆衍文，"耐"即"能"字也。……耐任之則慎行此道者，言能任國家之大事。此承上理任大事而言，則慎行此道也。今作"能耐任之"者，後人記"能"字於"耐"字之旁，而傳寫者因誤合之也。（660 頁）
23.《荀子·王霸》："則雖幽閒隱辟，百姓莫敢不敬分安制以禮化其上。"元刻無"禮"字。	王念孫説："化"上不當有"禮"字，俗書"禮"字或作"礼"，形與"化"相似，"化"誤爲"礼"，後人因改爲"禮"，宋本作"禮化"者，一本作"禮"，一本作"化"，而寫者因誤合之也。（686 頁）

續　表

古　書	《讀書雜志》
24.《荀子·議兵》："負服矢五十箇。"盧文弨云：元刻無"服"字，與《漢書》同。	王念孫說：此本作"服矢五十箇"，……今本作"負服矢"者，校書者依《漢書》旁記"負"字，而寫者誤合之也。（697頁）
25.《淮南子·道應》："豐水之深千仞，而不受塵垢，投金鐵鍼焉，則形見於外。"	王念孫說："金鐵"下不當有"鍼"字，"鍼"即"鐵"之誤也。"鐵"或省作"鍼"，形與"鍼"相近，今作"金鐵鍼"者，一本作"鐵"，一本作"鍼"，而後人誤合之耳。（878頁）
26.《呂氏春秋·疑似篇》："梁北有黎丘部，有奇鬼焉，善効人之子姪昆弟之狀。"（舊本善譌作喜，《文選·思玄賦》注引此作善，今據改。）《太平御覽·神鬼部》三引此子姪作"子姓姪"，《文選·思玄賦》注引作"子姪"。	王引之說："子姪"本作"子姓"，"姓"與"姪"草書相似，故"姓"譌爲"姪"。《史記》譌作"子姪"，是其證也。《御覽》作"子姓姪"者，後人據誤本《呂氏春秋》旁記"姪"字，而傳寫者因誤合之。（1029頁）
27.《韓非子·十過》："聽楚之虛言，而輕誣強秦之實禍，則危國之本也。"	王引之說：此言韓王聽虛言而輕實禍，則"輕"下不得有"誣"字，"誣"即"輕"之譌。今作"輕誣強秦之實禍"者，一本作"輕"，一本作"誣"，而後人誤合之耳。（1032頁）
28.《文選·司馬相如〈難蜀父老〉》："躬腠胝無胈，膚不生毛。"李善曰："孟康曰：腠，腠理也。韋昭曰：胈，其中小毛也。郭璞《三蒼解詁》曰：胝，蹢也。竹施切。"	王念孫說：《文選》及《史記索隱》則"腠""胝"二字並載，揆厥所由，皆一本作"腠"，一本作"胝"，而後人誤合之也。（1064頁）
29.《管子·山權數》："北郭有掘闕而得龜者。"尹注曰："掘，穿也。求物反。穿地至泉曰闕，求月反。"	王引之說：蓋《管子》本作"闕"，校書者因其音義與"掘"同，而旁記"掘"字，傳寫者遂誤入正文耳。（506頁）

筆者認爲，上引這些例子多數也可能應該屬於"音近誤衍"和"形近誤衍"的範疇。不一定就是"後人旁記之字誤入"。因爲古書的流傳，包括周秦兩漢魏晉之傳寫，以及晚唐以降之刊刻，其中的抄手、槧工一定不會像後世，如清代顧廣圻、黃丕烈等藏書家或校勘學家那樣，汲汲廣儲副本，一一記其異同，然後再傳寫刊刻，應該就是據一底本而抄寫或刊刻的，所以"書傳多有旁記之字誤入正文者"的現象，恐難成爲條例。

（二）古書"因誤字而衍字"例

陳垣《校勘學釋例》中有"因誤字而衍字例"，列舉了清光緒三十四年沈家本刊刻《元典章》一書中因誤字而衍的例子，並解釋了其形成訛誤的原因。① 現將陳氏所舉諸例，徵引於下：

古　　書	《元典章》
1. 任滿例隔革官員	元作"例革官員"，"革"誤爲"隔"，既點滅之，後人仍書爲"隔革"
2. 其總管府責貢舉吏員	"責"字衍。"貢"誤爲"責"，既點滅之，後人仍書爲"責貢"。
3. 聽本處著耆老上户人等	"著"字衍。"耆"誤爲"著"，既點滅之，後人仍書爲"著耆"。
4. 遇有差務發	元作"差發"。"發"誤爲"務"，既點滅之，後人仍書爲"差務發"。
5. 今官司檢點照户册	元作"檢照户册"。"照"誤爲"點"，既點滅之，後人仍書爲"點照"。
6. 偷錢在逃者皆由此而生	元以"在逃"爲句，"者"字衍，"皆"誤爲"者"，既點滅之，復行書入。
7. 不全教交割呵	元作"不全交割呵"。書"交"爲"教"，以爲誤而黜之，後人遂並書爲"教交"。

---

① 陳垣《校勘學釋例》，30—32 頁。

續　表

古　書	《元典章》
8. 各路總管府屬萬户府	"屬"字衍。"萬"誤爲"屬",既改爲"萬",而"屬"字仍存。
9. 一舉人舉與考試官	次"舉"字衍,"與"誤爲"舉",既改爲"與",而誤字仍存。
10. 赴都閱關支鈔本	"閱"字衍,"關"誤爲"閱",既改爲"關",而"閱"字並存。
11. 一件有勾當的底人	元作"有勾當底人"。書"底"爲"的",以爲誤而黜之,後人遂並書爲"的底"。
12. 三月二十三日奉奏	"奉"字衍。"奏"誤爲"奉",既改爲"奏",而"奉"字並存。

其中 1、7、9、11 爲"聲近誤衍"之例,2、3、4、5、6、8、10、12 爲"形近而誤衍"之例。可見"音近誤衍"及"形近誤衍"這一條例仍可適用於後世文獻。

主要參考文獻

一、出土簡帛古書

國家文物局古文獻研究室編《馬王堆漢墓帛書（壹）》，北京：文物出版社，1980年。

馬王堆漢墓帛書整理小組編《馬王堆漢墓帛書（叁）》，北京：文物出版社，1978年。

馬王堆漢墓帛書整理小組編《馬王堆漢墓帛書（肆）》，北京：文物出版社，1985年。

銀雀山漢墓竹簡整理小組編《銀雀山漢墓竹簡（壹）》，北京：文物出版社，1985年。

銀雀山漢墓竹簡整理小組編《銀雀山漢墓竹簡（貳）》，北京：文物出版社，2010年。

李學勤主編《清華大學藏戰國竹簡（壹）》，上海：中西書局，2010年。
李學勤主編《清華大學藏戰國竹簡（貳）》，上海：中西書局，2011年。
李學勤主編《清華大學藏戰國竹簡（叁）》，上海：中西書局，2012年。
李學勤主編《清華大學藏戰國竹簡（肆）》，上海：中西書局，2013年。
北京大學出土文獻研究所編《北京大學藏西漢竹書（貳）》，上海：上海古籍出版社，2012年。

睡虎地秦墓竹簡整理小組編《睡虎地秦墓竹簡》，北京：文物出版社，1990年。

張家山二四七號漢墓竹簡整理小組編《張家山漢墓竹簡（釋文修訂本）》，北京：文物出版社，2006年。
朱漢民、陳松長主編《嶽麓書院藏秦簡（壹）》，上海：上海辭書出版社，2010年。
甘肅簡牘保護中心等編《肩水金關漢簡（壹）》，上海：中西書局，2011年。

二、傳世古書

（西漢）司馬遷《史記》，北京：中華書局，2013年。
（西漢）劉　向《戰國策》，上海：上海古籍出版社，1995年。
（東漢）班　固《漢書》，北京：中華書局，1962年。
（梁）顧野王《玉篇》（殘卷），《續修四庫全書》本，上海：上海古籍出版社，2002年。
（北宋）李　昉《太平御覽》，上海：上海書店，1985年。
（清）阮　元《十三經注疏附校勘記》，上海：上海古籍出版社，1990年。
（清）王念孫《讀書雜志》，南京：江蘇古籍出版社，2000年。
（清）王念孫《廣雅疏證》，北京：中華書局，1983年。
（清）王引之《經義述聞》，南京：江蘇古籍出版社，2000年。
（清）王引之《經傳釋詞》，南京：江蘇古籍出版社，2000年。
（清）郭慶藩《莊子集釋》，北京：中國書店，1988年。
（清）俞　樾《諸子平議》，臺北：世界書局，1958年。
（清）俞樾撰、李天根輯《諸子評議補錄》，臺北：世界書局，1958年。
（清）孫詒讓《札迻》，雪克點校本，北京：中華書局，2009年。
（清）王先謙《釋名疏證補》，上海：上海古籍出版社，1984年。
（日）釋空海《篆隸萬象名義》，臺北：臺聯國風出版社，1975年。
（日）釋空海《篆隸萬象名義》，北京：中華書局，1995年。
劉泖生影寫北宋小字本《淮南子》，臺北：藝文印書館，1974年。

許維遹《韓詩外傳集釋》，北京：中華書局，1980年。
曹礎基《莊子淺注》，北京：中華書局，1982年。
郭沫若《管子集校》，《郭沫若全集・歷史編》，北京：人民出版社，1984年。
吳承仕《淮南舊注校理》，北京：北京師範大學出版社，1985年。
李步嘉《越絕書校釋》，武漢：武漢大學出版社，1992年。
王三慶《敦煌類書》，臺北：麗文文化事業股份有限公司，1993年。
彭鐸《潛夫論箋校正》，北京：中華書局，1997年。
王利器《新語校注》，北京：中華書局，1997年。
楊寶忠《論衡校箋》，保定：河北大學出版社，1999年。
石光瑛《新序校釋》，北京：中華書局，2001年。
黃懷信《鶡冠子彙校集注》，北京：中華書局，2004年。
彭裕商《文子校注》，成都：巴蜀書社，2006年。
華學誠《揚雄方言校釋匯證》，北京：中華書局，2006年。
王叔岷《諸子斠證》，北京：中華書局，2007年。
王叔岷《莊子校詮》，北京：中華書局，2007年。
呂浩《篆隸萬象名義校釋》，上海：學林出版社，2007年。
黃懷信等《逸周書彙校集注》，上海：上海古籍出版社，2007年。
吳承仕《經典釋文序錄疏證（附經籍舊二種）》，北京：中華書局，2008年。
王利器《文子疏義》，北京：中華書局，2009年。
陳鼓應《莊子今注今譯》，北京：中華書局，2009年。
何寧《淮南子集釋》，北京：中華書局，2010年。
馬宗霍《論衡校讀箋識》，北京：中華書局，2010年。
張雙棣《淮南子校釋（增訂本）》，北京：北京大學出版社，2013年。

三、學者論著

白於藍《戰國秦漢簡帛古書通假字彙纂》，福州：福建人民出版社，

2012 年。

蔡　偉《據戰國文字"亙、亟相混"現象校讀古籍（二則）》，《出土文獻與古文字研究》第 3 輯，上海：復旦大學出版社，2010 年。

蔡　偉《據漢簡校讀〈文子〉一則》，《中華文史論叢》2011 年第 1 期。

陳　垣《元典章校補釋例》，收入《勵耘書屋叢刻》（中），北京：北京師範大學出版社，1982 年。

陳　垣《校勘學釋例》，上海：上海書店出版社，1997 年。

陳　劍《上海博物館藏戰國楚竹書〈從政〉篇研究（三題）》，《簡帛研究 2005》，桂林：廣西師範大學出版社，2008 年。

高亨纂著、董治安整理《古字通假會典》，濟南：齊魯書社，1989 年。

高　明《帛書老子校注》，北京：中華書局，1996 年。

管錫華《校勘學》，合肥：安徽教育出版社，1998 年。

郭永秉《古文字與古文獻論叢》，上海：上海古籍出版社，2011 年。

郭在貽《郭在貽文集》，北京：中華書局，2002 年。

何琳儀《幽脂通轉舉例》，《古漢語研究》1996 年第 1 期。

胡平生、李天虹《長江流域出土簡牘與研究》，武漢：湖北教育出版社，2004 年。

黃錫全《古文字與古貨幣文集》，北京：文物出版社，2009 年。

黃　征《敦煌俗字典》，上海：上海教育出版社，2005 年。

侯乃峰《上博竹書（1—8）儒學文獻整理與研究》，復旦大學 2012 年博士後出站報告。此書後正式出版，更名爲《上博楚簡儒學文獻校理》，上海：上海古籍出版社，2018 年。

蔣禮鴻《懷任齋文集》，上海：上海古籍出版社，1986 年。

蔣禮鴻《蔣禮鴻集》，杭州：浙江教育出版社，1986 年。

蔣禮鴻《義府續貂（增訂本）》，北京：中華書局，1987 年。

劉文典《三餘札記》，合肥：黃山書社，1990 年。

劉如瑛《諸子箋校商補》，濟南：山東教育出版社，1995 年。

李家浩《秦駰玉版銘文研究》，《北京大學古文獻研究中心集刊》（2），北京：北京燕山出版社，2001年。

李家浩《著名中年语言学家自選集·李家浩卷》，合肥：安徽教育出版社，2002年。

廖名春《郭店楚簡老子校釋》，北京：清華大學出版社，2003年。

劉　釗《出土簡帛文字叢考》，臺北：臺灣古籍出版有限公司，2004年。

李　零《〈孫子〉十三篇綜合研究》，北京：中華書局，2006年。

羅常培、周祖謨《漢魏晋南北朝韻部演變研究》（第一分册），北京：中華書局，2007年。

李　零《簡帛古書與學術源流（修訂本）》，北京：三聯書店，2009年。

劉樂賢《戰國秦漢簡帛叢考》，北京：文物出版社，2010年。

李家浩《楚簡所記楚人祖先"鬻熊"與"穴熊"爲一人説——兼説上古音幽部與微、文二部音轉》，《文史》2010年第3輯。

梁春勝《〈敦煌俗字典〉讀後記》，《國學研究》第25卷，北京大學出版社，2010年。

梁春勝《楷書部件演變研究》，北京：綫裝書局，2012年。

劉　嬌《言公與剿説——從出土簡帛古籍看西漢以前古籍中相同或類似内容重複出現現象》，北京：綫裝書局，2012年。

馬王堆簡帛整理小組《經法》，北京：文物出版社，1976年。

馬王堆簡帛整理小組《戰國縱横家書》，北京：文物出版社，1976年。

裴學海《評高郵王氏四種》，《河北大學學報（哲學社會科學版）》1962年第2期。

裴學海《古書虚字集釋》，北京：中華書局，1982年。

彭　鐸《〈吕氏春秋〉拾補》，《中國歷史文獻研究集刊》第1輯，長沙：嶽麓書社，1980年。

錢　玄《校勘學》，南京：江蘇古籍出版社，1988年。

裘錫圭《古文獻中讀爲"設"的"執"及其與"執"互譌之例》，香港大學亞洲學研究中心《東方文化》，1988年。

裘錫圭《四十年來發現的簡帛古籍對傳世古籍整理工作的重要性（提

要）》，《裘錫圭學術文化隨筆》，北京：中國青年出版社，1999 年。

裘錫圭《中國出土文獻十講》，上海：復旦大學出版社，2004 年。

裘錫圭《再談古文獻以"埶"表"設"》，《先秦兩漢古籍國際學術研討會論文集》，北京：社科文獻出版社，2011 年。

蘇　傑《西方校勘學論著選》，上海：上海人民出版社，2009 年。

史傑鵬《由郭店〈老子〉的幾條簡文談幽、物相通現象暨相關問題》，《簡帛》第 5 輯，上海：上海古籍出版社，2010 年。

王　力《龍蟲並雕齋文集》（第 1 册），北京：中華書局，1982 年。

王紹曾《王紹曾目録版本校勘學論集》，上海：上海古籍出版社，2005 年。

王叔岷《斠讎學　斠讎別録》，北京：中華書局，2007 年。

徐仁甫《廣古書疑義舉例》，北京：中華書局，1990 年。

徐　復《徐復語言文字學論稿》，南京：江蘇教育出版社，1995 年。

薛正興《薛正興文存》，南京：鳳凰出版社，2001 年。

蕭　旭《古書虛詞旁釋》，揚州：廣陵書社，2007 年。

蕭　旭《群書校補》，揚州：廣陵書社，2011 年。

蕭　旭《〈淮南子・俶真篇〉校補》，《書目季刊》第 44 卷第 2 期，臺灣：學生書局，2010 年。

顏世鉉《戰國秦漢簡帛校讀方法研究》，臺灣大學文學院中國文學系博士論文，指導教授：周鳳五教授、葉國良教授，2012 年。

楊樹達《積微居小學金石論叢》，北京：中華書局，1983 年。

楊樹達《淮南子證聞》，上海：上海古籍出版社，2006 年。

楊樹達《積微居讀書記》，上海：上海古籍出版社，2006 年。

于省吾《雙劍誃諸子新證》，上海：上海書店，1999 年。

周祖謨《問學集》，北京：中華書局，1981 年。

宗福邦、陳世鐃、蕭海波《故訓匯纂》，北京：商務印書館，2003 年。

張涌泉、傅傑《校勘學概論》，南京：江蘇教育出版社，2007 年。

張涌泉《讀〈説文〉段注札記五則》，《中國文字學報》第 2 輯，北京：商務印書館，2008年。

張涌泉《漢語俗字研究（增訂本）》，北京：商務印書館，2010年。

張涌泉《敦煌文獻論叢》，上海：上海古籍出版社，2011年。

周祖謨《周祖謨自選集》，北京：首都師範大學出版社，2008年。

張政烺《馬王堆帛書周易經傳校讀》，北京：中華書局，2008年。

張雙棣《淮南子用韻考》，北京：商務印書館，2010年。

張富海《楚先"穴熊"、"鬻熊"考辨》，《簡帛》第5輯，上海：上海古籍出版社，2010年。

後　記

　　我的博士論文終於可以正式出版了，這也是我學術生涯的第一本書。

　　我感激裘錫圭先生、復旦大學和教育部，給了我一個進入復旦攻讀博士學位的機會。

　　我感謝劉釗先生以及復旦大學出土文獻與古文字研究中心的老師們對我的關心和照顧。

　　在復旦七年讀書的日子，一幕幕時時都會縈繞在我的腦海中。我懷念在復旦的讀書生涯，我懷念與學友馮先思逛文廟買書、再到復旦擺地攤兒的日子。

　　我的論文從選題、修改到成文，始終得到我論文指導老師陳劍先生的幫助；論文在答辯前也先後得到劉釗、汪少華、郭永秉、周波、廣瀨薫雄、張小豔、謝明文、張傳官、梁春勝、孫剛、侯乃峰、馮先思等諸位師友的指正；論文的格式修改得到任攀、程少軒和魏慶彬幾位學友的幫助；論文題目及摘要的英文翻譯先後受到美國學者安馬修和杜恒兩位學友的幫助；馮勝君、董蓮池兩位先生作爲答辯評委，對我的博士論文給予較高的評價，也提出了很好的修改意見；另外還有我的日語老師鄒波、民間文學老師張勤、後勤宿管科的老師羅健博，都不同程度地給過我幫助和照顧，在此謹向以上的各位師友一併致以衷心的感謝！

　　但是很多事情往往都會有不如人意的地方，這使得我如鯁在喉，不吐不快：那就是在我博士論文送明審的時候，正好我論文裏面，涉及了某位明審專家的文章，我對他的觀點提出了不同的意見，本來這是最正常不過的學術討論，所謂"不明異説，不足以申己説"，這個道理也是最淺顯不過的，然而這名學者毫無虛懷若谷之雅量，竟以爲我常常針對他，令人匪夷所思地回覆我："你學問大，逢我必批，我没資格評審你的博士論文……"嗚呼，我所有的文章具在，讀者可以覆案，我什麽時候針對某一學者了？我寫的文章全部都是討論學術上的問題，絲毫没有攻擊某個人的言談或行爲，這位明審專家的言行真的讓我詫異莫名……

此次出版，爲了保持原貌，没有做大的修改，僅校正了誤字和增加一些新的書證，謹此説明。

最後要感謝臺灣的花木蘭文化事業有限公司，感謝花木蘭文化事業有限公司北京聯絡處聯絡人楊嘉樂先生及花木蘭文化事業有限公司的編輯們，如果没有他們，我的論文不可能這麽快、這麽順利地出版。

蔡　偉

2018 年 10 月 9 日

再版後記

　　我的博士論文在臺灣的花木蘭文化事業有限公司出版已經有年，按照合同，現在可以再版了。所以趁此機會略加修訂，以方便大陸的廣大讀者參考。如論文在完成時所參考的文章尚未正式發表，現在補齊正式發表的信息。還有當時引用一些網站的鏈接都已失效，此次修訂也都儘量改爲新的鏈接。

　　本書由遼寧大學文學院資助出版，感謝文學院胡勝院長和郭瑩主任對我各方面的關懷和照顧。

　　上海古籍出版社顧莉丹女士接受拙著予以再版，從書的命名到其他各個方面的細節問題，都得到了顧女士的幫助，責任編輯姚明輝先生付出很多辛勞，在此一併表示感謝。

蔡　偉
2024 年 10 月 20 日